EUROPA-FACHBUCHREIHE
für wirtschaftliche Bildung

Schul- und Beamtenrecht

für die Lehramtsausbildung und Schulpraxis in Bayern

2. Auflage

VERLAG EUROPA-LEHRMITTEL · Nourney, Vollmer GmbH & Co. KG
Düsselberger Straße 23 · 42781 Haan-Gruiten

Europa-Nr.: 77790

Autoren:

Dietrich Claus	StD a.D., Referent für »Schulrecht/Schulkunde«
Wolfgang Lambl	FSR, Vorsitzender Hauptpersonalrat Berufliche Schulen, Bayerisches Staatsministerium für Bildung und Kultus, Wissenschaft und Kunst
Walter Faulhaber	StD a.D., Referent/Seminarleiter für Dienst- und Personalvertretungsrecht
Arbeitskreisleitung:	Dietrich Claus
Verlagslektorat:	Dr. Rainer Maurer

2. Auflage 2017

Druck 5 4 3 2 1

Alle Drucke derselben Auflage sind parallel einsetzbar, da bis auf die Behebung von Druckfehlern untereinander unverändert.

ISBN 978-3-8085-2146-5

Alle Rechte vorbehalten. Das Werk ist urheberrechtlich geschützt. Jede Verwertung außerhalb der gesetzlich geregelten Fälle muss vom Verlag schriftlich genehmigt werden.

© 2017 by Verlag Europa-Lehrmittel, Nourney, Vollmer GmbH & Co. KG, 42781 Haan-Gruiten

Umschlaggestaltung: Andreas Sonnhüter, 40625 Düsseldorf (unter Verwendung eines Fotos von istockphoto, © Clerkenwell_Images/istockphoto.com)
Satz: Doris Busch, 40477 Düsseldorf
Druck: Triltsch Print und digitale Medien GmbH, 97199 Ochsenfurt-Hohestadt

Vorwort

»Schul- und Beamtenrecht« ist ein neues, umfassendes Referenz- und Nachschlagewerk zu den rechtlichen Rahmenbedingungen des Schulalltages in Bayern. Es bietet eine systematische, sehr gut verständliche Darstellung der Strukturen des bayerischen Schulwesens sowie der Rechte von Lehrerinnen und Lehrern gegenüber den Schülern und dem Dienstherrn.

Das Buch ist bestimmt für

- Schulleiter von allgemeinbildenden und berufsbildenden Schulen:
  als Grundlage für die tägliche Arbeit, als Leitfaden für die Unterweisung der Lehramtsanwärter sowie bei Rückfragen des Kollegiums,
- Studienreferendar/-innen und Lehramtsanwärter/-innen:
  zur Vorbereitung auf das Prüfungsfach »Schulrecht/Beamtenrecht« der Staatsprüfung,
- Lehrerinnen und Lehrer von allgemeinbildenden und berufsbildenden Schulen zur sicheren Beurteilung rechtlich relevanter Situationen, etwa ihrer Aufsichtspflichten und der Zulässigkeit von Erziehungs- und Ordnungsmaßnahmen,
- Personalräten in bayerischen Schulen zur Information und Beratung über Rechtfragen des Schulalltags,
- Eltern und Schüler/-innen zum besseren Verständnis der Organe und Regelungen des bayerischen Schulwesens sowie der Rechtsstellung von Schüler/-innen im Schulalltag.

Konkrete Situationen und Fälle bilden das Gerüst der Darstellungen zum »Schul- und Beamtenrecht« ebenso wie Übersichten und Fragen, die sich konsequent an der Schulpraxis orientieren. So werden juristische Sachverhalte zu den Themen Benotung, Dienstpflichten, Haftung, Datenschutz und Urheberrecht anschaulich erläutert.

Das Buch bietet unverzichtbares rechtliches Grundlagenwissen für den Schulalltag.

Ihr Feedback ist uns wichtig.

Ihre Anmerkungen, Hinweise und Verbesserungsvorschläge zu diesem Buch nehmen wir gerne auf – schreiben Sie uns unter lektorat@europa-lehrmittel.de.

Sommer 2017
Die Verfasser

Inhaltsverzeichnis

Teil 1: Schulrecht

1	**Pädagogik und Recht**	9
1.1	Rechtsbegriff	9
1.2	Bildungs- und Erziehungsauftrag der Schulen	11
1.3	Recht auf eine der Begabung entsprechende Bildung	14
2	**Rechtsquellen im Schulrecht**	16
2.1	Normenhierarchie im Schulrecht	16
2.2	Interpretation rechtlicher Bestimmungen	19
2.2.1	Tatbestand und Rechtsfolge	19
2.2.2	Gebundene Entscheidung und Ermessen	20
2.3	Kulturhoheit der Länder	23
2.3.1	Gesetzgebungskompetenz der Länder	23
2.3.2	Ständige Konferenz der Kultusminister (KMK)	23
2.3.3	»Hamburger Abkommen«	24
3	**Rechtsformen des schulischen Verwaltungshandelns**	25
3.1	Die Schule im Rechtsstaat	25
3.2	Der Verwaltungsakt	26
3.2.1	Die Merkmale des Verwaltungsaktes	26
3.2.2	Grundsätze des Verwaltungsverfahrens zum Erlass eines Verwaltungsaktes (Auswahl)	27
3.3	Die förmlichen Rechtsbehelfe Widerspruch und Klage	29
3.3.1	Die aufschiebende Wirkung	29
3.3.2	Widerspruch oder Klage	30
3.4	Formlose Rechtsbehelfe	32
4	**Amtliche Veröffentlichungen und Mitteilungen**	33
4.1	Rechtsrahmen	33
4.2	Gesetze (Auswahl)	34
4.3	Schulordnungen, Prüfungsordnungen und sonstige Verordnungen	34
4.3.1	Schulordnungen (Auswahl)	34
4.3.2	Prüfungsordnungen (Auswahl)	35
4.3.3	Zulassungs- und Ausbildungsordnungen für die einzelnen Lehrämter (ZAL)	35
4.4	Kultusministerielle Bekanntmachungen	35
4.5	Kultusministerielle Schreiben	35
4.6	Weitere Veröffentlichungen	36
4.7	Die Informationsmöglichkeiten des Lehrers	36
5	**Die Gliederung des Schulwesens**	38
5.1	Wahl des Bildungsganges	38
5.2	Die allgemein bildenden Schularten	41
5.2.1	Die Grundschule	41
5.2.2	Die Mittelschule	42
5.2.3	Die Realschule	43
5.2.4	Das Gymnasium	43
5.2.5	Schulen des Zweiten Bildungswegs	44

5.3	Schularten des beruflichen Schulwesens	44
5.3.1	Die Berufsschule	44
5.3.2	Die Berufsfachschule	46
5.3.3	Die Wirtschaftsschule	46
5.3.4	Die Fachschule	47
5.3.5	Die Berufliche Oberschule	48
5.3.6	Die Fachakademie	49
5.4	Förderschulen und Schulen für Kranke	50
5.4.1	Förderschulen	50
5.4.2	Schulen für Kranke	51
5.5	Privatschulen	52
5.5.1	Bedeutung und Rechtsstellung	52
5.5.2	Begriffsbestimmung – Unterscheidung	53
5.5.3	Ersatzschulen	53
6	**Der mittlere Schulabschluss**	**56**
6.1	Der mittlere Schulabschluss an allgemein bildenden Schulen	56
6.2	Der mittlere Schulabschluss an beruflichen Schulen	57
7	**Schulsprengel und Gastschulverhältnisse**	**60**
7.1	Schulsprengel	60
7.2	Schulsprengel für Grund- und Mittelschulen	61
7.3	Schulsprengel für Berufsschulen	61
7.4	Schulsprengel für weiterführende Schulen	63
7.5	Gastschulverhältnisse	63
8	**Organisationsformen des Unterrichts**	**65**
8.1	Unterricht an den allgemein bildenden Schulen	65
8.1.1	Exkurs: Die Ganztagsschule	65
8.2	Unterricht an beruflichen Schulen	66
8.2.1	Weiterführende berufliche Schulen	66
8.2.2	Die Berufsschule	66
9	**Die Rechtsstellung des Schülers**	**69**
9.1	Die Schulpflicht	69
9.2	Beginn, Dauer und Erfüllung der Schulpflicht	69
9.3	Die Berufsschulpflicht	70
9.4	Maßnahmen zur Erfüllung der Schulpflicht	74
9.5	Verhinderung – Befreiung – Beurlaubung	76
9.5.1	Verhinderung	76
9.5.2	Befreiung	77
9.5.3	Beurlaubung	77
9.5.4	Abmeldung vom Religionsunterricht	79
10	**Die Organe der Schule**	**80**
10.1	Die Schulleitung	80
10.2	Die Lehrkräfte	82
10.3	Konferenzen	82
10.3.1	Die Lehrerkonferenz	82
10.3.2	Ausschüsse	83
10.3.3	Die Klassenkonferenz	83

10.4	Schülermitverantwortung und Schülervertretung	84
10.4.1	Stellung und Zuständigkeit der Schülermitverantwortung	84
10.4.2	Die Organe der Schülermitverantwortung	85
10.5	Die Elternvertretung	86
10.5.1	Bedeutung	86
10.5.2	Der Elternbeirat als Organ der Elternvertretung	87
10.6	Das Schulforum und der Berufsschulbeirat	88
11	**Stellung, Aufgaben und Dienstpflichten des Lehrers**	**90**
11.1	Stellung und Aufgaben des Lehrers	90
11.2	Allgemeine Dienstpflichten der Lehrkraft	91
11.3	Der Unterricht	95
11.4	Außerunterrichtliche Dienstpflichten	96
12	**Der Klassenleiter**	**100**
12.1	Bedeutung	100
12.2	Aufgabenkatalog	101
13	**Die Schulbehörden**	**102**
13.1	Einführung	102
13.2	Bayerisches Staatsministerium für Unterricht und Kultus	103
13.3	Schulaufsicht über die Schulen	106
14	**Aufsichtspflicht**	**110**
14.1	Rechtliche Grundlagen	110
14.2	Umfang der Aufsichtspflicht	113
14.2.1	Örtliche und zeitliche Grenzen der Aufsichtspflicht	113
14.2.2	Aufsicht während des Unterrichts	114
14.2.3	Aufsicht bei außerunterrichtlichen Veranstaltungen	115
14.3	Kriterien der Aufsichtsführung	115
14.4	Aufsichtspflicht – Verkehrssicherungspflicht	117
14.5	Gesetzliche Unfallversicherung (GUV)	118
14.6	Rechtliche Folgen von Aufsichtspflichtverletzungen	119
15	**Haftung des Lehrers**	**121**
15.1	Rechtliche Grundlagen	121
15.2	Hinweise für die Praxis	123
15.3	Übersicht	123
16	**Unfallschutz in der Schule**	**125**
16.1	Einführung	125
16.2	Die Träger der Schülerunfallversicherung	125
16.3	Unfallursachen	126
16.4	Zuständigkeiten	126
16.4.1	Äußerer Schulbereich (Gebäude, Anlagen und Einrichtungen)	127
16.4.2	Innerer Schulbereich	127
16.4.3	Fachberater für Verkehrs- und Sicherheitserziehung	129
16.4.4	Versicherungsumfang	129
16.4.5	Aufgaben der gesetzlichen Unfallversicherung	130
16.4.6	Sicherheitskonzept für Schulen	130

17	**Schülerfahrten**	131
17.1	Bedeutung und Begriffsklärung	131
17.2	Die Vorbereitung	131
17.3	Die Durchführung	133
17.4	Die Nachbereitung	134
18	**Datenschutz in der Schule**	135
18.1	Aufgabe des Datenschutzes	135
18.2	Verschwiegenheitpflicht und Auskunftserteilung	135
18.3	Datenschutzstellen	137
18.3.1	Datenschutzbeauftragter an der Schule	137
18.3.2	Landesbeauftragter für den Datenschutz	137
18.3.3	Beratungsstellen für Schulen in Datenschutzfragen	137
18.4	Erhebung und Verarbeitung von Daten	138
18.4.1	Datenerhebung, Datenverarbeitung und Datennutzung an Schulen	138
18.4.2	Datenverarbeitung auf privaten Rechnern der Lehrkräfte	139
18.4.3	Speicherungsdauer von Daten	139
18.5	Häufige Datenschutzfragen an Schulen	140
18.5.1	Videoüberwachung	140
18.5.2	Erhebungen an Schulen	141
18.5.3	Evaluation an Schulen	141
18.5.4	Einsatz eines digitalen Whiteboards im Unterricht	142
18.5.5	Film-/Tonaufnahmen durch außerschulische Stellen	143
18.5.6	Schülerfotos	143
18.6	Wichtige Datenschutzbestimmungen für Schulen	144
18.7	Fälle zum Datenschutz für die Lehrkräfte	144
18.7.1	Bekanntgabe von Noten im Unterricht	144
18.7.2	Datentransport auf einem USB-Stick	145
19	**Lehr- und Lernmittel**	147
19.1	Begriffsklärung	147
19.2	Die Zulassungspflicht	147
19.3	Die Lernmittelfreiheit	148
19.4	Die Einführung der Lernmittel an den Schulen	149
20	**Urheberrecht**	150
20.1	Grundsätzliches	150
20.2	Welche Werke sind geschützt?	151
20.3	Fotokopieren und Digitalisieren in der Schule	152
20.4	Schul-Intranet	155
20.5	Softwarenutzung in Schulen	155
20.6	Wiedergabe von Werken bei Schulveranstaltungen	156
20.7	Internet	156
20.8	Rechtliche Konsequenzen bei Verstößen gegen das Urheberrecht	157
21	**Leistungsfeststellung und Benotung**	158
21.1	Bedeutung	158
21.2	Exkurs: Die Gütekriterien eines Tests	158
21.3	Art der Leistungsnachweise	159
21.4	Die Leistungsfeststellung	159

21.4.1	Vorbereitungen	160
21.4.2	Die Durchführung	161
21.4.3	Die mündliche Note	162
21.5	Die Korrektur und Benotung	162
21.6	Die Kontrolle	164
21.6.1	Außergerichtliche Kontrolle	164
21.6.2	Kontrolle durch das Verwaltungsgericht	165
22	**Zeugnisse**	**167**
22.1	Die Rechtsnatur von Zeugnissen	167
22.2	Zeugnisarten an allgemein bildende Schulen	168
22.3	Zeugnisarten an beruflichen Schulen	168
23	**Erziehungs-, Ordnungs- und Sicherungsmaßnahmen**	**170**
23.1	Andere Erziehungsmaßnahmen	171
23.1.1	Das Hinausweisen störender Schüler und Schülerinnen	172
23.1.2	Das Nutzungsverbot für Mobilfunktelefone und digitale Speichermedien	172
23.1.3	Unzulässige andere Erziehungsmaßnahmen	173
23.2	Ordnungsmaßnahmen und Sicherungsmaßnahmen	173
23.2.1	Grundsätze des Verwaltungshandeln und des Verwaltungsverfahren	173
23.2.2	Einzelne Ordnungsmaßnahmen	175
23.2.3	Sicherungsmaßnahmen	176
24	**Schulentwicklung – Evaluation**	**178**
24.1	Das Konzept der Schulentwicklung	178
24.2	Evaluation	179
25	**Lernortkooperation**	**181**
25.1	Rechtsgrundlagen und Inhalte	181
25.2	Kooperation durch den Ausbildenden	182
25.3	Kooperation durch die Berufsschule	183
25.4	Weitere Kooperationsfelder	183

Teil 2: Beamten- und Tarifrecht

1	**Beamtenrecht**	**185**
1.1	Grundsätze des Berufsbeamtentums	185
1.2	Gesetzliche Formvorgaben	187
1.3	Treue und Fürsorge	188
1.4	Alimentationsprinzip	188
1.5	Das bayerische Dienstrecht	189
2	**Tarifrecht**	**191**
2.1	Regelung durch Tarifvertrag	191
2.2	Pflichten und Rechte	192
2.3	Aufstiegsmöglichkeiten	194
2.4	Änderung der Arbeitsbedingungen	194
2.5	Soziale Sicherung	194
2.6	Beendigung des Arbeitsverhältnisses	195

Abkürzungsverzeichnis	196
Stichwortverzeichnis	197

Teil 1: Schulrecht

1 Pädagogik und Recht

> **Fall 1.1**
>
> Um seine Schüler zur Pünktlichkeit zu erziehen, erteilt eine Lehrkraft jedem, der zu spät in seinen Unterricht kommt, einen Verweis. Eine andere Lehrkraft, die in derselben Klasse unterrichtet, lässt derartiges Schülerverhalten unbeachtet.
>
> Der Klassensprecher beklagt sich beim Schulleiter über das »ungerechte« Verhalten der strengeren Lehrkraft.
> - Wie beurteilen Sie das Verhalten der Lehrkräfte aus rechtlicher Sicht?
> - Wie könnte der Schulleiter reagieren?

1.1 Rechtsbegriff

»Das Recht ist definiert als eine im Menschen innerlich wirkende geistige Macht, die ihn antreibt, bestimmte Dinge zu tun oder zu unterlassen, die aber durch eine äußere Macht unterstützt werden muss, um ein gedeihliches Zusammenleben der Menschen zu erzielen« [1]

Menschen entwickeln für ihr Verhalten ein individuelles Bewusstsein für richtiges oder falsches Handeln im gegenseitigen Umgang, das sich bei kritischer Betrachtung in der Gemeinschaft oft nicht konsensfähig erweist und zu Konflikten führt.

Albert Anker: Dorfschule von 1848

Illustration: Reproduktion mit freundlicher Genehmigung der Novartis AG, Basel

Diesem gesellschaftlichen Konfliktpotential versucht man seit Bestehen der Menschheit zu begegnen, indem Handlungsmaßstäbe von wie auch immer Autorisierten verbalisiert und in zunehmendem Maße als Regelungen und Ordnungen schriftlich fixiert und als allgemeingültiges Recht erklärt werden. Dabei weichen aus vielerlei Gründen sowohl Handlungsmaßstäbe als auch Sanktionsregelungen örtlich und zeitlich teilweise erheblich voneinander ab; insoweit kann man davon ausgehen, dass es kein ewig gleichbleibendes Recht gibt und dass das Recht einer ständigen Weiterentwicklung unterliegt. Dennoch ist jedes Mitglied der Gesellschaft an die jeweils bestehende Rechtsordnung gebunden.

---

1 http://de.wikipedia.org/wiki/Recht

Die systematische Erfassung aller Lebensbereiche durch möglichst umfassende und demokratisch legitimierte Rechtsstrukturen hat auch in Deutschland die Schulen erst in den letzten Jahrzehnten des 20. Jahrhunderts erreicht. Historisch gewachsene, ministerielle Erlasssammlungen und Gewohnheitsrecht wurden von Gesetzen und Verordnungen abgelöst.

Die Gesamtheit aller Rechtsregelungen im Schulbereich bezeichnet man als Schulrecht. Darin sind insbesondere Rechte und Pflichten der Schüler, Eltern, Lehrer, Schulaufsicht und der Schulträger geregelt.

Bezogen auf den Ausgangsfall finden wir auszugsweise folgende Regelungen:

Art. 56 BayEUG
(4) Alle Schülerinnen und Schüler haben sich so zu verhalten, dass die Aufgabe der Schule erfüllt und das Bildungsziel erreicht werden kann. Sie haben insbesondere die Pflicht, am Unterricht regelmäßig teilzunehmen und die sonstigen verbindlichen Schulveranstaltungen zu besuchen. Die Schülerinnen und Schüler haben alles zu unterlassen, was den Schulbetrieb oder die Ordnung der von ihnen besuchten Schule oder einer anderen Schule stören könnte...

§ 2 LDO
(1) Die Lehrkraft trägt im Rahmen der Rechtsordnung und ihrer dienstlichen Pflichten die unmittelbare pädagogische Verantwortung für die Erziehung und den Unterricht ihrer Schüler. Sie trägt die Verantwortung für die Schule mit.

Art. 2 BayEUG
(1) Die Schulen haben insbesondere die Aufgabe, ... zu selbständigem Urteil und eigenverantwortlichem Handeln zu befähigen, zu verantwortlichem Gebrauch der Freiheit, zu Toleranz, friedlicher Gesinnung und Achtung vor anderen Menschen zu erziehen, zur Anerkennung kultureller und religiöser Werte zu erziehen,

Art. 86 BayEUG
(1) Zur Sicherung des Bildungs- und Erziehungsauftrags oder zum Schutz von Personen und Sachen können Erziehungsmaßnahmen gegenüber Schülerinnen und Schülern getroffen werden... Soweit andere Erziehungsmaßnahmen nicht ausreichen, können Ordnungs- und Sicherungsmaßnahmen ergriffen werden... Alle Maßnahmen werden nach dem Grundsatz der Verhältnismäßigkeit ausgewählt.
(2) Ordnungsmaßnahmen sind:
1. der schriftliche Verweis ...

§ 21 LDO
(1) Die Klassenkonferenz hat ... auch den Zweck, die enge Zusammenarbeit und die gegenseitige Verständigung der in der Klasse tätigen Lehrkräfte zu fördern und die Anforderungen an die Schüler abzustimmen.

§ 24 LDO
(1) Die Schulleiterin oder der Schulleiter nimmt insbesondere folgende Befugnisse wahr:
– Vorstand der Behörde ...

(2) Vorbehaltlich der Zuständigkeiten der Aufsichtsbehörden sorgen die Schulleiterinnen und Schulleiter im Rahmen ihrer Dienststellung in Erfüllung der ihnen ... zugewiesenen Aufgaben dafür, dass der in den Lehrplänen und sonstigen amtlichen Richtlinien gegebene Auftrag der Schule erfüllt, der Unterricht ordnungsgemäß erteilt, die Arbeit der einzelnen Lehrkräfte aufeinander abgestimmt wird und die Rechts- und Verwaltungsvorschriften, insbesondere das Bayerische Gesetz über das Erziehungs- und Unterrichtswesen, die jeweilige Schulordnung und die Dienstordnung beachtet werden.

Daneben sind selbstverständlich andere Rechte wie u.a. das Recht auf körperliche Unversehrtheit oder das allgemeine Persönlichkeitsrecht weiterhin zu beachten.

Vielfach stößt man im Schulalltag im Umgang mit dem Regelwerk an Grenzen, da einerseits die Vielfalt der Verhaltensformen nicht mehr im Detail regelbar ist, andererseits das Regelwerk selbst die Beurteilung des Falles und die entsprechende Entscheidung von einem Werturteil abhängig macht. Hier gilt es, Maßstäbe anzusetzen, die bei den Beteiligten auf ein größtmögliches Verstehen und Akzeptieren stoßen: Angemessenheit, Berücksichtigung der besonderen Umstände, Gleichbehandlung in gleichen Fällen, Ausgewogenheit, Sinnhaftigkeit, u.a.. Solche Wertmaßstäbe dürfen nicht der Unerfahrenheit, Willkür oder einer zufälligen Auffassung der verantwortlichen Personen überlassen bleiben und unterliegen der Aufsicht von Dienstvorgesetzten.

In **Fall 1.1** verstößt der »strenge« Lehrer gegen den in Art 86 BayEUG geforderten Grundsatz der Verhältnismäßigkeit, wenn er unbegründetes wiederholtes Zuspätkommen ebenso ahndet wie ein begründetes einmaliges. Daneben wird zu prüfen sein, ob andere Erziehungsmaßnahmen im Einzelfall ausreichend gewesen wären.

Der »milde« Lehrer missachtet das Recht der pflichtbewussten Schüler auf einen störungsfreien Unterricht sowie die pädagogische Verantwortung für Erziehung und Unterricht.

Der Schulleiter orientiert sich daran, inwieweit durch das Verhalten beider Lehrkräfte der Unterricht beeinträchtigt wird und Schul- und Dienstordnungen beachtet werden. Außerdem achtet er auf eine notwendige Abstimmung der Arbeit der Lehrkräfte untereinander. Gegebenenfalls macht er die Angelegenheit zum Thema einer Klassen- oder Lehrerkonferenz. Wenn unterschiedliche Wertmaßstäbe der Lehrkräfte eine breite ordnungsgemäße Erfüllung des Schulauftrags gefährden, wird eine gemeinsam erstellte Leitlinie weiterhelfen.

1.2 Bildungs- und Erziehungsauftrag der Schulen

Fall 1.2

Der Schüler Marc der 9. Klasse einer Wirtschaftsschule ist verärgert, weil seine Mitschülerin Rita sich geweigert hatte, ihn vor dem Unterricht die Hausaufgabe abschreiben zu lassen. In der Pause bedrängen Marc und seine Freunde Rita und beleidigen sie grob und sexistisch.

Der Schulleiter, dem der Vorfall berichtet wurde, bat den Klassenlehrer, geeignete Erziehungsmaßnahmen zu ergreifen. Dieser lehnt die Bitte ab mit der Begründung, er sei für die Vermittlung von Bildung zuständig. Erziehung sei alleinige Angelegenheit der Eltern.

● Wie beurteilen Sie diese Haltung aus rechtlicher Sicht?

Die Erziehung von Kindern ist eine natürliche Aufgabe der Eltern. Das bedeutet in freiheitlich orientierten Gesellschaften sowohl ein prioritäres Recht der Eltern als auch die verantwortungsvolle Verpflichtung gegenüber dem eigenen Kind.

Dazu gehört es auch, das Kind individuell zu stärken und als Glied der Gemeinschaft zu sozialisieren, um ihm für die Zukunft alle Chancen der Anerkennung und Selbstverwirklichung zu eröffnen.

Entsprechend regelt das Grundgesetz in Art. 6 Abs. 2 GG: »Pflege und Erziehung der Kinder sind das natürliche Recht der Eltern und die zuvörderst ihnen obliegende Pflicht.«

Es liegt im Interesse der Gemeinschaft, dass Eltern auch tatsächlich ihre Erziehungsverpflichtung einerseits zum Wohl und zum Schutz der Kinder, aber auch zum Wohl der Gesellschaft erfüllen. Die Kontrollfunktion übertrug das Grundgesetz auf die staatliche Gemeinschaft (Art. 6 Abs. 2 Satz 2 GG).

Durch unzureichende Erziehung entstandene soziale Fehlentwicklungen werden staatlichen Organen durch auffälliges Verhalten in der Öffentlichkeit angezeigt; überwiegend zeigen sich allerdings altersbedingt Reife und Sozialisierungsgrad in Kindergärten und Schulen. Dabei ist es nicht die Aufgabe der Schulen, Eltern die Erziehung abzunehmen. Allenfalls erhalten Eltern Erziehungshilfen durch Mitteilungen der Schulen über notwendige Ordnungsmaßnahmen bzw. über den Leistungsstand sowie bei Elternsprechtagen.

Art. 126 BV

(1) Die Eltern haben das natürliche Recht und die oberste Pflicht, ihre Kinder zur leiblichen, geistigen und seelischen Tüchtigkeit zu erziehen. Sie sind darin durch Staat und Gemeinden zu unterstützen. In persönlichen Erziehungsfragen gibt der Wille der Eltern den Ausschlag.

Den Schulen wurde jedoch in Art. 131 BV sowie im BayEUG ein ausdrücklicher Bildungs- und Erziehungsauftrag gegeben, gleichzeitig aber auf das verfassungsmäßige Erziehungsrecht der Eltern hingewiesen.

Art. 1 BayEUG

(1) Die Schulen haben den in der Verfassung verankerten Bildungs- und Erziehungsauftrag zu verwirklichen. Sie sollen Wissen und Können vermitteln sowie Geist und Körper, Herz und Charakter bilden. Oberste Bildungsziele sind Ehrfurcht vor Gott, Achtung vor religiöser Überzeugung, vor der Würde des Menschen und vor der Gleichberechtigung von Männern und Frauen, Selbstbeherrschung, Verantwortungsgefühl und Verantwortungsfreudigkeit, Hilfsbereitschaft, Aufgeschlossenheit für alles Wahre, Gute und Schöne und Verantwortungsbewusstsein für Natur und Umwelt. Die Schülerinnen und Schüler sind im Geist der Demokratie, in der Liebe zur bayerischen Heimat und zum deutschen Volk und im Sinn der Völkerversöhnung zu erziehen.

(2) Bei der Erfüllung ihres Auftrags haben die Schulen das verfassungsmäßige Recht der Eltern auf Erziehung ihrer Kinder zu achten.

Das gesamte Schulwesen wurde verfassungsrechtlich unter Aufsicht des Staates gestellt (Art. 7 GG, Art. 130 BV). Die Schulaufsicht ist Aufgabe des Bayerischen Staatsministeriums für Unterricht und Kultus, das für die Verwirklichung bildungspolitischer und pädagogischer Vorgaben in der Schulpraxis zuständig ist. Die Wahrnehmung der Aufgabe wird z. T. auf schulische Mittelbehörden übertragen. Die Lehrkräfte setzen die pädagogischen und bildungspolitischen Vorgaben an den Schulen um. Die Verantwortung trägt dafür der Schulleiter im Rahmen seiner Dienstaufsicht.

§ 2 LDO

(1) Die Lehrkraft trägt im Rahmen der Rechtsordnung und ihrer dienstlichen Pflichten die unmittelbare pädagogische Verantwortung für die Erziehung und den Unterricht ihrer Schüler. Sie trägt die Verantwortung für die Schule mit.

> (2) Die Lehrkraft hat den in der Verfassung und im Bayerischen Gesetz über das Erziehungs- und Unterrichtswesen niedergelegten Bildungs- und Erziehungsauftrag zu beachten. Sie muss die verfassungsrechtlichen Grundwerte glaubhaft vermitteln...

Die pädagogische Verantwortung beschränkt sich demzufolge nicht auf die Vermittlung von Wissen und Können.

Gleichrangig ist die Bildung von Geist, Körper, Herz und Charakter. Die Tatsache, dass dazu Lehrpläne keine oder weniger detaillierte Angaben darüber machen als für Wissen und Können, entbindet nicht von der Verpflichtung zur Beachtung dieser Ziele, ist aber häufig Grund für deren Vernachlässigung.

Bildungs-objekte	Komponenten	Ziel
Geist	Logik, Denken in Zusammenhängen, in anderen Dimensionen	Ganzheitliche Persönlichkeitsentwicklung
Körper	Gesundheit, Wirkung der körperlichen Präsenz	
Herz	Umgang mit Gefühlen, Sympathien, Freundschaften	
Charakter	Bildung von Tugenden, Ehrbarkeit, moralische Grundsätze	

Einen besonderen Stellenwert erhalten die obersten Bildungsziele

- Ehrfurcht vor Gott,
- Achtung vor religiöser Überzeugung,
- Achtung vor der Würde des Menschen und
- Achtung vor der Gleichberechtigung von Männern und Frauen,
- Selbstbeherrschung,
- Verantwortungsgefühl und Verantwortungsfreudigkeit,
- Hilfsbereitschaft,
- Aufgeschlossenheit für alles Wahre, Gute und Schöne und
- Verantwortungsbewusstsein für Natur und Umwelt.

Hier geht es darum, den Schülern deutlich zu machen, wie wichtig ein aufgeschlossener, respektvoller und verantwortungsbewusster Umgang mit Mensch und Natur für ein gedeihliches Zusammenleben und damit auch für ihn selbst bzw. seine persönliche Entwicklung ist. Aufgeschlossenheit für alles Wahre, Gute und Schöne betrifft tief in der abendländischen Tradition verwurzelte »Werte wie Erkenntnisgewinn oder Objektivität in der Darstellung von Sachverhalten, Tugenden wie Gerechtigkeit, Fairness und Toleranz, ästhetische Qualitäten wie Harmonie oder Ausdruckskraft, ... können aber auch heute als erstrebbare Ideale dargestellt werden«. [1]

Darüber hinaus sind die Schülerinnen und Schüler im Geist der Demokratie, in der Liebe zur bayerischen Heimat und zum deutschen Volk und im Sinn der Völkerversöhnung zu erziehen. Hier geht es um die Erkenntnis, dass im vertrauten, nahen und überschaubaren Umfeld eine Quelle der Kraft für die Bewältigung fremder, globaler Herausforderung liegt, ohne dass ein übertriebener Nationalgedanke die wiedergewonnene Völkerverständigung und deren Vorzüge in Frage stellt.

---

[1] Vgl. Kiesl/Stahl, Das Schulrecht in Bayern, 2001, BayEUG-Kommentar, S. 6

Je nach Fach, Inhalt oder Ereignis sind solche Bildungsziele sinnvoll, stetig und nachhaltig zu integrieren, um den geforderten Beitrag zu einer zunehmenden Vervollkommnung der Persönlichkeit der Schüler zu erbringen. Wichtig ist, dass sich bietende Gelegenheiten und geeignete Anlässe konstruktiv und zielorientiert genutzt werden und dass die Selbstdarstellung der Lehrkraft glaubhaft und dauerhaft den zu vermittelnden Wertmaßstäben entspricht.

> Die Argumentation, mit der der Lehrer im **Fall 1.2** die Bitte zur Durchführung von Erziehungsmaßnahmen ablehnt, ist falsch und entspricht nicht der geltenden Rechtslage. Er vertritt die Auffassung, sein Bildungsauftrag beschränkt sich auf Wissen und Können. Sein Bildungsauftrag geht gemäß Art. 1 BayEUG i.V. mit § 2 LDO darüber hinaus. Demgemäß hat der Lehrer zum gegebenen Anlass im einzelne Bildungsziele wie die Achtung vor der Würde des Menschen, die Gleichberechtigung, Selbstbeherrschung aufzugreifen. Wegen des Fehlverhaltens und auch in Bezug auf die fehlende Hausaufgabe muss die Lehrkraft eine angemessene und möglichst nachhaltige Erziehungsmaßnahme ergreifen, die mindestens aus einer überzeugenden Darlegung die Grundsätze konstruktiven Sozialverhaltens und der Bedeutung einer sorgfältigen Erledigung von Aufgaben besteht.

1.3 Recht auf eine der Begabung entsprechende Bildung

Während die Gesellschaft Bildung lange Zeit als individuelles Anliegen den zufälligen Möglichkeiten des Einzelnen überließ, erhob Wilhelm von Humboldt schon Mitte des 19. Jahrh. die Forderung nach einer systematischen Förderung des Bildungspotentials aller. Jedem solle Bildung zugänglich gemacht werden und jeder nach seinen Fähigkeiten und gesellschaftlichen Anforderungen gefördert werden.

Diesem Grundsatz versucht man auch heute gerecht zu werden. Sowohl in Art. 128 BV als auch in Art. 56 Abs. 1 BayEUG finden wir entsprechende verpflichtende Vorgaben.

Wesentliches Ziel ist es, möglichst allen jungen Menschen grundsätzlich den Zugang zu einer Ausbildung zuzusichern, die ihren »erkennbaren Fähigkeiten und ihrer inneren Berufung« entspricht.

Alexander von Humboldt
1769-1859

Die wirtschaftliche Situation der Schüler bzw. deren Eltern sollen keinen Einfluss auf die potentielle Bildungsentscheidung haben. Deshalb wird in Bayern an öffentlichen Schulen kein Schulgeld erhoben (Art. 23 BaySchFG) und es besteht grundsätzlich Lernmittelfreiheit (Art. 21 BaySchFG).

Dementsprechend haben Schüler bzw. deren Erziehungsberechtigte das Recht, im bayerischen gegliederten Schulsystem Schulart, Ausbildungsrichtung und Fachrichtung zu wählen, soweit Eignung und Leistung dies zulassen (Art. 44 Abs. 1 BayEUG). Die Feststellung des schulischen Leistungsbild erfolgt im Rahmen schulartbezogener Übertrittsverfahren. Zur möglichst passgenauen Bildungswegentscheidung stehen an allen Schularten qualifizierte Schulberater zur Verfügung.

> **Art. 56 BayEUG**
>
> ... Alle Schülerinnen und Schüler haben gemäß Art. 128 der Verfassung ein Recht darauf, eine ihren erkennbaren Fähigkeiten und ihrer inneren Berufung entsprechende schulische Bildung und Förderung zu erhalten...

Übertritt und Schulwechsel in Bayern: So geht die Schulkarriere weiter

Alles zum Übertritt von der Grundschule an die weiterführenden Schulen, alle Regelungen zu Übertritten an andere Schulen und Hinweise zum Schulwechsel über Ländergrenzen

Die erste Schulwahl nach der Grundschule bedeutet keine abschließende Entscheidung über die schulische Laufbahn des Kindes. Das bayerische Schulsystem eröffnet jeder Schülerin und jedem Schüler einen individuellen Bildungsweg. Im Laufe eines Schullebens können sich Leistungen von Kindern und Jugendlichen ändern. Jeder Schüler erhält deshalb regelmäßig die Möglichkeit, seinen Bildungsweg neuen Gegebenheiten und Zielen anzupassen. Dies vermeidet Unter- oder Überforderung und macht den Schulerfolg wahrscheinlich. Alle Schulen in Bayern bieten mehrere Möglichkeiten, um Schulabschlüsse zu erreichen. Grundsätzlich gilt: Mit jedem erreichten Abschluss steht der Weg zum nächsthöheren schulischen Ziel offen. Nach dem Prinzip der Durchlässigkeit ermöglicht jede weiterführende Schule den mittleren Schulabschluss.

https://www.km.bayern.de/umzug

Wiederholung – Vertiefung

1. Im Schulalltag haben die Beteiligten eine Fülle von Rechtsvorschriften zu beachten. Nennen Sie Gründe für eine Verschlankung bzw. einer Ausweitung der Vorschriften.
2. Der Gesetzgeber verpflichtet die Lehrkräfte zur Umsetzung allgemeiner Bildungs- und Erziehungsziele. Wie sollte nach Ihrer Auffassung die Lehrkraft darauf vorbereitet werden?
3. Nehmen Sie Stellung zur Gleichheit der Bildungschancen in Bayern.
4. Suchen Sie im Lehrplan Ihrer Unterrichtsfächer Themen, die eine Verknüpfung mit den obersten Bildungszielen ermöglichen.
5. In welchen Unterrichtssituationen des Schulalltags könnten die obersten Bildungsziele besondere Bedeutung erlangen?

2 Rechtsquellen im Schulrecht

Fall 2.1

Patrick ist Schüler der 9. Klasse eines staatlichen Gymnasiums. Wegen ständiger Unterrichtsstörungen durch undisziplinierte Kommunikation mit einigen seiner Klassenkameraden, wurde er nach wiederholten Mahnungen und nach Androhung der Maßnahme in eine Parallelklasse versetzt.

Nach drei Wochen fasst Patrick den Mut, die Veränderung seinen Eltern mitzuteilen. Der Vater hält die Maßnahme für überzogen und sucht in der Schulordnung für Gymnasien vergeblich nach einer einschlägigen Rechtsvorschrift.

● Liegt hier gegebenenfalls eine Regelungslücke vor?

2.1 Normenhierarchie im Schulrecht

Das Grundgesetz der Bundesrepublik Deutschland steht auf der obersten Stufe aller in unserem Land geltenden Rechtsnormen. Es enthält die Festlegung der grundlegenden Wertentscheidungen (Grundrechte) und des staatlichen Ordnungssystems (Institutionen, Gesetzgebung). Daneben haben sich die Bundesländer eigene Verfassungen gegeben, die gegenüber dem Grundgesetz nachrangig sind (Art. 31 GG). Für ihr eigenes Rechtssystem haben sie bindenden Charakter.

Urteilsverkündung beim Bundesverfassungsgericht (Karlsruhe)

Alle erlassenen Rechtsnormen müssen den Bestimmungen der Verfassungen entsprechen; im Zweifel wird das Verfassungsgericht in Anspruch genommen. Dazu gehört auch die in bestimmter Weise notwendige demokratische Legitimation.

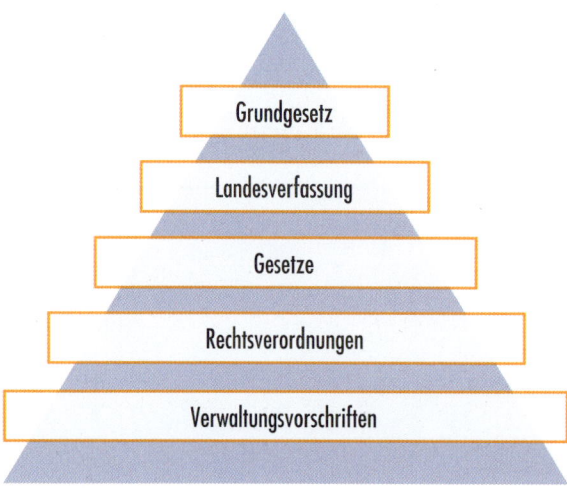

Rechtssetzungen über wesentliche Entscheidungen sind als Gesetze von den Parlamenten selbst zu erlassen. Diese sogenannte »Wesentlichkeitstheorie« stellt die geltende Auffassung des Bundesverfassungsgerichtes dar. Wesentliche Fragen sind in diesem Zusammenhang solche, die »für die Ausübung der Grundrechte« wesentlich sind.

Ein Gesetz kann zuständige Exekutivorgane (Ministerien) ermächtigen, Rechtsverordnungen zu erlassen, die ebenso wie Gesetze Rechte und Pflichten gegenüber jedermann begründen. Das jeweilige Verordnungsermächtigungsgesetz muss allerdings Inhalt der Verordnung, deren Zweck und ihr Ausmaß hinreichend bestimmen.

Zur einheitlichen Rechtsanwendung der Behörden werden im Rahmen bestehender Gesetze ohne besondere Ermächtigung und Zweckbestimmung Verwaltungsvorschriften erlassen. Sie sind keine auf den Bürger unmittelbar wirkenden Rechtsnormen, können aber im konkreten Einzelfall in der Ausgestaltung eines konkreten Verwaltungsaktes oder durch die Ablehnung eines beantragten Verwaltungsaktes auch Außenwirkung entfalten. Die von der Verfassung geforderte demokratische Legitimation ergibt sich daraus, dass die maßgeblichen Exekutivorgane nach rechtsstaatlichen Grundsätzen installiert sind. Dennoch ist es wichtig, der Verwaltung einen gewissen Spielraum zur Regelung von Details einzuräumen, weil ein Gesetz nicht alle denkbaren Fälle regeln kann. Die Bezeichnungen solcher Vorschriften reichen von allgemeinen Begriffen wie Anordnung, Dienstanweisung, Erlass, Richtlinie, Durchführungshinweise bis hin zu speziellen Bezeichnungen wie Lehrerdienstordnung oder Ferienordnung (Kultusministerielle Bekanntmachungen).

In Bezug auf Rechtsnormen für Schulen bestimmen sowohl das Grundgesetz als auch die Verfassung des Freistaates Bayern, dass das gesamte Schulwesen unter Aufsicht des Staates steht. Deshalb erfolgt die rechtsverbindliche Regelung des Schulsystems durch staatliche Organe im Rahmen des Öffentlichen Rechts. Im Besonderen betrifft dies die Rechte und Pflichten aller am öffentlichen Schulprozess Beteiligten (Schüler, Eltern, Lehrer, Schulaufsicht). Privatrechtliche Elemente finden wir in Privatschulen zwischen Schulen und Schülern (Eltern) und bei Lehrkräften, die nicht als Beamte beschäftigt werden.

Im Rahmen der hierarchischen Rechtsstruktur und des verbindlichen »Wesentlichkeitsprinzips« werden für den Schulbereich per Gesetz Entscheidungen erlassen, die grundrechtlich relevant und damit als wesentlich betrachtet werden.

Als wesentlich eingestuft werden, z. B.:	Gesetz
Bildungs- und Erziehungsziele	Art. 1 BayEUG
Gliederung des Schulwesens	Art. 6 BayEUG
Pädagogische Verantwortung der Lehrkräfte	Art. 59 BayEUG
Erziehungsmaßnahmen – Ordnungsmaßnahmen	Art. 86 BayEUG
Lernmittelfreiheit	Art. 21 BaySchFG
Schulgeldfreiheit	Art. 23 BaySchFG
Kostenfreiheit des Schulwegs	SchKfrG

Aufgrund gesetzlicher Ermächtigungen wird durch das Kultusministerium eine Reihe von differenzierten Rechtsverordnungen erlassen. So ermöglicht Art. 45 Abs. 2 Satz 4 BayEUG z. B. die Festlegung der Unterrichtsfächer, der wöchentlichen Unterrichtsstunden usw. auf dem Verordnungsweg. Alle Schulordnungen in Bayern (GrSchO, MSO, RSO, GSO, BSO, FOBOSO usw.) sind gemäß Art. 89 BayEUG Rechtsverordnungen. Sie enthalten eine Vielzahl wesentlicher Bestimmungen, die im Sinn des BayEUG für die jeweilige Schulart dauerhaft Allgemeingültigkeit besitzen sollen.

Eher kurzfristiger Regelungsbedarf wird seitens der vorgesetzten Dienstbehörden z. B. durch kultusministerielle Schreiben (KMS), Regierungsschreiben (RS), Durchführungsrichtlinien, Dienstanweisungen oder Bekanntmachungen (KMBek) abgedeckt. Verwaltungsvorschriften wenden sich in erster Linie an Schulleiter und Lehrkräfte zur einheitlichen Rechtsanwendung, können in bestimmten Fällen aber auch Auswirkungen auf Schüler haben.

Beispiel:

Durchführungshinweise zu Schülerfahrten

Bekanntmachung des Bayerischen Staatsministeriums für Unterricht und Kultus vom 9. Juli 2010 Az.: II.1-5 S 4432-6.61 208

2. Entscheidung über die Zusammenstellung des Fahrtenprogramms

… Die Entscheidung trifft … die Lehrerkonferenz. Der Schülerausschuss ist anzuhören. Die Mitwirkungsrechte des Elternbeirats … sind zu beachten. Eine Entscheidung über den Reisezeitpunkt oder den Personaleinsatz … bleibt der Schulleiterin bzw. dem Schulleiter vorbehalten.

Schülerinnen und Schüler, die … nicht teilnehmen, haben während deren Dauer den Unterricht in anderen Klassen oder Kursen oder sonstige Schulveranstaltungen der Schule zu besuchen.

Die Versetzung eines Schülers in eine Parallelklasse als Ordnungsmaßnahme im **Fall 2.1** gilt aus verfassungsrechtlicher Sicht als eine »wesentliche Entscheidung« und bedarf einer Regelung in Form eines Gesetzes. Dem wurde durch Art. 86 Abs. 2 Nr. 3 BayEUG Rechnung getragen.

Wiederholung – Vertiefung

1. Die Eltern einer islamischen Schülerin bestehen auf einer Befreiung vom Schwimmunterricht mit der Begründung, der Koran schließe die Teilnahme am Schwimmunterricht aus.
   a) Welche Rechtsquellen kommen für die Lösung des Falles in Frage? (Begründung)
   b) Welche Gründe sprechen für bzw. gegen eine Befreiung vom Schwimmunterricht?
2. Warum erzeugen Verwaltungsvorschriften Rechtssicherheit und Rechtsgleichheit?
3. Suchen Sie in der jeweiligen Schulordnung Ihrer Schulart die Ermächtigung für den Erlass dieser Schulordnung durch Rechtsverordnung.
4. Zur Durchsetzung der Schulpflicht darf unter anderem auch die Wohnung des Schulpflichtigen betreten werden (Art. 118 Abs. 2 BayEUG).
   a) Warum kann diese Regelung nicht in einer Schulordnung getroffen werden (Art. 19 Abs. 1 GG)?
   b) Diskutieren Sie inhaltlich diese Grundrechtseinschränkung und finden überdies die gesetzlich vorgeschriebene Angabe des Grundrechts im BayEUG.
5. Warum finden sich in der Normenhierarchie des Schulrechts keine spezialgesetzlichen Regelungen bzw. Rechtsverordnungen auf der Ebene des Bundes?
6. Lesen Sie Art. 7 Abs. 4 BayEUG. Diskutieren Sie die Regelung vor dem Hintergrund einer möglichen Normenkollision mit dem Grundgesetz und der Bayerischen Verfassung.
7. Welche Bedeutung haben Verwaltungsvorschriften bei einer verwaltungsgerichtlichen Entscheidung zu schulrechtlichen Streitigkeiten? Lesen Sie hierzu Art. 97 Abs. 1 GG.

2.2 Interpretation rechtlicher Bestimmungen

Fall 2.2

Der Vater von Patrick (Gymnasium, 9. Klasse) hält die Maßnahme (Fall 2.1) für falsch. Er ist der Auffassung, dass angesichts der Sensibilität seines Sohnes die Versetzung in die Parallelklasse der Entwicklung seines Sohnes schadet und der Klassenleiter es versäumt hat, auf seinen Sohn überzeugend einzuwirken. Beurteilen Sie den Spielraum, den die Schule bei einer Versetzung in eine Parallelklasse als Ordnungsmaßnahme hat und prüfen Sie die Rechtmäßigkeit der Maßnahme.

Zeichnung: Dave Vaughan

Schüler im »Karzer« – heute unvorstellbar

2.2.1 Tatbestand und Rechtsfolge

Neben der Vielzahl von rechtlichen Bestimmungen über Zuständigkeiten und Aufgaben ist es wesentlicher Bestandteil einer Rechtsordnung, Regeln für Fälle vorzusehen, bei denen die Erfüllung eines Tatbestandes eine Rechtsfolge begründet. Dieses Prinzip finden wir in allen Bereichen des Rechts wie die folgenden Beispiele zeigen.

Diese sind nicht Bestandteile des Schulrechts, besitzen im Schulalltag aber durchaus eine gewisse Relevanz.

Tatbestand	Rechtsfolge	Quelle
Wer … das Eigentum … eines anderen widerrechtlich verletzt	Ist … zum Ersatz des … Schadens verpflichtet	§ 823 BGB
Wer rechtswidrig eine fremde Sache … zerstört	wird mit Freiheitsstrafe … oder mit Geldstrafe bestraft	§ 303 StGB

Die Beschreibung des Tatbestandes kann dabei u.a.:
- klar bestimmt und eindeutig sein,
- an mehrere Voraussetzungen geknüpft sein,
- indirekt beschrieben sein,
- die Notwendigkeit zur Einschätzung einer Situation beinhalten.

Die Rechtsfolgen können klar und eindeutig festgelegt sein, sie können allerdings auch aus einer Entscheidungsauswahl bestehen bzw. in das Ermessen des Handlungspflichtigen gelegt sein.

Art. 86 BayEUG
(1) Zur Sicherung des Bildungs- und Erziehungsauftrags oder zum Schutz von Personen und Sachen können Erziehungsmaßnahmen gegenüber Schülerinnen und Schülern getroffen werden… Soweit andere Erziehungsmaßnahmen nicht ausreichen, können Ordnungs- und Sicherungsmaßnahmen ergriffen werden… Alle Maßnahmen werden nach dem Grundsatz der Verhältnismäßigkeit ausgewählt.
(2) Ordnungsmaßnahmen sind: …
(3) Andere als die in Abs. 2 Satz 1 aufgeführten Ordnungsmaßnahmen sowie die Verhängung von Ordnungsmaßnahmen gegenüber Klassen oder Gruppen als solche sind nicht zulässig. Körperliche Züchtigung ist nicht zulässig. …

Tatbestand	Rechtsfolge	Quelle
Der Bildungs- und Erziehungsauftrag muss gesichert werden. Personen oder Sachen müssen geschützt werden.	Hierfür können nach dem Grundsatz der Verhältnismäßigkeit Ordnungs- und Sicherungsmaßnahmen getroffen werden.	Art. 86 BayEUG

Häufig wird die Vorgehensweise bei der Bestimmung der geeigneten Rechtsfolge beschrieben. Die vorgeschriebene Einhaltung ist hilfreich für die Beurteilung des Tatbestandes und kann Einfluss auf die Rechtsfolge haben.

> **Art. 88 BayEUG**
>
> (3) Vor der jeweiligen Entscheidung sind anzuhören
>
> 1. die Schülerin bzw. der Schüler bei Ordnungsmaßnahmen und bei Sicherungsmaßnahmen nach Art. 87 Abs. 2,
>
> 2. die Erziehungsberechtigten bei Maßnahmen nach Art. 86 Abs. 2 Nr. 3 bis 12 und Art. 87 Abs. 2 …

2.2.2 Gebundene Entscheidung und Ermessen

Die Sprache in Rechtssetzungen spiegelt die Intention des Gesetz- oder Verordnungsgebers wider und lässt erkennen, inwieweit ein Entscheidungsträger an eine Rechtsvorschrift gebunden ist bzw. einen Ermessensspielraum hat.

Bei Formulierungen wie »ist zu«, »hat zu«, »muss«, »darf nicht«, »sind« ist kein Spielraum gegeben und man spricht von einer gebundenen Entscheidung. Eine Missachtung der Vorschrift kann zur Rechtswidrigkeit einer Maßnahme führen.

> **Art. 50 BayEUG**
>
> (2) Der Unterricht in Pflichtfächern und in gewählten Fächern muss von allen Schülerinnen und Schülern besucht werden, soweit nicht in Rechtsvorschriften Ausnahmen vorgesehen sind …
>
> **Art. 66 Abs. 1 BayEUG:**
>
> (1) Für je 50 Schülerinnen und Schüler einer Schule … ist ein Mitglied des Elternbeirats zu wählen.
>
> **Art. 56 BayEUG**
>
> (5) Im Schulgebäude und auf dem Schulgelände sind Mobilfunktelefone und sonstige digitale Speichermedien, die nicht zu Unterrichtszwecken verwendet werden, auszuschalten …

Die Formulierungen »kann«, »darf«, »ist befugt«, »nach Ermessen«, weisen zweifelsfrei darauf hin, dass dem Entscheidungsträger ein Ermessensspielraum eingeräumt ist.

Art. 43 BayEUG
(1) Auf Antrag der Erziehungsberechtigten kann aus zwingenden persönlichen Gründen der Besuch einer anderen Grundschule oder Mittelschule mit einem anderen Sprengel gestattet werden …

Art. 86 BayEU
(1) Zur Sicherung des Bildungs- und Erziehungsauftrags oder zum Schutz von Personen und Sachen können Erziehungsmaßnahmen gegenüber Schülerinnen und Schülern getroffen werden …

Soweit die Schule diesen Spielraum eingeräumt bekommt, ist dieser nach objektiven Gesichtspunkten auch zu nutzen, soweit nicht in der Vorschrift Einschränkungen vorgesehen sind. Es sind die im Ermessensspielraum zulässigen Entscheidungen anhand der dafür oder dagegen sprechenden Gesichtspunkte abzuwägen. Die Ermessensausübung muss pflichtgemäß erfolgen. Das bedeutet, dass sachfremde Überlegungen keinen Einfluss haben dürfen. Bleiben relevante Gesichtspunkte unbeachtet, ist die Entscheidung rechtswidrig.

»Soll« gemäß einer Rechtsvorschrift eine Rechtsfolge eintreten, bedeutet diese Formulierung im Regelfall eine Verpflichtung mit der Maßgabe, in atypischen Fällen abweichen zu dürfen. Bei Ausnahmen sind vom Entscheidungsträger Gründe anzuführen, die deutlich machen, welche atypische Besonderheit gegen die rechtlich angestrebte Lösung sprechen. »Soll«-Vorschrift steht zwischen Ermessensverwaltung und gebundener Verwaltung.

Art. 34 BayEUG
(3) Berufsschulen, die die Voraussetzungen des Absatzes 1 nicht oder nicht mehr erfüllen, sollen aufgelöst werden, es sei denn, sie sind in beruflichen Schulzentren zusammengefasst oder werden in Personalunion mit anderen beruflichen Schulen geführt.

Art. 62 BayEUG
(1) Im Rahmen der Schülermitverantwortung soll allen Schülerinnen und Schülern die Möglichkeit gegeben werden, Leben und Unterricht ihrer Schule ihrem Alter und ihrer Verantwortungsfähigkeit entsprechend mitzugestalten; hierfür werden Schülersprecher und Schülersprecherinnen sowie deren Stellvertreter und deren Stellvertreterinnen gewählt …

Art. 52 Abs. 3 BayEUG
Unter Berücksichtigung der einzelnen schriftlichen, mündlichen und praktischen Leistungen werden Zeugnisse erteilt. Hierbei werden die gesamten Leistungen … bewertet. Daneben sollen Bemerkungen oder Bewertungen … über Anlagen, Mitarbeit und Verhalten der Schülerin oder des Schülers in das Zeugnis aufgenommen werden.

> Der Spielraum der Schule für die getroffene Maßnahme ist in **Fall 2.2** grundsätzlich gegeben, weil im Rahmen von Ordnungsmaßnahmen eine Versetzung in eine Parallelklasse vorgenommen werden kann.
>
> Allerdings ist relevant, ob das Verhalten von Patrick dazu führte, den Erziehungs- und Bildungsauftrag zu gefährden, und es keine Möglichkeit gibt, das erforderliche Verhalten durch andere Erziehungsmaßnahmen zu erreichen. Von dem oder den Lehrkräften wird erwartet, ihre (vergeblichen) Erziehungsversuche darzulegen. Zudem ist nach dem Prinzip der Verhältnismäßigkeit zu prüfen, ob es eine mildere Ordnungsmaßnahme gibt, die die gleiche Wirkung erzielt.

Die Rechtmäßigkeit ist davon abhängig, ob der gesetzlich eingeräumte Spielraum vorschriftsmäßig genutzt wurde. Darüber hinaus ist die Maßnahme im vorliegenden rechtswidrig, weil versäumt wurde, dem Schüler und den Erziehungsberechtigten Gelegenheit zur Äußerung zu geben. Die fehlende Anhörung kann allerdings nachgeholt werden, dann gilt der Verfahrensfehler als geheilt.

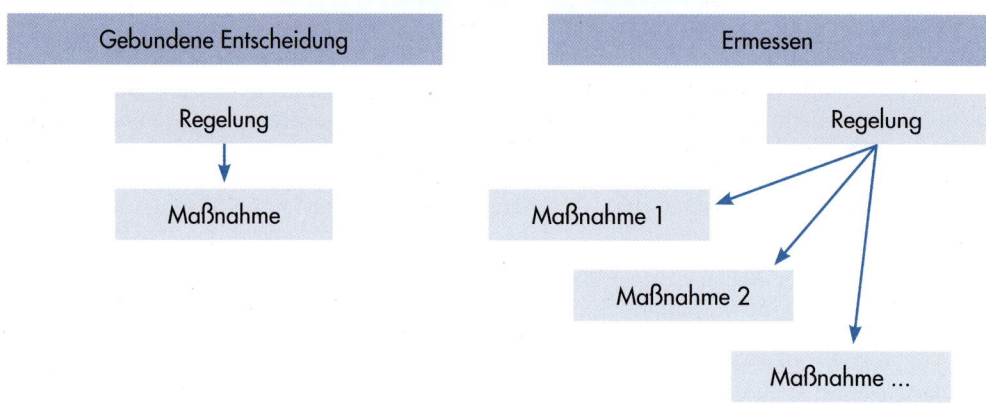

Wiederholung – Vertiefung

1. Welche Folgen hat es für die Wirksamkeit von Entscheidungen, wenn die Schule die Grundsätze über gebundene und ungebundene Entscheidungen missachtet.
2. Was ist in der nachfolgenden Rechtsvorschrift der Tatbestand, was die Rechtsfolge? Hat die Schule hier Ermessen oder ist sie gebunden?

    Schülerinnen und Schüler können von der besuchten oder allen Schulen einer oder mehrerer Schularten unbeschadet der Erfüllung der Schulpflicht entlassen und ausgeschlossen werden, wenn sie wegen einer vorsätzlich begangenen Straftat zu einer Freiheitsstrafe von mindestens einem Jahr rechtskräftig verurteilt worden sind, die Strafe noch der unbeschränkten Auskunft unterliegt und wenn nach der Art der von den Schülerinnen und Schülern begangenen Straftat die Ordnung oder die Sicherheit des Schulbetriebs oder die Verwirklichung der Bildungsziele der Schule erheblich gefährdet ist.

3. Für Schulen, die nicht Pflichtschulen sind, wird das zuständige Staatsministerium ermächtigt, die Voraussetzungen der Aufnahme (einschließlich Altersgrenzen) und eine Probezeit in der Schulordnung zu regeln ... Ab Jahrgangsstufe 10 kann die Aufnahme versagt werden, wenn die Schülerin oder der Schüler wegen einer vorsätzlich begangenen Straftat zu einer Freiheitsstrafe von mindestens einem Jahr rechtskräftig verurteilt worden ist, die Strafe noch der unbeschränkten Auskunft unterliegt und wenn nach der Art der begangenen Straftat durch die Anwesenheit des Schülers die Sicherheit oder die Ordnung des Schulbetriebs oder die Verwirklichung der Bildungsziele der Schule erheblich gefährdet wäre.

4. In welchen Fällen ist die Schule gebunden, in welchen Fällen hat sie Ermessen?

    a) Die dem Unterricht dienenden Räume, Anlagen und sonstigen Einrichtungen müssen hinsichtlich Größe, baulicher Beschaffenheit und Ausstattung die Durchführung eines einwandfreien Schulbetriebs gewährleisten.

> b) Ein Prüfling, der zur Wiederholung der Abschlussprüfung zugelassen worden ist, darf auch die betreffende Jahrgangsstufe oder den betreffenden Ausbildungsabschnitt wiederholen, falls er damit nicht die Höchstausbildungsdauer überschreitet.
> c) Das Staatsministerium oder die von ihm beauftragte Stelle kann allgemein oder im Einzelfall ein anderes Zeugnis als einem in Absatz 1 genannten Zeugnis gleichwertig anerkennen.
> d) Im Probeunterricht sollen die Schülerinnen und Schüler in kleineren Unterrichtsgruppen zusammengefasst werden.
>
> 5. Begründen Sie: Die Einräumung eines Ermessens bedeutet nicht nur eine Berechtigung, sondern auch eine Verpflichtung.

2.3 Kulturhoheit der Länder

2.3.1 Gesetzgebungskompetenz der Länder

Die Kulturhoheit räumt den Ländern bei der Gestaltung des Bildungswesens inhaltliche und organisatorische Freiheiten ein, so dass zwischen den 16 Ländern z. T. erhebliche Unterschiede bestehen.

Zur Sicherung einer einheitlichen Grundstruktur des Bildungswesens und Abklärung der Bezeichnungen für die Schularten haben die Ministerpräsidenten der Länder verschiedene Abkommen getroffen. Ähnlichen Zielen dient auch die Ständige Konferenz der Kultusminister der Länder in der Bundesrepublik Deutschland (KMK).«

Für die Gesetzgebung im Bereich des Schul- und Erziehungswesens sowie der Kulturbelange sind die Bundesländer zuständig.

Diese Zuständigkeit resultiert aus der Regelung der Gesetzkompetenz im Grundgesetz. Demnach steht den Ländern das Recht zur Gesetzgebung zu, »soweit dieses Grundgesetz nicht dem Bunde Gesetzgebungsbefugnis verleiht« (Art. 70 GG). Weder im Rahmen der ausschließlichen Gesetzgebung (Art. 71 GG, Art. 73 GG) noch im Rahmen der konkurrierenden Gesetzgebung (Art. 72 GG, Art. 74 GG) ist eine Gesetzgebungsbefugnis des Bundes für das Schulwesen vorgesehen. Die Berufsausbildung liegt dagegen im Regelungsbereich des Bundes (Art. 74 Abs. 1 Nr. 11 GG).

Das Recht, Schul- und Erziehungswesen wie auch Kulturbelange nach eigenen Vorstellungen zu regeln, bezeichnet man als Kulturhoheit.

2.3.2 Ständige Konferenz der Kultusminister (KMK)

Um trotz der bestehenden Freiheiten und Ansprüche der Länder bei der Gestaltung des Bildungswesens den Menschen durch Konsens und Kooperation ein Höchstmaß an Mobilität zu ermöglichen, wurde 1948 die ständige Konferenz der Kultusminister in der Bundesrepublik Deutschland (KMK) installiert.

Durch ihre Beschlüsse und Vereinbarungen sorgt sie für die Übereinstimmung oder Vergleichbarkeit der schulischen Bildungsgänge und ihrer Abschlüsse. Dies gilt auch für die Lehrerbildung. Darüber hinaus beschließt sie Empfehlungen zu Fächern und Lernbereichen und liefert inhaltliche Vorgaben, die in den Lehrplänen der Länder umgesetzt werden.

Seit einigen Jahren sind nicht zuletzt vor dem Hintergrund der Ergebnisse der Pisa-Studien Qualitätsentwicklung und Qualitätsstandards der schulischen Bildung im Blickpunkt der KMK.

Ihre Beschlüsse sind nicht bindend, veranlassen jedoch die Länder häufig zu ihrer Umsetzung in verbindliche Rechtsvorschriften, um die Anerkennung von Bildungsabschlüssen durch andere Länder nicht zu gefährden.

> **Rahmenlehrpläne und Ausbildungsordnungen**
>
> Im dualen System der Berufsausbildung erfolgt die Ausbildung in anerkannten Ausbildungsberufen an den Lernorten Berufsschule und Ausbildungsbetrieb. Die Ausbildung am Lernort Betrieb regelt der Bund durch eine Ausbildungsordnung. Für den Lernort Berufsschule beschließt die Kultusministerkonferenz den Rahmenlehrplan für den berufsbezogenen Unterricht, der mit der entsprechenden Ausbildungsordnung des Bundes nach dem »Gemeinsamen Ergebnisprotokoll...« von 1972 abgestimmt ist. Beide Ordnungsmittel bilden die gemeinsame Grundlage für die Ausbildung im dualen System.
>
> *https://www.kmk.org/themen/berufliche-schulen/duale-berufsausbildung/rahmenlehrplaene-und-ausbildungsordnungen.html*

2.3.3 »Hamburger Abkommen«

Vor dem Hintergrund der Kritik an Unterschieden im Schulwesen schufen die Ministerpräsidenten auf der Grundlage der von der KMK erarbeiteten Vorschläge im Jahr 1955 mit dem »Abkommen zwischen den Ländern der Bundesrepublik zur Vereinheitlichung auf dem Gebiete des Schulwesens« (Düsseldorfer Abkommen) einen gemeinsamen Rahmen für das allgemeinbildende Schulwesen. Dieses wurde 1964 durch eine »Neufassung des Abkommens zwischen den Ländern der Bundesrepublik zur Vereinheitlichung auf dem Gebiete des Schulwesens« ersetzt (Hamburger Abkommen).

Das Abkommen ist noch heute wesentliche Grundlage der gemeinsamen Grundstruktur des Bildungswesens in der Bundesrepublik. Es enthält:
- Allgemeinen Bestimmungen über das Schuljahr
- Beginn und Dauer der Schulpflicht und der Ferien
- Regelungen für einheitliche Bezeichnungen im Schulwesen
- Organisationsformen der Schule
- Anerkennung von Prüfungen und Zeugnissen
- Bezeichnung von Notenstufen

Neu geregelt wurde auch die Sprachenfolge an den Gymnasien. Das »Hamburger Abkommen« wurde zuletzt 1971 geändert und wird ständig durch weitere zahlreiche Beschlüsse der KMK ergänzt.

> **Wiederholung – Vertiefung**
>
> 1. Stellen Sie fest, welche Koordinierungsempfehlungen des Hamburger Abkommens noch heute Rechtsverbindlichkeit in den Bundesländern besitzen.
> 2. Die KMK hat vor einigen Jahren das Projekt VERA initiiert.
>   a) Stellen Sie wesentliche Ziele von VERA dar und beschreiben Sie Maßnahmen, die in allen Bundesländern durchgeführt werden.
>   b) Beurteilen Sie den Sinn solcher Maßnahmen.
> 3. Welche rechtliche Bindung hat ein Beschluss der ständigen Kultusministerkonferenz?

3 Rechtsformen des schulischen Verwaltungshandelns

> **Fall 3.1**
>
> A ist Schülerin der Klasse 11 einer Fachoberschule. Ihre Zeugnisnoten lassen ein Vorrücken in die Klasse 12 nicht zu. Das Zeugnis enthält daher keine Vorrückungserlaubnis.
>
> Die volljährige Schülerin ist der Auffassung, dass die Noten nicht korrekt zustande gekommen seien. Sie legt deshalb gegen die Entscheidung, dass sie nicht in die 12. Klasse aufsteigt, unverzüglich Widerspruch ein.
>
> Nehmen Sie an, über den Widerspruch wurde bis zum Beginn des Unterrichts nach den Sommerferien noch nicht entschieden.
>
> - Darf A am Unterricht der Klasse 12 teilnehmen?

3.1 Die Schule im Rechtsstaat

Bestimmte Maßnahmen der Schule verändern den rechtlichen Status der einzelnen Schüler wie beispielsweise die schwerwiegenden Ordnungsmaßnahmen oder die Versagung der Vorrückung in die nächsthöhere Klasse. Die Schule in ihrem Verwaltungshandeln unterliegt bestimmten Grundsätzen. Gegen jedes Verwaltungshandeln gegenüber Schülern sind Rechtsbehelfe zulässig.

Grundsätze des Verwaltungshandelns
- Gesetzmäßigkeit der Verwaltung
- Grundsatz der Verhältnismäßigkeit
- Grundsatz des pflichtgemäßen Ermessens
- Grundsatz der Gleichbehandlung
- ....

Je nachdem, wie schwerwiegend in die Rechte des Schülers eingegriffen wird, richtet sich die Ausgestaltung des Rechtsschutzes gegen Maßnahmen im Schulverhältnis.

Von großer rechtlicher Bedeutung ist im Schulbereich die Frage, ob eine Maßnahme das »Grundverhältnis« des Schülers zur Schule oder nur das »Betriebsverhältnis« betrifft.

Beispiele für Maßnahmen im Grundverhältnis
- Vorrückungserlaubnis
- Aufnahme in eine Schule

Beispiele für Maßnahmen im Betriebsverhältnis
- einzelne Note
- pädagogische Maßnahme, wie etwa ein Tadel

Schulische Maßnahmen, die grundlegend die Rechtsposition des Schülers verändern, also das Grundverhältnis betreffen, stellen Verwaltungsakte (VAe) dar und ermöglichen dem Schüler sich insbesondere mit förmlichen Rechtsbehelfen wie Widerspruch und Klage, aber auch durch formlose Rechtsbehelfe zu wehren. Bei anderen Entscheidungen der Schule, die nur das Betriebsverhältnis betreffen, liegen Maßnahmen ohne Charakter eines Verwaltungsaktes vor und es kommen in der Regel nur formlose Rechtsbehelfe in Frage.

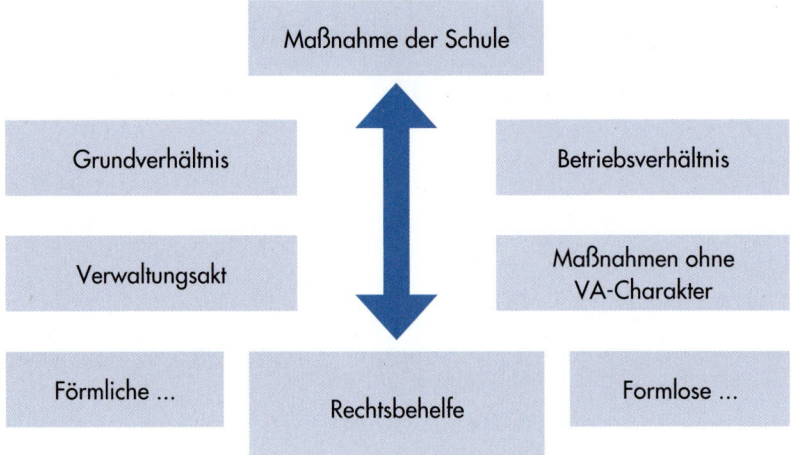

3.2 Der Verwaltungsakt

3.2.1 Die Merkmale des Verwaltungsaktes

Die Definition des Verwaltungsaktes ist im Bayerischen Verwaltungsverfahrensgesetz (BayVwVfG) zu finden:

> **Art. 35 BayVwVfG**
>
> Verwaltungsakt ist jede Verfügung, Entscheidung oder andere hoheitliche Maßnahme, die eine Behörde zur Regelung eines Einzelfalls auf dem Gebiet des öffentlichen Rechts trifft und die auf unmittelbare Rechtswirkung nach außen gerichtet ist. Allgemeinverfügung ist ein Verwaltungsakt, der sich an einen nach allgemeinen Merkmalen bestimmten oder bestimmbaren Personenkreis richtet oder die öffentlich-rechtliche Eigenschaft einer Sache oder ihre Benutzung durch die Allgemeinheit betrifft.

Die Merkmale des Verwaltungsaktes leiten sich aus Satz 1 ab. Es sind dies:

- **Hoheitliche Maßnahme:** Die Begriffe Verfügung und Entscheidung sind lediglich Beispiele. »Hoheitlich« bedeutet, dass zwischen der Schule und dem Schüler ein Über-/Unterordnungsverhältnis vorliegt. Die Schule agiert mit dem Schüler also nicht auf gleicher Ebene, wie etwa dies bei Vertragspartner gegeben ist.
- **Behörde:** Gem. Art. 1 Abs. 2 BayVwVfG ist eine Behörde jede Stelle, die Aufgaben der öffentlichen Verwaltung wahrnimmt. Dies kann bei Schulen bejaht werden. Darüber hinaus spricht § 24 LDO beim Schulleiter vom Vorstand der Behörde
- **Gebiet des öffentlichen Rechts:** Schulische Maßnahmen gegenüber dem Schüler beruhen fast ausschließlich auf dem BayEUG und den einzelnen Schulordnungen. Diese Rechtsquellen werden dem öffentlichen Recht zugeordnet.
- **Regelung eines Einzelfalls:** Es handelt sich beim schulischen Verwaltungsakt nach Art. 35 Satz 1 BayVwVfG stets um den einzelnen Fall eines einzelnen Schülers. Man sagt, der Verwaltungsakt ist konkret-individuell. Im Gegensatz dazu ist die Rechtsnorm abstrakt-generell. Der Verwaltungsakt erzeugt eine Regelung. Sie liegt dann vor, wenn die schu-

lische Maßnahme für den Schüler eine rechtliche Wirkung erzeugt. Verwarnungen oder Belehrungen ergeben keine Änderung im Rechtsstatus des Schülers.

- **Außenwirkung:** Es handelt sich um eine Maßnahme, die den Schulbereich verlässt. Dies liegt z. B. dann vor, wenn ein schriftlicher Verweis an den Schüler bekanntgegeben wird. Gleiches gilt für die Vergabe eines Zeugnisses.

> **Beispiele**
>
> Die Lehrkraft erteilt einer Schülerin einen schriftlichen Verweis gem. Art. 86 Abs. 2 Nr. 1 BayEUG.
>
> Hier liegt kein Verwaltungsakt vor, da diese schulische Maßnahme für die Schülerin keine rechtliche Wirkung entfaltet. Die rechtliche Position der Schülerin wird nicht verändert. Es fehlt am Regelungscharakter im Sinne des Art. 35 Satz 1 BayVwVfG. Alle anderen Merkmale eines Verwaltungsaktes sind erfüllt.
>
> Eine Schülerin besucht die Vorklasse der Berufsoberschule stets mit einem gesichtsverhüllenden Schleier (Niqab). Der Schulleiter fordert die Schülerin auf, zukünftig ohne Niqab den Unterricht zu besuchen. Nachdem die Schülerin dem Schulleiter mitteilte, dass sie dieser Aufforderung nicht nachkommen wird, widerruft der Schulleiter die Aufnahme in die Berufsoberschule. Dies erfolgt schriftlich und per Einschreiben mit Rückschein.
>
> Der Widerruf ist eine hoheitliche Maßnahme. Es liegt zwischen der Schule und der Schülerin ein Über-/Unterordnungsverhältnis vor. Eine Anhörung der Schülerin ändert nichts an diesem Rechtsverhältnis. Die Schule ist eine Behörde. Der Schulleiter handelte als Behördenvorstand. Die Aufnahme bzw. der Widerruf der Aufnahme in der Berufsoberschule beruht auf der FOBOSO als Rechtsquelle des öffentlichen Rechtes. Es wird die Rechtsposition der Schülerin aufgehoben. Damit liegt die Regelung eines Einzelfalles vor. Der schriftliche Widerruf verlässt die Behörde und erzeugt die Außenwirkung. Der Widerruf der Aufnahme in die Berufsoberschule stellt daher ein Verwaltungsakt dar.

3.2.2 Grundsätze des Verwaltungsverfahrens zum Erlass eines Verwaltungsaktes (Auswahl)

- Zuständigkeit

Die Zuständigkeit für Verwaltungsakte in schulrechtlichen Angelegenheiten ergibt sich vor allem aus dem BayEUG, der BaySchO und gegebenenfalls den einschlägigen Schulordnungen. Als zuständige Stellen sind die einzelnen Schulen und die Schulaufsichtsbehörden denkbar.

So ist für die Befreiung vom Unterricht in einzelnen Schulfächern die jeweilige Schule zuständig (§ 20 Abs. 3 BaySchO). Die Entscheidung trifft der Schulleiter (z. B. § 4 Abs. 2 BSO). Entscheidungsträger für ausdrücklich geregelte Sachverhalte können auch Kollegialorgane der Schule wie die Lehrerkonferenz, die Klassenkonferenz oder bestimmte Ausschüsse (z. B. Disziplinarausschuss) sein. Nach außen werden allerdings alle Entscheidungen vom Schulleiter vollzogen (Art. 57 Abs. 3 BayEUG).

Zuständige Behörde kann auch das Schulamt sein. Es kann u. a. Grundschüler einer benachbarten Grundschule zuweisen (Art. 43 Abs. 3 BayEUG). Die Genehmigung für eine Ersatzschule spricht für eine private Berufsfachschule die Regierung als zuständige Behörde aus (Art. 92 Abs. 2 BayEUG i. V. m. Art. 114 Abs. 1 Nr. 4a BayEUG).

- Befangenheit (Art. 21 BayVwVfG)

Der Schulbetrieb kann Situationen entstehen lassen, in denen Misstrauen gegen eine unparteiische Amtsführung einzelner Personen entstehen können. Insbesondere bei Korrekturen wird dies vorgetragen. Für den Bayerische Verwaltungsgerichtshof rechtfertigen allerdings negative Korrekturbemerkungen nicht den Schluss auf Befangenheit. So sah er dies z. B. bei »schief«, »abseitig«, »alles unerhebliche Erwägungen«, »kaum vertretbar«, »nein, das nicht«, »ganz schiefer und missverständlicher Satz« noch nicht gegeben.[1]

Ausdrücklich wird die Befangenheit bei der Stimmabgabe in der Lehrerkonferenz aufgegriffen.

> **§ 6 Abs. 2 BaySchO**
>
> Stimmberechtigt sind alle Mitglieder der Lehrerkonferenz. Bei Besorgnis der Befangenheit gilt Art. 21 des Bayerischen Verwaltungsverfahrensgesetzes entsprechend.

- Untersuchungsgrundsatz (Art. 24 BayVwVfG)

Die Schule als Behörde ist bei ihren Entscheidungen Herr des Verfahrens. Das heißt, sie ist nicht auf die Einlassungen der Beteiligten beschränkt. So wird sie bei einer Ordnungsmaßnahme zur Sachverhaltsaufklärung nicht nur die Betroffenen anhören, sondern kann weitere Informationen einholen.

- Anspruch auf rechtliches Gehör (Art. 28 BayVwVfG)

»Bevor ein Verwaltungsakt erlassen wird, der in die Rechte eines Beteiligten eingreift, ist diesem Gelegenheit zu geben, sich zu den für die Entscheidung erheblichen Tatsachen zu äußern.« Ausdrücklich schreibt das BayEUG die Anhörung des Schülers bei der Verhängung von Ordnungs- und Sicherungsmaßnahmen vor (Art. 88 Abs. 3 Nr. 1 BayEUG).

- Begründung (Art. 39 BayVwVfG)

Insbesondere die Begründung in einem Verwaltungsakt eröffnet dem Schüler die Möglichkeit, sich wirksam dagegen zu wehren. So enthalten Bescheide zu Ordnungsmaßnahmen den Grund, warum sie verhängt wurden. Obwohl die einzelne Note in der Regel noch kein Verwaltungsakt darstellt. verlangt Art. 52 Abs. 1 Satz 3 BayEUG bereits bei der Bewertung von Schülerleistungen die Begründung für die Benotung.

- Bekanntgabe und Wirksamkeit (Art. 41 und 43 BayVwVfG)

Verwaltungsakte werden erst wirksam, wenn sie bekanntgegeben wurden. Zeugnisse mit Vorrückungsvermerk werden zumeist durch persönliche Übergabe bekanntgegeben. Falls schulische Verwaltungsakte durch die Post übermittelt werden, gelten sie am dritten Tag nach der Aufgabe zur Post als bekanntgegeben. Da die Schule als Behörde den Zugang eines Briefes nachweisen muss, empfiehlt sich in besonderen Fällen die Zustellung. Sie erfolgt z. B. durch einen Einschreibebrief im Fall einer Austrittserklärung gem. Art. 51 Abs. 2 BayEUG.

- Rechtsbehelfsbelehrung (§ 58 VwGO)

Die Rechtsbehelfsbelehrung informiert den Empfänger des Verwaltungsaktes mit welchem Rechtsbehelf (Widerspruch oder Klage), in welchem Zeitraum, in welcher Art und Weise und bei welcher Stelle (incl. Ort) er sich gegen den Verwaltungsakt wehren kann. Fehlt bei einem Verwaltungsakt die Rechtsbehelfsbelehrung, so verlängert sich die üblicherweise einen Monat dauernde Frist auf ein Jahr. Zeugnisse enthalten in Bayern keine Rechtsbehelfsbelehrung. Sie empfiehlt sich bei schwerwiegenden Ordnungsmaßnahmen.

---

1 Josef Franz Lindner: Anspruch des Prüflings auf Prüferwechsel, SchulVerwaltung BY 2001, S. 35

Das Bayerische Ministerium für Unterricht Kultus und Wissenschaft hat mit KMBeK v. 31. Mai 2010 Az:II7-5 L 1005-1.50 056 verbindliche Hinweise für eine Rechtsbehelfsbelehrung gegeben.

3.3 Die förmlichen Rechtsbehelfe Widerspruch und Klage

3.3.1 Die aufschiebende Wirkung

Legt der Betroffene gegen eine schulische Maßnahme Widerspruch oder Klage ein, so bewirkt dies eine aufschiebende Wirkung (§ 80 Abs. 1 VwGO). Der Inhalt des Verwaltungsaktes kann nicht vollzogen werden. Man spricht vom Suspensiveffekt des Widerspruchs. Negative Konsequenzen werden für den Schüler aufgeschoben. Die aufschiebende Wirkung von Widerspruch und Klage gilt allerdings nicht absolut.

Gemäß § 80 Abs. 2 VwGO entfällt die aufschiebende Wirkung

- »in ... durch Landesgesetz vorgeschriebenen Fällen ...«
- »in den Fällen, in denen die sofortige Vollziehung in öffentlichem Interesse ... angeordnet wird«.

> **Beispiele**
>
> Die Lehrkonferenz spricht die Entlassung von der Schule gegenüber einem Schüler aus.
>
> Diese schulische Maßnahme stellt einen Verwaltungsakt dar. Ein Widerspruch würde eine aufschiebende Wirkung erzeugen. Der Schüler könnte an der Schule bleiben. Das Landesgesetz lässt allerdings gem. Art. 88 Abs. 8 BayEUG gegen Ordnungsmaßnahmen wie die Entlassung keine aufschiebende Wirkung zu. Der Schüler kann nicht an der Schule bleiben.
>
> Eine Schule widerruft die Aufnahme einer Schülerin in die Vorklasse der Berufsoberschule, weil sie keinesfalls ihren Niqab während des Unterrichts ablegen will. Ein Widerspruch gegen den Widerruf als Verwaltungsakt hätte an sich eine aufschiebende Wirkung. Die Schülerin könnte die Schule weiterhin besuchen. Die Schule hat allerdings eine sofortige Vollziehung in öffentlichem Interesse schriftlich angeordnet. Die Schülerin kann die Schule nicht mehr besuchen.

In beiden Fällen könnten die Betroffenen beim Verwaltungsgericht die aufschiebende Wirkung ihres Widerspruchs beantragen (§ 80 Abs. 5 VwGO). Das Gericht muss dem Antrag freilich nicht folgen.

Die aufschiebende Wirkung bedeutet nicht, dass die Schulverwaltung einen vom Schüler gewünschten Verwaltungsakt erlassen muss. Wird also in einem Zeugnis die Vorrückung nicht gewährt, erzeugt das Einlegen des Widerspruchs oder die Erhebung einer Klage dies nicht.

> Im Ausgangsfall 3.1 führt das Einlegen des Widerspruchs durch die Schülerin nicht dazu, dass sie in die 12. Klasse aufsteigt. Das Vorrücken in die nächsthöhere Jahrgangsstufe wird damit nicht erzeugt. Erst durch den so genannten Widerspruchsbescheid kann dies evtl. gewährt werden. Der Schülerin verbleibt noch die Möglichkeit, eine einstweilige Anordnung durch das Gericht zu beantragen (§ 123 Abs. 1 Satz 2 BayEUG). Das Gericht muss diesem Antrag nicht folgen.

3.3.2 Widerspruch oder Klage

Gegen schulische Verwaltungsakte kann der betroffene Bürger entweder den förmlichen Rechtsbehelf in Form des Widerspruchs oder unmittelbar in Form einer Klage wählen (Art. 15 Abs. 1 Nr. 3 AGVwGO). Man spricht von einem fakultativen Widerspruchsverfahren.

Das Widerspruchsverfahren beginnt stets damit, dass die Stelle, die eine Entscheidung erlassen hat, überprüft, ob sie bei ihrer Entscheidung bleiben will oder nicht. (so genannte Abhilfeentscheidung). Schulintern ist hierfür die Lehrerkonferenz zuständig (z. B. § 5 Nr. 1 FOBOSO). Die Schule könnte z. B. eine Ordnungsmaßnahme aufheben oder eine gewünschte Vorrückungserlaubnis gewähren. Bleibt die Schule bei ihrer ursprünglichen Entscheidung, muss die so genannte Widerspruchsbehörde einen Widerspruchsbescheid erlassen.

Für Grundschulen, Mittelschulen, Berufsschulen, Berufsfachschulen, Fachschulen und Fachakademien ist dies die Schulaufsichtsbehörde, also die zuständige Regierung. Sie überprüft die Entscheidung der Schule auf Recht- und Zweckmäßigkeit.

Für die Gymnasien, Fachoberschulen, Berufsoberschulen und Realschulen ergibt sich aus § 73 Abs. 1 VwGO eine besondere Zuständigkeitsregelung.

> **Art. 73 Abs. 1 VwGO**
>
> Hilft die Behörde dem Widerspruch nicht ab, so ergeht ein Widerspruchsbescheid. Diesen erlässt ...
>
> 2. wenn die nächsthöhere Behörde eine oberste Bundes- oder oberste Landesbehörde ist, die Behörde, die den Verwaltungsakt erlassen hat.

Die Schulaufsichtsbehörde der oben genannten Schulen ist das Staatsministerium für Bildung und Kultus, Wissenschaft und Kunst. Die nächsthöhere Behörde i. S. v. Art. 73 Abs. 1 Nr. 2 VwGO ist damit eine oberste Landesbehörde (Art. 43 Nr. 1 BV). Damit muss die Behörde, die den Verwaltungsakt erlassen hat, den Widerspruchsbescheid selbst erlassen. Somit bleibt die Zuständigkeit bei der einzelnen Schule, die die Maßnahme entschieden hat.

Im Widerspruchsverfahren wird die ursprüngliche Entscheidung der Schule auf Recht- und Zweckmäßigkeit überprüft. Letzteres ermöglicht auch eine Kontrolle von so genannten Ermessensentscheidungen, wie sie z. B. bei Ordnungsmaßnahmen vorliegen.

Im Widerspruchsbescheid kann der Widerspruch zurückgewiesen, der ursprüngliche Verwaltungsakt aufgehoben bzw. abgeändert werden oder der begehrte Verwaltungsakt wird erlassen. Die Kosten im Widerspruchsverfahren trägt die unterlegene Partei. Wird der Widerspruch zurückgewiesen, ist das also derjenige, der den Widerspruch eingelegt hat, im Erfolgsfall hingegen der Träger der Ausgangsbehörde, bei staatlichen Schulen ist dies der Freistaat Bayern, bei kommunalen Schulen die kommunale Gebietskörperschaft (z. B. Stadt).

> **Beispiele**
>
> Eine Berufsfachschule verhängt eine Ordnungsmaßnahme (Entlassung von der Schule). Der betroffene Schüler legt fristgerecht Widerspruch ein.
>
> Im Widerspruchsbescheid könnte die zuständige Regierung als Widerspruchsbehörde den Widerspruch zurückweisen. Sie könnte auch eine Rücknahme der Ordnungsmaßnahme oder eine andere Ordnungsmaßnahme (z. B. Androhung der Entlassung) bewirken.
>
> Eine Schülerin der Fachoberschule erhält kein Abschlusszeugnis. Sie hat die Abschussprüfung nicht bestanden. Die Schülerin legt fristgerecht Widerspruch ein. Falls die Schule nicht abhilft, also kein Abschlusszeugnis erteilt, wird sie im Widerspruchsbescheid als Widerspruchsbehörde den Widerspruch zurückweisen.

Der Widerspruchsbescheid bedarf einer Begründung und ist mit einer Rechtsbehelfsbelehrung zu versehen und zuzustellen. (§ 73 Abs. 3 Satz 1 VwGO).

In der Rechtsbehelfsbelehrung wird der Widerspruchsführer belehrt, dass er binnen einen Monats Klage beim Verwaltungsgericht erheben kann. Die Möglichkeit zur Klage besteht für den Betroffenen jedoch bereits parallel zum Widerspruchsverfahren.

Im Wesentlichen sind bei schulischen Verwaltungsakten zwei Klagearten dominierend. Die Klage kann die Aufhebung des schulischen Verwaltungsaktes begehren. Dann liegt eine Anfechtungsklage vor. Der Klageantrag kann auch die Verurteilung zum Erlass eines abgelehnten oder unterlassenen Verwaltungsakt (Verpflichtungsklage) ausdrücken (§ 42 Abs. 1 VwGO). Gegen schwerwiegende Ordnungsmaßnahmen wäre die Anfechtungsklage einschlägig, die Klage zur unterlassenen Vorrückungserlaubnis wäre eine Verpflichtungsklage.

In seinem Urteil kann das Verwaltungsgericht die Klage abweisen. Ist die Klage erfolgreich, lehnt sich der Urteilstenor an § 113 VwGO an.

> **§ 113 VwGO**
>
> (1) Soweit der Verwaltungsakt rechtswidrig und der Kläger dadurch in seinen Rechten verletzt ist, hebt das Gericht den Verwaltungsakt und den etwaigen Widerspruchsbescheid auf ...
>
> (5) Soweit die Ablehnung oder Unterlassung des Verwaltungsakts rechtswidrig und der Kläger dadurch in seinen Rechten verletzt ist, spricht das Gericht die Verpflichtung der Verwaltungsbehörde aus, die beantragte Amtshandlung vorzunehmen, wenn die Sache spruchreif ist. Andernfalls spricht es die Verpflichtung aus, den Kläger unter Beachtung der Rechtsauffassung des Gerichts zu bescheiden.

Falls der Betroffene einen Verwaltungsakt begehrt, erteilt das Gericht nicht den Bescheid, sondern verpflichtet die Schule dies im Sinne des Gerichtes vorzunehmen. Diese Trennung zwischen Urteil und zu erteilenden Verwaltungsakt spiegelt die Gewaltenteilung wider.

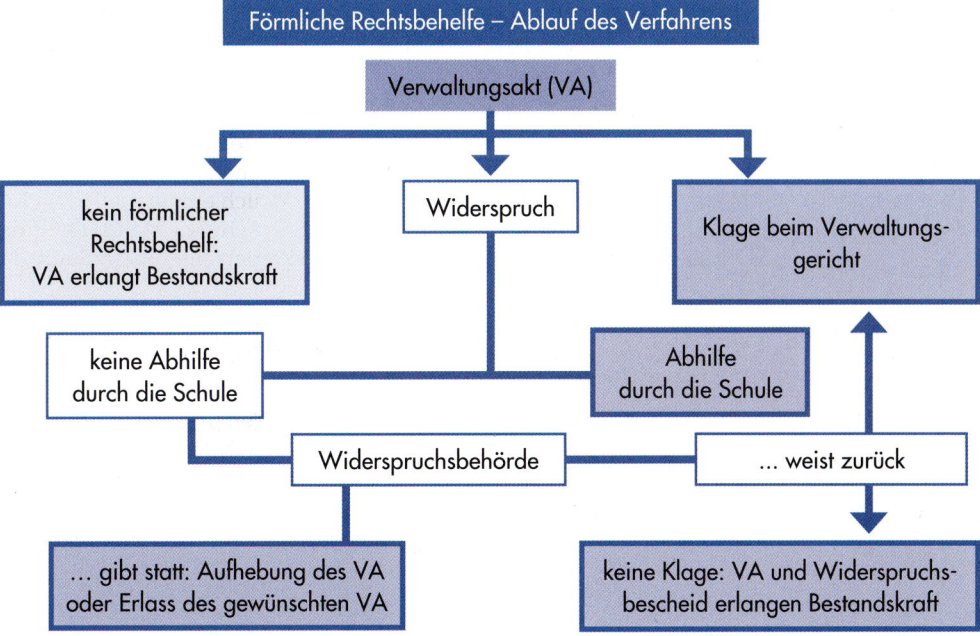

3.4 Formlose Rechtsbehelfe

Formlose Rechtsbehelfe beruhen auf dem Petitionsrecht des Grundgesetzes und der Bayerischen Verfassung. Sie unterliegen keinen besonderen Formvorgaben, insbesondere müssen auch keine Fristen beachtet werden. Dennoch ist eine zeitnahe Reaktion sinnvoll. Im Gegensatz zu förmlichen Rechtsbehelfen muss kein subjektives Rechtsschutzinteresse vorliegen, es können auch Dritte formlose Rechtsbehelfe einlegen. Formlose Rechtsbehelfe erzeugen keine aufschiebende Wirkung.

- **Gegenvorstellung**

Die Schule soll dazu veranlasst werden, ihre Entscheidung noch einmal zu überprüfen. Eine Gegenvorstellung liegt beispielsweise vor, wenn Schüler die Korrektur eines Leistungsnachweises beanstanden und eine Neubewertung wünschen. Im Verhältnis zwischen den Schulen und Erziehungsberechtigten erlangt die Gegenvorstellung im Rahmen der vertrauensvollen Zusammenarbeit) an Bedeutung (Art. 74 Abs. 2 BayEUG)

- **(Sach-)Aufsichtsbeschwerde**

Eine (Sach-)Aufsichtsbeschwerde richtet sich gegen eine Sachentscheidung der Schule und bezweckt eine Entscheidung aufzuheben oder zu ändern. Im Gegensatz zur Gegenvorstellung wird, falls keine Abhilfe erfolgt, die zuständigen Schulaufsichtsbehörde einbezogen.

- **Dienstaufsichtsbeschwerde**

Mit ihr wird das persönliche Verhalten einer Lehrkraft oder der Schulleitung gerügt. Über die Dienstaufsichtsbeschwerde, die eine Lehrkraft betrifft, entscheidet die Schulleitung; ist sie selbst betroffen, so entscheidet deren Dienstvorgesetzter.

Die Schule bzw. die Schulaufsichtsbehörden sind verpflichtet, die formlosen Rechtsbehelfe entgegenzunehmen und zu bescheiden. Der Bescheid muss erkennen lassen, dass die Behörde sich mit der Beschwerde befasst hat und angeben, wie in der Sache verfahren wurde. Ein Rechtsanspruch auf eine Begründung wurde bisher verneint. So muss eine Lehrkraft einem Schüler nicht begründen, warum er eine beanstandete Notenkorrektur nicht geändert hat. Aus pädagogischen Gründen ist dennoch eine Begründung empfehlenswert.

Wiederholung – Vertiefung

1. Liegt in den nachfolgenden Fällen ein Verwaltungsakt vor?
   - Zulassung zur Abiturprüfung für andere Bewerber
   - verschärfter Verweis durch den Schulleiter
   - Änderung des Stundenplanes einer Klasse
   - Aufforderung des Schulleiters an die Lehrkraft ein Exemplar der Schulaufgabe vorzulegen
   - Ablehnung eines Beurlaubungsantrages des Schülers
   - Gewährung von Nachteilsausgleich
2. Worin liegt die Bedeutung der Einstufung schulischer Maßnahmen als Verwaltungsakt?
3. Worin sehen Sie die Bedeutung bzw. den Vorteil des Widerspruchsverfahrens bei schulischen Maßnahmen?
4. Erziehungsberechtigte beanstanden bei der Lehrkraft telefonisch die Notengebung für ihr Kind. Welche Art eines Rechtsbehelfs haben sie gewählt?

4 Amtliche Veröffentlichungen und Mitteilungen

Fall 4.1

In der Lehrerkonferenz macht der Schulleiter auf eine Bekanntmachung des Kultusministeriums am »Schwarzen Brett« aufmerksam, in dem auf die Möglichkeit der Beantragung der »Berücksichtigung förderlicher, hauptberuflicher Tätigkeiten« bei der Stufenzuordnung hingewiesen wird.

- Wie wird sichergestellt, dass die Lehrkräfte von der Bekanntmachung nachweislich Kenntnis nehmen?

Fall 4.2

Sie lesen in einer Zeitschrift, dass verbeamtete Lehrkräfte künftig »später pensioniert« werden.

- Welche Rechtsquelle können Sie zur Klärung heranziehen?
- Wo können Sie sich rechtssicher informieren?

4.1 Rechtsrahmen

Das Grundgesetz der Bundesrepublik Deutschland und die Verfassung des Freistaates Bayern bilden die Grundlage aller schulischen Gesetze und Verordnungen. Dort sind u.a. neben dem Bayerischen Gesetz über das Erziehungs- und Unterrichtswesen (BayEUG) auch alle Schulordnungen zu finden. Ergänzend dazu werden in Bekanntmachungen (KMBek) bzw. Richtlinien und Schreiben des Kultusministeriums (KMS) konkrete juristische Aussagen zu schulischen Themen getroffen.

Im Amtsblatt der Bayerischen Staatsministerien für Bildung und Kultus und Wissenschaft, Forschung und Kunst (KWMBl) werden Rechtsvorschriften (Teil I) und Bekanntmachungen (Teil II) dieser Ministerien veröffentlicht. Auch für den Schul- und Hochschulbereich bedeutende Gesetze und Verordnungen sowie Bekanntmachungen der Bayerischen Staatsregierung, anderer bayerischer Ministerien und sonstiger Stellen werden im »Amtsblatt« im Teil III nochmals abgedruckt.

https://www.verkuendung-bayern.de/kwmbl

Im Beiblatt des Amtsblatts wird auf aktuelle Termine insbesondere von Prüfungen, Fortbildungsveranstaltungen und Wettbewerben sowie auf offene Stellen hingewiesen.

4.2 Gesetze (Auswahl)

- Verfassung des Freistaates Bayern
- Bayerisches Gesetz über das Erziehungs- und Unterrichtswesen (BayEUG)
- Bayerisches Schulfinanzierungsgesetz (BaySchFG)
- Gesetz über die Kostenfreiheit des Schulwegs (Schulwegkostenfreiheitsgesetz – SchKfrG)
- Bayerisches Beamtengesetz (BayBG)
- Bayerisches Lehrerbildungsgesetz (BayLBG)
- Jugendschutzgesetz (JuSchG)
- Bayerisches Gesetz zur Gleichstellung von Frauen und Männern (Bayerisches Gleichstellungsgesetz – BayGlG)
- Bayerisches Datenschutzgesetz (BayDSG)
- Bundesgesetz über individuelle Förderung der Ausbildung (Bundesausbildungsförderungsgesetz – BAföG)
- Bayerisches Ausbildungsförderungsgesetz (BayAföG)
- Bayerisches Beamtenversorgungsgesetz (BayBeamtVG)

> Die rechtlichen Grundlagen (Fall 3.2) für den Ruhestandsantritt und die Ruhestandsversetzung sind im Bayerischen Beamtengesetz (BayBG) festgelegt.

4.3 Schulordnungen, Prüfungsordnungen und sonstige Verordnungen

Diese Rechtsverordnungen haben stets ein Gesetz als Grundlage und wurden vom Bayerischen Staatsministerium für Bildung und Kultus, Wissenschaft und Kunst erlassen.

4.3.1 Schulordnungen (Auswahl)

- Bayerische Schulordnung (BaySchO)
- Schulordnung für die Grundschulen in Bayern (Grundschulordnung – GrSO)
- Schulordnung für die Mittelschulen in Bayern (Mittelschulordnung – MSO)
- Schulordnung für die Realschulen (Realschulordnung – RSO)
- Schulordnung für die Wirtschaftsschulen in Bayern (Wirtschaftsschulordnung –WSO)
- Schulordnung für die Gymnasien in Bayern (Gymnasialschulordnung – GSO)
- Schulordnung für die Berufsschulen in Bayern (Berufsschulordnung – BSO)
- Schulordnung für die Berufliche Oberschule – Fachoberschulen und Berufsoberschulen – (Fachober- und Berufsoberschulordnung – FOBOSO)
- Verordnung über die Errichtung und den Betrieb sowie Schulordnung der Schulen für Kranke in Bayern (Krankenhausschulordnung – KraSO)
- …

4.3.2 Prüfungsordnungen (Auswahl)

- Ordnung der Ersten Staatsprüfung für ein Lehramt an öffentlichen Schulen (Lehramtsprüfungsordnung I – LPO I)
- Ordnung der Zweiten Staatsprüfung für ein Lehramt an öffentlichen Schulen (Lehramtsprüfungsordnung II – LPO II)
- Prüfungsordnung für die Anstellungsprüfung (II. Lehramtsprüfung) der Fachlehrer (Fachlehrerprüfungsordnung II – FPO II)

4.3.3 Zulassungs- und Ausbildungsordnungen für die einzelnen Lehrämter (ZAL)

- Zulassungs- und Ausbildungsordnung für das Lehramt an Grundschulen und das Lehramt an Mittelschulen (ZALGM)
- Zulassungs- und Ausbildungsordnung für das Lehramt an Sonderschulen (ZALS)
- Zulassungs- und Ausbildungsordnung für das Lehramt an Realschulen (ZALR)
- Zulassungs- und Ausbildungsordnung für das Lehramt an Gymnasien (ZALG)
- Zulassungs- und Ausbildungsordnung für das Lehramt an beruflichen Schulen (ZALB)

4.4 Kultusministerielle Bekanntmachungen

Kultusministerielle Bekanntmachungen (KMBeK) richten sich an alle Schulen, Schulbehörden und Lehrkräfte. Sie gelten, solange sie nicht aufgehoben oder geändert werden. Im Gegensatz zu den Schulgesetzen und Verordnungen haben KMBeK nur einen innerdienstlichen Charakter. Hier eine Auswahl:

- Dienstordnung für Lehrkräfte an staatlichen Schulen in Bayern (Lehrerdienstordnung – LDO)
- KMBek zur Lehrerfortbildung in Bayern
- Durchführungshinweise zu Schülerfahrten
- Sportunterricht bei erhöhter Ozonkonzentration
- Hinweise an die öffentlichen Schulen bei strafrechtlich relevanten Vorkommnissen und zur Beteiligung des Jugendamtes
- Bekanntmachung zur Verbesserung der Zusammenarbeit bei der Verhütung von Jugendkriminalität
- Internationaler Schüleraustausch (Bekanntmachung vom 26.01.2010)
- Richtlinie für die AIDS-Prävention an den bayerischen Schulen

> Durch Aushang mit Gegenzeichnungspflicht wird nachweislich sichergestellt, dass die Beschäftigten von der in **Fall 4.1** am »Schwarzen Brett« ausgehängten Bekanntmachung Kenntnis nehmen.

4.5 Kultusministerielle Schreiben

Kultusministerielle Schreiben (KMS) entstehen aus aktuellem Anlass oder auf konkrete Anfragen von Schulen, Schulbehörden oder Einzelpersonen. Somit ist auch der Adressatenkreis eingeschränkt. Kultusministerielle Schreiben (KMS) gelten grundsätzlich drei Jahre. Sie werden in der Regel elektronisch (OWA) übermittelt. Hier eine Auswahl:

- Schulische Veranstaltungen – Aufsichtspflicht
- Rechtsauskunft bezüglich »Trendsportarten« bei schulischen und dienstlichen Veranstaltungen
- Auswirkungen des Gesetzes über den Schutz der Sonn- und Feiertage sowie anderer religiöser und nationaler Feiertage auf den Unterricht
- Fotokopieren an Schulen
- Vorqualifikation von möglichen Nachwuchsführungskräften
- Verabreichung von Medikamenten durch Lehrkräfte
- Unterrichtsausfall bei ungünstigen Witterungsbedingungen

4.6 Weitere Veröffentlichungen

Neben den Schreiben des Bayerischen Staatsministeriums für Unterricht und Kultus gibt es Schreiben der Regierung (RS) als Schulbehörde. Sie haben den gleichen Rechtscharakter wie ein KMS.

Die jeweiligen Schulanzeiger der (Bezirks-) Regierungen enthalten z. B. Stellenausschreibungen bzw. Personalmeldungen, Veröffentlichungen, amtliche Bekanntmachungen und einen nichtamtlichen Teil.

Von Bedeutung bei der Beschaffung von allgemein zugelassenen Lernmitteln für bayerische Schulen ist das amtliche Verzeichnis auf der Homepage des Bayerischen Staatsministeriums für Unterricht und Kultus.

4.7 Die Informationsmöglichkeiten des Lehrers

§ 17 Abs. 1 LDO

(1) Die Lehrkraft unterrichtet sich über die amtlichen Veröffentlichungen. Sie hat Anspruch darauf, dass sie ihr in geeigneter Weise zugänglich gemacht werden.

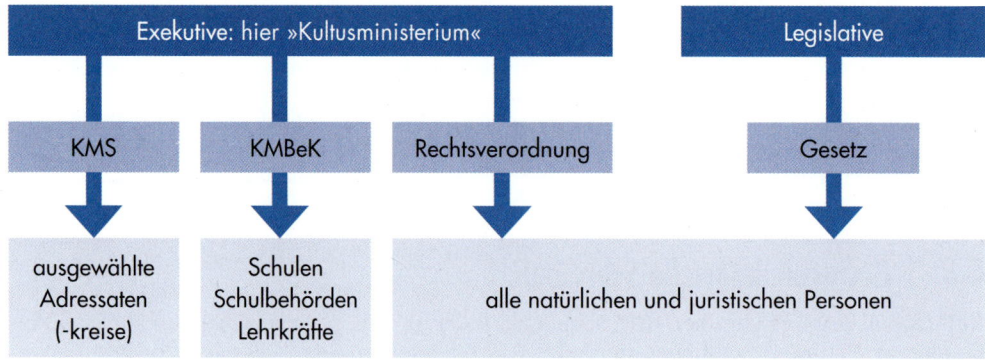

Neben der Einsichtnahme auf der Homepage des Bayerischen Staatsministeriums für Unterricht und Kultus empfiehlt es sich für jede interessierte Lehrkraft, die Lehrernewsletter zu abonnieren. Die entsprechende E-Mail erscheint in der Regel 14-täglich und ermöglicht eine umfassende und aktuelle Information. Das Abonnement kann auf der erwähnten Homepage bestellt werden.

> Eine rechtssichere Auskunft erhält die Lehrkraft (**Fall 4.2**) durch eine schriftliche Anfrage auf dem Dienstweg an die zuständige personalverwaltende Behörde (Regierung oder KM).

Wiederholung – Vertiefung

1. Inwieweit dienen KMBeK dem Grundsatz der Gleichbehandlung der Schüler?
2. Setzen Sie die in der Grafik dargestellten Veröffentlichungen in eine Rechtshierarchie.
3. Ordnen Sie das BayEUG, eine ausgewählte Schulordnung und KMBek hinsichtlich deren Regelungsdichte.
4. In welcher Rechtsvorschrift hat der Gesetzgeber in Bayern den Erlass von Schulordnungen ermöglicht? (Hinweis: Lesen Sie die Ermächtigungsgrundlage oberhalb des Inhaltsverzeichnisses!)
5. Worin liegt die Bedeutung von Schulordnungen?
6. Welche Rechtsnormen regeln die Ausbildung für Ihr Lehramt?

5 Die Gliederung des Schulwesens

> **Fall 5**
> Gemäß Übertrittszeugnis ist Matthias weder für das Gymnasium noch für die Realschule geeignet. Für die gut situierten Eltern kommt dieses Ergebnis überraschend und sie befürchten ein frühzeitiges Scheitern des schulischen und beruflichen Lebensweges Ihres Sohnes. Sie setzen sich deshalb damit auseinander, ob für Matthias der Besuch eines privaten Gymnasiums in Frage kommt.

5.1 Wahl des Bildungsganges

Zur Erfüllung des Bildungs- und Erziehungsauftrages des Staates wurden in der Bundesrepublik Deutschland im Rahmen der föderalen Strukturen in den einzelnen Bundesländern vielfältig gegliederte Schulsysteme entwickelt, die als geeignet empfunden werden, möglichst allen Schülern Bildungswege anzubieten, die ihren individuellen und kollektiven Begabungen, Neigungen und auch Weltanschauungen gerecht werden können.

Im Jahr 1920 wurde erstmalig durch das Reichsgrundschulgesetz in Deutschland das gemeinsame Unterrichten aller Schüler in der Grundschule eingeführt. Entsprechend beginnt heute die schulische Laufbahn aller Schüler im Allgemeinen in der Grundschule. Das Eintrittsalter ist gesetzlich bestimmt (Art. 37 Abs. 1, 2 BayEUG).

> **Art. 7 BayEUG**
>
> (1) Die Grundschule schafft durch die Vermittlung einer grundlegenden Bildung die Voraussetzungen für jede weitere schulische Bildung. Sie gibt in Jahren der kindlichen Entwicklung Hilfen für die persönliche Entfaltung. Um den Kindern den Übergang zu erleichtern, arbeitet die Grundschule mit den Kindertageseinrichtungen zusammen.
>
> (2) Die Grundschule umfasst die Jahrgangsstufen 1 bis 4. Sie vereinigt alle Schulpflichtigen dieser Jahrgangsstufen, soweit sie nicht eine Förderschule besuchen.

Für Kinder und Jugendliche mit sonderpädagogischem Förderbedarf ist im Rahmen des tatsächlich bestehenden Förderschulangebotes der Besuch einer Förderschule möglich.

Nach der Grundschule entscheiden unter Berücksichtigung der Eignung und Leistung der Schülerinnen bzw. Schüler die Eltern über weitere Bildungswege, soweit nicht Pflichtschulen zu besuchen sind (Art. 44 BayEUG). Sobald Schüler volljährig sind, entscheiden sie im Fall der Wahlfreiheit selbst.

Zur Entscheidungsfindung haben die Volksschulen Informationsveranstaltungen und eingehende Schullaufbahnberatungen anzubieten (§ 6 Abs. 1 GrSO).

Der Übertritt von der Grundschule an weiterführende Schulen erfolgt in Bayern frühestens nach einer vierten Grundschulklasse. Grundlagen der Entscheidung können sein:

- Eine entsprechende Schullaufbahnempfehlung im Übertrittszeugnis
- Ein bestandener Probeunterricht an der aufnehmenden Schulart
- Ein Antrag der Eltern, wenn im Probeunterricht nur die Noten 4 erreicht wurden

```
                    Muster-Grundschule
                         München
                 (Amtliche Bezeichnung der Schule)
Schuljahr 2013/2014                              Jahrgangsstufe 4

                    ÜBERTRITTSZEUGNIS
                              für

                    Anna Musterschülerin
    _____

  geboren am 08.08.2006


  ┌─────────────────────────────────────────────────────────────────┐
  │ Gesamtdurchschnitt aus den Fächern Deutsch, Mathematik, Heimat- und Sachunterricht │ 2,00 │
  ├─────────────────────────────────────────────────────────────────┤
  │ Zusammenfassende Beurteilung: ***)                              │
  │                                                                 │
  │ Die Schülerin ist geeignet für den Besuch                       │
  │ einer Haupt-/Mittelschule, einer Realschule und eines Gymnasiums│
  │                                                                 │
  │ Dieses Zeugnis berechtigt nur zum Übertritt im folgenden Schuljahr. │
  └─────────────────────────────────────────────────────────────────┘
  ┌─────────────────────────────────────────────────────────────────┐
  │ ggf. ergänzende Bemerkungen                                     │
  │ -/-                                                             │
  └─────────────────────────────────────────────────────────────────┘

                         München, 2. Mai 2014
```

Auszug aus einem Übertrittszeugnis

§ 6 GrSO

(2) Alle Schülerinnen und Schüler der Jahrgangsstufe 4 öffentlicher oder staatlich anerkannter Volksschulen erhalten am ersten Unterrichtstag des Monats Mai ein Übertrittszeugnis. Das Übertrittszeugnis stellt fest, für welche Schulart die Schülerin oder der Schüler geeignet ist; es gilt nur für den Übertritt im jeweils folgenden Schuljahr.

(3) Das Übertrittszeugnis enthält die Jahresfortgangsnoten in allen Fächern, in den Fächern Deutsch und Mathematik mit zusätzlichen Erläuterungen, die Gesamtdurchschnittsnote aus den Fächern Deutsch, Mathematik und Heimat- und Sachunterricht, eine zusammenfassende Beurteilung zur Übertrittseignung, eine Bewertung des Sozial- sowie des Lern- und Arbeitsverhaltens...

(4) Die Eignung für einen weiterführenden Bildungsweg wird in der zusammenfassenden Beurteilung festgestellt.

Die Eignung für den Bildungsweg Gymnasium liegt vor, wenn die Gesamtdurchschnittsnote mindestens 2,33 beträgt. Die Eignung für den Bildungsweg der Realschule liegt vor, wenn die Gesamtdurchschnittsnote mindestens 2,66 beträgt.

Für Schülerinnen und Schüler mit nicht deutscher Muttersprache, die nicht bereits ab Jahrgangsstufe 1 eine deutsche Grundschule besucht haben, gibt es Sonderregelungen.

Zu beachten sind Altersgrenzen gemäß Schulordnungen (z. B. § 2 Abs. 2 GSO, § 2 Abs. 2 RSO) und auch das Vorliegen einschlägiger Begabungen bei der Aufnahme in ein musisches Gymnasium (§ 2 Abs. 5 GSO).

Eine verwehrte oder verpasste Entscheidung für eine höhere schulische Laufbahn stellt in Bayern keine »Sackgasse« dar. Bayerische Bildungspolitiker verweisen stolz auf die Durchlässigkeit des bayerischen Schulsystems als System der wiederkehrenden Chancen und Möglichkeiten.

So erlauben nach Erfüllung bestimmter Voraussetzungen sowohl die Mittelschule als auch die weiterführenden Schulen das Wechseln zu anderen Schularten.

Beispielsweise kann auch nach der 5. Klasse der Mittelschule mit einem Notendurchschnitt von 2,5 (Deutsch/Mathematik) in die 5. Klasse oder bei einem Durchschnitt von 2,0 (Deutsch/Englisch/Mathematik) oder besser in die 6. Klasse einer Realschule gewechselt werden.

Seit 2010 wurde die Übertrittsphase auf weiterführende Schulen erweitert. Neben den Fördermaßnahmen in der Grundschule (Klassen 1-4) wird an Mittelschule, Realschule und Gymnasium die 5. Klasse als sogenannte »Gelenkklasse« konzipiert. »Um das Eingewöhnen und Ankommen für die Schülerinnen und Schüler an der neuen Schulart, verbunden mit den jeweiligen schulartspezifischen Anforderungen kindgerecht zu begleiten, stellen die weiterführenden Schularten ein breit angelegtes Begleit- und Unterstützungssystem zur Verfügung.«[1]

Über die Vielzahl der Übertrittsbedingungen und Möglichkeiten informiert das Bayerische Kultusministerium im Internet.

Gleichermaßen können schulische und berufliche Abschlüsse sowie Berechtigungen für aufbauende Bildungseinrichtungen auf vielfältige Weise erreicht werden.

Bei aller Vielfalt der Wahlmöglichkeiten ist jedoch zur Sicherstellung einer gemeinsamen Mindestbildung grundsätzlich eine Schulpflicht von zwölf Jahren verbindlich vorgegeben, von denen mindestens neun Jahre als Vollzeitschuljahre zu absolvieren sind. Das Überspringen von Klassen kann die Pflichtzeit verkürzen (Art. 37 Abs. 3 BayEUG).

Soweit keine Wahl zu einer weiterführenden Schule getroffen wird bzw. mangels Übertrittsvoraussetzungen getroffen werden kann, ist die Vollzeitschulpflicht in der Mittelschule, gegebenenfalls in einer Mittelschule mit sonderpädagogischer Förderung oder einer Schule für Kranke zu absolvieren.

Als Wahlschulen gelten das Gymnasium, die Realschule, die Wirtschaftsschule, die Berufsfachschulen und die entsprechenden Förderschulen. Dabei haben Schülerinnen und Schüler die Möglichkeit, unabhängig von ihrem Wohnort eine zu wählen, ohne dass es den Anspruch auf die Aufnahme in die gewünschte Schule der jeweiligen Schulart gibt, solange der Besuch einer anderen Schule derselben Schulart möglich und dem Schüler zumutbar ist. Schulen und Schulaufsicht haben damit die Möglichkeit, eine sinnvolle Kapazitätsauslastung innerhalb der jeweiligen Schulen herbeizuführen.

Neben staatlichen Schulen können alternativ entsprechende private Schulen besucht werden, soweit sie staatlich genehmigt sind (Art. 92 ff. BayEUG) und soweit Eignung und Leistung dazu berechtigen.

Welche Schularten zur Erfüllung des Bildungsauftrages vorgesehen sind, bestimmt das BayEUG. Danach gibt es gem. Art. 6 folgende Schularten:

---

[1] KMBek, KWMBl Nr. 12/2010 S. 173 f

Schularten nach Art. 6 BayEUG		
Allgemein bildende Schulen	Berufliche Schulen	Weitere Schulen
- Grundschule - Mittelschule - Realschule - Gymnasium - Schulen des Zweiten Bildungswegs	- Berufsschule - Berufsfachschule - Wirtschaftsschule - Fachschule - Fachoberschule - Berufsoberschule - Fachakademie	- Förderschulen und Schulen für Kranke

Die Vielzahl der Schularten soll gewährleisten, dass für jeden Schüler ein seiner Begabung entsprechender Ausbildungsgang offen steht. Dabei bestehen vielfältige Übertrittsmöglichkeiten zwischen den Schularten, die die Durchlässigkeit gewährleisten und einen Schüler nicht auf eine einmal gewählte Schulart festlegen sollen.

Andererseits soll auch bei jedem Ausbildungsabschluss die Möglichkeit bestehen, die Ausbildung fortzusetzen und einen höheren Abschluss erreichen zu können (»Kein Abschluss ohne Anschluss«). So hat z. B. auch ein Schüler mit Mittelschulabschluss über das Durchlaufen verschiedener Ausbildungsgänge die Möglichkeit, die allgemeine Hochschulreife zu erreichen.

Eine Darstellung der Durchlässigkeit und der Übertrittsmöglichkeiten im Bayerischen Schulsystem finden sich unter:

www.km.bayern.de/schueler/schularten.html

> Die Schulen bieten für Eltern pflichtgemäß eine Vielzahl von Beratungsmöglichkeiten sowohl im Vorfeld des Übertritts als auch danach. Insoweit ist im vorliegenden **Fall 5** der Überraschungseffekt wohl von den Eltern zu vertreten.
>
> Auch an der Mittelschule kann der mittlere Bildungsabschluss erworben werden. Dies gilt auch für die Wirtschaftsschule und die Berufsfachschule. Der Übertritt zum Gymnasium oder zur Realschule ist bei entsprechenden Leistungen auch nach der 4. Jahrgangsstufe möglich. Der mittlere Schulabschluss eröffnet über weiterführende Schulen den Weg bis zu höheren beruflichen Qualifikationen bzw. zur Hochschule.
>
> Ungeachtet dessen könnten die Eltern Matthias zum Probeunterricht an der Realschule bzw. am Gymnasium anmelden. Werden die Aufnahmekriterien nicht erreicht, tragen bei mindestens ausreichenden Ergebnissen die Eltern die Verantwortung für die Wahl der Schulart.
>
> Eine Aufnahme in eine weiterführende private Schule setzt die Erfüllung der Aufnahmebedingungen an öffentlichen Schulen voraus.

5.2 Die allgemein bildenden Schularten

5.2.1 Die Grundschule

Die Grundschule ist die einzige öffentliche Schule, die von allen schulpflichtigen Kindern unabhängig von ihrer sozialen Herkunft besucht werden muss. Die Grundschule soll durch die Vermittlung einer grundlegenden Bildung die Voraussetzungen für jede weitere schulische Bildung schaffen. Hier sollen den Schülern Grundkenntnisse und Grundfertigkeiten vermittelt werden und sie sollen allmählich von spielerischen an die schulischen Formen des Lernens herangeführt werden. Sie soll alle Schüler in ihrer Persönlichkeitsentwicklung unterstützen.

> In der Grundschule werden nicht nur die Grundfertigkeiten im Lesen, Rechnen und Schreiben vermittelt. Neben dem Wissenserwerb geht es auch darum, Interessen zu entwickeln, soziale Verhaltensweisen sowie musische und praktische Fähigkeiten zu fördern und Werthaltungen aufzubauen. Die Kinder sollen Kenntnisse, Fähigkeiten und Haltungen erwerben, um sich die Welt zu erschließen, sich in ihr zurechtzufinden und sie auch mitzugestalten. Der Lehrplan für die bayerische Grundschule spricht in diesem Zusammenhang von „Grundlegender Bildung".
>
> *http://www.km.bayern.de/eltern/schularten/grundschule.html* (11.11.2016)

5.2.2 Die Mittelschule

Die Mittelschule baut auf der Grundschule auf und umfasst die Jahrgangsstufen 5 bis 9 und, soweit Mittlere-Reife-Klassen in der Jahrgangsstufe 10 angeboten werden, auch die Jahrgangsstufe 10 sowie gegebenenfalls eine Vorbereitungsklasse.

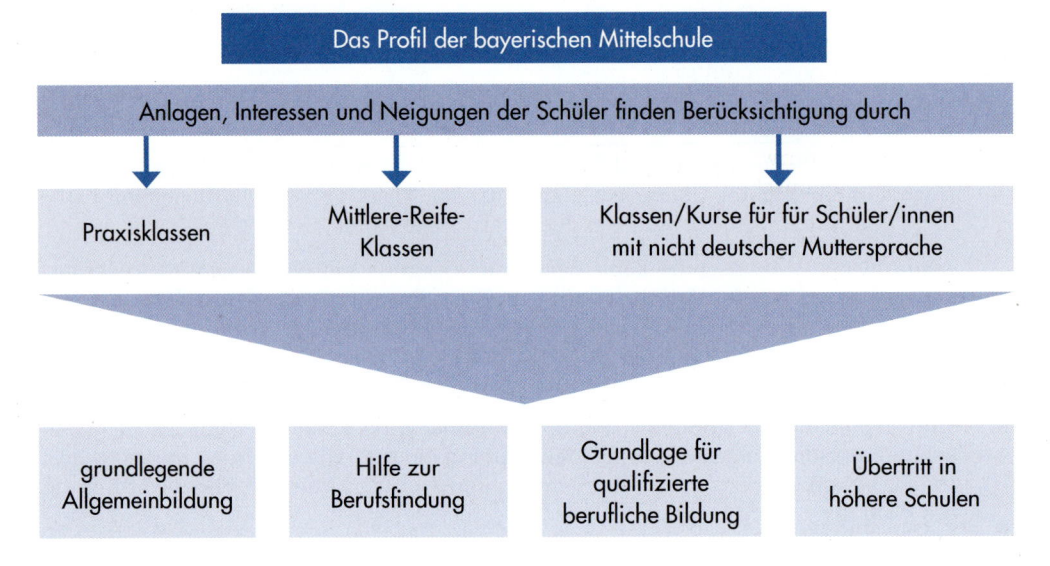

Das Profil der bayerischen Mittelschule

Anlagen, Interessen und Neigungen der Schüler finden Berücksichtigung durch

- Praxisklassen
- Mittlere-Reife-Klassen
- Klassen/Kurse für für Schüler/innen mit nicht deutscher Muttersprache

- grundlegende Allgemeinbildung
- Hilfe zur Berufsfindung
- Grundlage für qualifizierte berufliche Bildung
- Übertritt in höhere Schulen

In der Jahrgangsstufe 9 verleiht sie, wenn die erforderlichen Leistungen erbracht sind, den erfolgreichen Mittelschulabschluss; durch eine besondere Leistungsfeststellung können Schülerinnen und Schüler den qualifizierenden Mittelschulabschluss erwerben. In der Jahrgangsstufe 10 führt die Mittlere-Reife-Klasse (M-Zug, M-Zweig, M-Klassen) zum mittleren Schulabschluss. Schüler, die den qualifizierenden Abschluss der Mittelschule mit einem Notendurchschnitt bis zu 2,5 erreicht haben, können, soweit an Schulen entsprechende Klassen eingerichtet sind, in zwei Jahren über sogenannte Vorbereitungsklassen (9 + 2) den mittleren Bildungsabschluss der Mittelschule erwerben.

Mittelschulen

- vermitteln allein oder gemeinsam in einem Schulverbund den Schülerinnen und Schülern ein Bildungsangebot, das regelmäßig die drei Zweige der Berufsorientierung (Technik, Wirtschaft, Soziales) umfasst,

- bieten Absolventen gute Chancen für eine qualifizierte Berufsausbildung. Soweit in irgendeiner Form der mittlere Schulabschluss erworben wird, stehen auch schulische Anschlussmöglichkeiten wie für Real- und Wirtschaftsschüler zur Verfügung.
- bieten ein Ganztagsangebot.

5.2.3 Die Realschule

Sie vermittelt eine breite allgemeine und berufsvorbereitende Bildung und führt in einem sechsjährigen Bildungsgang zu einem mittleren Schulabschluss.

- Sie ist gekennzeichnet durch ein in sich geschlossenes Bildungsangebot, das auch berufsorientierte Fächer einschließt.
- Sie legt damit den Grund für eine Berufsausbildung und eine spätere qualifizierte Tätigkeit in einem weiten Bereich von Berufen mit vielfältigen theoretischen und praktischen Anforderungen.
- Sie schafft die schulischen Voraussetzungen für den Übertritt in weitere schulische Bildungsgänge bis zur Hochschulreife.
- Sie umfasst die Jahrgangsstufen 5 bis 10, baut auf der Grundschule auf und führt nach bestandener Abschlussprüfung zum Realschulabschluss. Realschulen zur sonderpädagogischen Förderung können weitere Jahrgangsstufen vorsehen.

In Realschulen können folgende Ausbildungsrichtungen eingerichtet werden:

Ausbildungsrichtung I	Ausbildungsrichtung II	Ausbildungsrichtung III
Mathematisch-naturwissenschaftlich-technischer Bereich	Wirtschaftlicher Bereich	Fremdsprachlicher Bereich Ergänzung mit musisch-gestaltenden, hauswirtschaftlichen und sozialem Bereich möglich

Die Differenzierung erfolgt ab der 7. Jahrgangsstufe durch das Angebot an drei entsprechenden Wahlpflichtfächergruppen mit unterschiedlichen Schwerpunkten.

Ein Wechsel zu anderen Schularten ist nach den entsprechenden Übertrittsregelungen in den Schulordnungen anderer Schularten möglich. Eine ausführliche Darstellung der Übertrittsbedingungen hat das Bayerische Staatsministerium für Unterricht und Kultus im Internet dargestellt (www.km.bayer.de/zu-uebertritt).

Der Realschulabschluss bietet vielfältige Anschlussmöglichkeiten:
- Berufsausbildung
- Gymnasium
- Fachoberschule

5.2.4 Das Gymnasium

Das Gymnasium vermittelt die vertiefte allgemeine Bildung, die für ein Hochschulstudium vorausgesetzt wird. Es schafft auch zusätzliche Voraussetzungen für eine berufliche Ausbildung außerhalb der Hochschule, umfasst grundsätzlich die Jahrgangsstufen 5 bis 12[1], baut auf der Grundschule auf, schließt mit der Abiturprüfung ab und verleiht die allgemeine Hochschulreife.

---

1 Das Konzept der Weiterentwicklung des bayerischen Gymnasiums sieht vor, ab dem Schuljahr 2018/19 ein neunjähriges Gymnasium mit der Möglichkeit zur individuellen Lernzeit einzuführen.
www.km.bayern.de/eltern/schularten/gymnasium.html 4.4.2017

In Gymnasien können folgende Ausbildungsrichtungen eingerichtet werden:

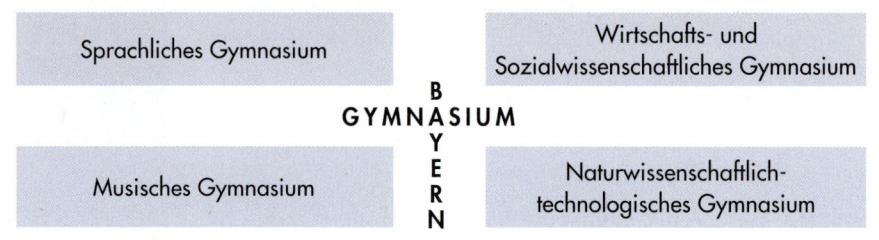

Sprachliches Gymnasium		Wirtschafts- und Sozialwissenschaftliches Gymnasium
	GYMNASIUM BAYERN	
Musisches Gymnasium		Naturwissenschaftlich-technologisches Gymnasium

Im Zuge der ständigen Bemühungen, Schüler und Schülerinnen im Gymnasium durch ein großes vielseitiges Wahlangebot zu fördern, wurde im Schuljahr 2013/14 mit der Einführung der Individuellen Lernzeit die bestehenden Möglichkeiten ausgebaut.

5.2.5 Schulen des Zweiten Bildungswegs

In Bayern sind für Bildungswillige, die nach ihrer Schulzeit weiter Abschlüsse anstreben, bzw. die einen erwünschten Abschluss bisher nicht auf dem Normaldurchlauf an einer Regelschule erworben haben, verschiedene Bildungsangebote im Rahmen eines Zweiten Bildungsweges eingerichtet (vgl. Art. 10 BayEUG).

Schulart	Profil
Abend-realschule	Sie führt Berufstätige in drei oder vier Jahren zum Realschulabschluss. Der Unterricht findet in der Regel am Abend statt. Er umfasst wöchentlich 17 bis 20 Stunden. In der Abschlussklasse kann auch Tagesunterricht erteilt werden.
Abend-gymnasium	Es führt berufstätige Erwachsene im vierjährigen Abendunterricht zur allgemeinen Hochschulreife. Der Unterricht findet an fünf oder sechs Abenden pro Woche statt.
Kolleg	Das Kolleg führt Erwachsene in drei Jahren zur allgemeinen Hochschulreife. Der Unterricht am Kolleg ist ganztägig, eine berufliche Tätigkeit daneben ist nicht möglich.
Telekolleg	Das Telekolleg ist eine Bildungseinrichtung des Freistaats Bayern und des Bayerischen Rundfunks. Die Kollegtage finden etwa jeden zweiten Samstag statt. Der Unterricht orientiert sich am Lehrplan der Fachoberschule. Das Telekolleg Multimedial führt in vier Trimestern zur Fachhochschulreife.
Begabten-prüfung	Die Begabtenprüfung soll besonders befähigten Berufstätigen ermöglichen, die Berechtigung zu einem Hochschulstudium zu erwerben. Diese Prüfung ist für Personen gedacht, die aufgrund ihrer Begabung, ihrer Persönlichkeit und ihrer Vorbildung für ein Hochschulstudium in Frage kommen, aber wegen ihres Entwicklungsgangs keinen schulischen Bildungsgang bis zur Hochschulreifeprüfung durchlaufen konnten.

Vgl. *http://www.km.bayern.de/schueler/schularten/zweiter-bildungsweg.html*

5.3 Schularten des beruflichen Schulwesens

5.3.1 Die Berufsschule

Aufgabe der Berufsschule ist es nach Art. 11 BayEUG, die Schülerinnen und Schüler in Abstimmung mit der betrieblichen Berufsausbildung oder unter Berücksichtigung ihrer beruflichen Tätigkeit beruflich zu bilden und zu erziehen und die allgemeine Bildung zu fördern.

Dieses Nebeneinander von schulischer und betrieblicher Ausbildung in enger Zusammenarbeit und Abstimmung wird als »duales System« bezeichnet. In der Regel sorgt dabei der Ausbildungsbetrieb vorwiegend für die Vermittlung der berufspraktischen Fertigkeiten. Von der Berufsschule sind insbesondere die allgemeinen, berufsfeldübergreifenden sowie die für den Ausbildungsberuf oder die berufliche Tätigkeit erforderlichen fachtheoretischen Kenntnisse zu vermitteln; fachpraktische Kenntnisse und Fertigkeiten sind zu vertiefen. Dies erfolgt in berufsbezogenen Fachräumen.

Die Berufsschule ist eine Schule mit Teilzeit- und Vollzeitunterricht im Rahmen der beruflichen Ausbildung, die im Rahmen der Bestimmungen über die Schulpflicht von Berufsschulpflichtigen und Berufsschulberechtigten besucht wird. Schüler der Berufsschule erhalten mit dem Abschlusszeugnis den erfolgreichen Berufsschulabschluss. Weiterhin kann der mittlere Schulabschluss erworben werden.

In besonderen Bildungsangeboten der Berufsschule bereiten bestimmte Berufsschulen aus allen Regierungsbezirken Bayerns innerhalb von drei Schuljahren leistungsfähige und leistungsbereite Berufsschülerinnen und -schüler zeitgleich zu ihrer dualen Ausbildung auf die Fachhochschulreifeprüfung vor (Berufsschule Plus). Daneben existieren für bestimmte Berufe und an ausgewählten Standorten doppelqualifizierende Bildungsgänge, bei denen ebenfalls zu einer dualen Berufsausbildung die Fachhochschulreife erworben werden kann (DBFH). Die Aufnahmebedingungen für doppelqualifizierende Bildungsgänge sind in Art 2 Abs. 1 Nr. 3 BSO geregelt.

Für ausbildungswillige Schulpflichtige, die mindestens über einen Mittelschulabschluss verfügen aber noch keinen Ausbildungsplatz gefunden haben, gibt es ein Berufseinstiegsjahr (BEJ). Es empfiehlt sich bei fester und realistischer Berufsvorstellung und erfolgt in der Berufsschule und beim außerschulischen Kooperationspartner. Die erworbene Vorbildung kann auf die Ausbildungszeit angerechnet werden.

Das Berufsvorbereitungsjahr (BVJ) ist das richtige Angebot für Schülerinnen und Schüler, die noch keinen Mittelschulabschluss besitzen oder noch keine konkreten Berufsvorstellungen haben. Es sind zwei mögliche Formen vorgesehen:

- Kooperativ in ausgewählten Berufsfeldern (BVJ/k)
- Vollzeitschulisch (BVJ/s)

> **§ 5 BSO**
>
> Das Berufsvorbereitungsjahr soll Berufsschulpflichtige ohne Ausbildungsverhältnis für eine Berufsausbildung oder für den Eintritt in das Berufsleben befähigen. Der Unterricht soll von betrieblichen Praktika begleitet werden. Das Berufsvorbereitungsjahr wird nach Bedarf und nach Maßgabe der vorhandenen personellen und räumlichen Möglichkeiten angeboten. Es kann für Schülerinnen und Schüler, die entweder über keine oder nicht ausreichende Deutschkenntnisse verfügen, im Rahmen der Beschulung in Berufsintegrationsklassen um eine Vorklasse erweitert werden.

Das Berufsintegrationsjahr (BIJ) bereitet ebenfalls auf eine Berufsausbildung vor. Es ist organisatorisch wie das BVJ/k aufgebaut, beinhaltet aber darüber hinaus noch eine intensivere Förderung im Fach Deutsch.

Mit dem erfolgreichen Abschluss des BVJ/k, des BVJ/s sowie des BIJ können Schülerinnen und Schüler auch nachträglich den erfolgreichen Mittelschulabschluss erwerben.

Für alle diejenigen Jugendlichen, die an einer Ausbildung derzeit nicht interessiert sind und ggf. einer Erwerbsarbeit nachgehen oder im elterlichen Betrieb mitarbeiten, gibt es an Berufsschulen spezielle »JoA-Klassen« (Jugendliche ohne Ausbildungsplatz).

Darüber hinaus bietet auch die Arbeitsverwaltung berufsvorbereitende Maßnahmen (BvB) an, die in der Regel mit einem Besuch der Berufsschule verknüpft sind.

5.3.2 Die Berufsfachschule

Berufsfachschulen sind eine schulische Alternative zum dualen Ausbildungssystem. Ohne dass eine berufliche Vorbildung vorausgesetzt wird, haben sie zum Ziel

- auf eine Berufstätigkeit vorzubereiten oder
- eine Berufsausbildung zu vermitteln.

Der Unterricht an Berufsfachschulen findet grundsätzlich in Vollzeit statt. Er umfasst allgemein bildende und berufsbezogene Fächer und vermittelt oft auch die praktische Berufsausbildung. Je nach Fachrichtung dauert die Ausbildung in der Regel ein bis drei Jahre. Berufsfachschulen sind häufig Berufsschulen zugeordnet.

Für die verschiedenen Berufsfachschulen gelten unterschiedliche Aufnahmevoraussetzungen. Je nach Fachrichtung sind Mittelschulabschluss, mittlerer Schulabschluss oder in wenigen Fällen das Abitur vorzuweisen.

Erfolgreiche Absolventen erhalten gemäß § 3 BFSO eine der Fachrichtung entsprechende Berufsbezeichnung:

- Staatlich geprüfte Helferin für Ernährung und Versorgung/Staatlich geprüfter Helfer für Ernährung und Versorgung
- Staatlich geprüfte Assistentin für Ernährung und Versorgung/Staatlich geprüfter Assistent für Ernährung und Versorgung
- Staatlich geprüfte Kinderpflegerin/Staatlich geprüfter Kinderpfleger
- Staatlich geprüfte Sozialbetreuerin und Pflegefachhelferin/Staatlich geprüfter Sozialbetreuer und Pflegefachhelfer
- Staatlich geprüfte Assistentin für Hotel- und Tourismusmanagement/Staatlich geprüfter Assistent für Hotel- und Tourismusmanagement
- Staatlich geprüfte technische Assistentin für Informatik/Staatlich geprüfter technischer Assistent für Informatik

Eine mindestens zweijährige Berufsfachschule ermöglicht den Erwerb des mittleren Schulabschlusses sowie des qualifizierenden Bildungsabschlusses.

In besonderen doppelqualifizierenden Bildungsangeboten der Berufsfachschule kann parallel zur Berufsausbildung die Fachhochschulreife erworben werden.

5.3.3 Die Wirtschaftsschule

Aufgabe der Wirtschaftsschule ist die Vermittlung einer allgemeinen Bildung sowie einer beruflichen Grundbildung im Berufsfeld Wirtschaft zur Vorbereitung auf eine entsprechende berufliche Tätigkeit (Art. 14 Abs. 1 BayEUG).

Neben der Theorie liegt ein besonderer Schwerpunkt des Unterrichtens in der praktischen Anwendung des Gelernten in integrierten Übungsfirmen. Dies fördert den Einblick in die Bedingungen und Denkweisen der Arbeitswelt und vermittelt auch Schlüsselqualifikationen wie vernetztes Denken, verantwortliches Handeln sowie Kommunikations- und Kooperationsfähigkeit.

In der Wirtschaftsschule erhält die kaufmännische Bildung einen besonderen Stellenwert. Keine andere Schulart im Sekundarbereich I bietet einen größeren Stundenumfang für die Fächer Betriebswirtschaft, Volkswirtschaft, Rechnungswesen und Datenverarbeitung an.

Die Wirtschaftsschule ist vier-, drei- oder zweistufig. Die Schüler kommen zumeist aus einer Mittelschule. Sie müssen in den Fächern Deutsch, Englisch und Mathematik einen Notendurchschnitt von mindestens 2,66 nachweisen. Ein Probeunterricht ist möglich.

Wirtschaftsschulabschluss (mittlerer Schulabschluss)

Mittelschule Jahrgangsstufe 6		
Wirtschaftsschule Jahrgangsstufe 7	Mittelschule Jahrgangsstufe 7	
⋮	Wirtschaftsschule Jahrgangsstufe 8	
⋮	⋮	Qualifizierender Mittelschulabschluss
Jahrgangsstufe 10	Jahrgangsstufe 10	Wirtschaftsschule Jahrgangsstufe 10
		Jahrgangsstufe 11

Auch Schüler einer Realschule, eines Gymnasiums oder einer Mittlere-Reife-Klasse können mit einer Vorrückungserlaubnis in die Wirtschaftsschule übertreten.

Der Abschluss der Wirtschaftsschule berechtigt auch zum Besuch weiterführender Schulen, z. B.:

- Fachoberschule
- Gymnasium nach den entsprechenden Übertrittsbestimmungen
- Berufsoberschule nach Berufsausbildung
- Kolleg nach Berufsausbildung
- Fachakademie

5.3.4 Die Fachschule

Gemäß Art. 15 Bay EUG dient die Fachschule »der vertieften beruflichen Fortbildung oder Umschulung und fördert die Allgemeinbildung«. Sie übernimmt die Aufgabe, ihre Schüler fachlich höher zu qualifizieren und sie für mittlere Führungsaufgaben oder für unternehmerische Selbständigkeit zu befähigen. Voraussetzung für ihren Besuch ist grundsätzlich eine Berufsausbildung und eine ausreichende praktische Berufstätigkeit.

Der Besuch einer Fachschule dauert je nach Ausbildungsrichtung in Vollzeitform mindestens zwei Jahre, in der berufsbegleitenden oder Teilzeitform entsprechend länger.

In Bayern gibt es zum Beispiel Technikerfachschulen, Meisterschulen, kaufmännische Fachschulen, hauswirtschaftliche und sozialpflegerische sowie land- und forstwirtschaftliche Fachschulen.

Neben staatlichen Schulen bieten Kammern und Innungen eine große Zahl an Vorbereitungslehrgängen auf die Meisterprüfung an, die nicht im Zuständigkeitsbereich des Staates liegen.

Bei Bestehen der staatlichen Abschlussprüfung wird eine entsprechende Berufsbezeichnung verliehen.

Mit dem Abschlusszeugnis einer mindestens einjährigen Fachschule mit staatlicher Abschlussprüfung kann nach Maßgabe der Schulordnung mit der Fachschulreife ein mittlerer Schulabschluss erworben werden.

Darüber hinaus kann an zweijährigen Fachschulen über eine Ergänzungsprüfung die Fachhochschulreife erworben werden.

Gleiches gilt für die Meisterprüfung vor den Kammern und auch für andere berufliche Fortbildungsprüfungen, die als gleichwertig anerkannt werden.

Im Rahmen der Hochschulzugangsmöglichkeiten für beruflich Qualifizierte beinhaltet der Abschluss der Fachschule (z.B. Meister) die allgemeine Hochschulzugangsberechtigung.

5.3.5 Die Berufliche Oberschule

Die Fachoberschule

Die Fachoberschule baut auf einem mittleren Schulabschluss auf und vermittelt grundsätzlich in zwei Jahren eine allgemeine, fachtheoretische und fachpraktische Bildung in den Ausbildungsrichtungen:

- Technik
- Agrarwirtschaft, Bio- und Umwelttechnologie
- Wirtschaft und Verwaltung
- Sozialwesen
- Gestaltung
- Gesundheit
- internationale Wirtschaft

Die Fachoberschule wird in der Regel von Schülern besucht, die nach dem mittleren Bildungsabschluss ein Studium an der Fachhochschule oder einer Universität anstreben. Häufig nutzen Absolventen der Fachoberschulen ihre höhere Qualifikation dazu, ihre Chancen auf dem Ausbildungsmarkt zu verbessern.

Voraussetzung für die Aufnahme in die Fachoberschule ist der mittlere Schulabschluss mit einem Notendurchschnitt von mindestens 3,5 in den Fächern Deutsch, Englisch und Mathematik. Falls in einem dieser Fächer keine Note vorliegt, wird eine Feststellungsprüfung durchgeführt. Das Fach Englisch kann unter bestimmten Voraussetzungen durch eine andere Fremdsprache ersetzt werden. Gymnasiasten mit einer Vorrückungserlaubnis in die 11. Jahrgangsstufe haben auch die Aufnahmeerlaubnis. Ein Vorkurs bzw. eine Vorklasse dienen zur Vorbereitung auf die »FOS«.

Im ersten Schuljahr (11. Klasse) durchlaufen die Schüler eine halbjährliche fachpraktische Ausbildung. Mit dem Fachabitur nach der 12. Klasse erwerben sie die Berechtigung zum Studium an einer Fachhochschule.

Für Absolventen der Fachabiturprüfung mit einer Durchschnittsnote von mindestens 3,0 besteht die Möglichkeit, die Jahrgangsstufe 13 zu besuchen. Diese verleiht nach bestandener Abiturprüfung die fachgebundene Hochschulreife sowie bei Nachweis der notwendigen Kenntnisse in einer zweiten Fremdsprache die allgemeine Hochschulreife.

Die Berufsoberschule

Die Berufsoberschule baut auf einem mittleren Schulabschluss auf und einer der jeweiligen Ausbildungsrichtung entsprechenden abgeschlossenen Berufsausbildung oder entsprechenden mehrjährigen Berufserfahrung und vermittelt eine allgemeine und fachtheoretische Bildung in sechs Ausbildungsrichtungen.

Agrarwirtschaft, Bio- und Umwelttechnologie	Sozialwesen	Wirtschaft und Verwaltung
Gesundheit	Technik	internationale Wirtschaft

Die Berufsoberschule wird in der Regel von Schülern besucht, die nach einer erfolgreichen Berufsausbildung ein Studium an einer Hochschule anstreben.

Die Aufnahme in die Berufsoberschule erfordert neben einer erfolgreichen Berufsausbildung den mittleren Bildungsabschluss nach Maßgabe der Aufnahmebedingungen in die Fachoberschule. Brückenangebote und Fördermaßnahmen sind vorgesehen, um unterschiedliches Vorwissen anzugleichen. So können Vorklassen oder Vorkurse eingerichtet werden. Die Aufnahme in die Vorklasse ist auch mit erfolgreichem Mittelschulabschluss und einer abgeschlossenen Berufsausbildung nach Bestehen einer Aufnahmeprüfung möglich (Art. 17 Abs. 2 Satz 4 BayEUG).

Bei erfolgreichem Besuch der Vorklasse wird der mittlere Schulabschluss verliehen (Art. 17 Abs. 2 Satz 5 BayEUG). Die Berufsoberschule schließt mit der Abiturprüfung ab und verleiht die fachgebundene Hochschulreife sowie bei Nachweis der notwendigen Kenntnisse in einer zweiten Fremdsprache die allgemeine Hochschulreife; Schüler und Schülerinnen der Jahrgangsstufe 12 können sich der Fachabiturprüfung zum Erwerb der Fachhochschulreife unterziehen.

5.3.6 Die Fachakademie

Das Studium an einer Fachakademie vertieft eine abgeschlossene Berufsausbildung, erweitert die Allgemeinbildung und bereitet auf eine gehobene berufliche Laufbahn in verschiedenen Ausbildungs- und Fachrichtungen vor (Art. 18 BayEUG).

Aufgenommen werden grundsätzlich nur Bewerber, die einen mittlerer Bildungsabschluss sowie in der Regel eine einschlägige berufliche Vorbildung, sei es durch entsprechende

Ausbildung oder entsprechende Berufstätigkeit vorweisen können. An Fachakademien künstlerischer Ausbildungsrichtungen kann an die Stelle des mittleren Schulabschlusses der Nachweis einer entsprechenden Begabung im jeweiligen Fachgebiet treten. Fachakademien haben häufig einen privaten Schulträger.

Das Studium an einer Fachakademie dauert je nach Ausbildungsrichtung zwischen zwei und drei Jahren, wird durch eine staatliche Prüfung abgeschlossen und führt zu einer gehobenen Berufslaufbahn mit festgelegter Berufsbezeichnung (z. B. Fachakademie Wirtschaft: »Staatlich geprüfter Betriebswirt«/»Staatlich geprüfte Betriebswirtin«).

Entsprechend der Bestimmungen nach Art. 18 Abs. 3 BayEUG kann an Fachakademien über eine Ergänzungsprüfung die fachgebundene Fachhochschulreife oder bei »überdurchschnittlich Befähigten« die fachgebundene Hochschulreife erworben werden.

Darüber hinaus beinhaltet der Abschluss der Fachakademie im Rahmen der Hochschulzugangsmöglichkeiten für beruflich Qualifizierte die allgemeine Hochschulzugangsberechtigung.

5.4 Förderschulen und Schulen für Kranke

5.4.1 Förderschulen

Für schulpflichtige Kinder und Jugendliche mit Förderbedarf sieht der Staat vielfältige Fördermöglichkeiten vor (Art. 19 ff. BayEUG).

> »Schulpflichtige Kinder und Jugendliche mit sonderpädagogischem Förderbedarf können im Rahmen des tatsächlich bestehenden Förderschulangebotes eine Förderschule besuchen, wenn sie aufgrund ihres sonderpädagogischen Förderbedarfs einer besonderen Förderung bedürfen (Art. 41 Abs. 1 Satz 2 BayEUG), d.h. ihr individueller sonderpädagogischer Förderbedarf die besondere personelle und sächliche Ausstattung der Förderschule rechtfertigt. Der sonderpädagogische Förderbedarf wird im Rahmen eines sonderpädagogischen Gutachtens festgestellt; der Schulleiter bzw. die Schulleiterin entscheidet danach über die Aufnahme.«
>
> www.km.bayern.de/schueler/schularten/foerderschule.html

Die Förderschulen diagnostizieren, erziehen, unterrichten, beraten und fördern Kinder und Jugendliche, die der sonderpädagogischen Förderung bedürfen und deswegen an einer allgemeinen Schule (allgemein bildende oder berufliche Schule) nicht oder nicht ausreichend gefördert und unterrichtet werden können (Art. 19 Abs. 1 BayEUG).

Soweit es mit den jeweiligen Förderschwerpunkten vereinbar ist, vermitteln die Förderschulen die gleichen Abschlüsse wie die vergleichbaren allgemeinen Schulen (Art. 19 Abs. 4 Satz 3 BayEUG).

---

1 www.km.bayern.de/inklusion

Es existieren folgende Förderschularten[1]:

▶ **Volksschulen zur sonderpädagogischen Förderung**

mit den Förderschwerpunkten Sehen, Hören, körperliche und motorische Entwicklung, geistige Entwicklung, Sprache, Lernen sowie emotionale und soziale Entwicklung.

▶ **Realschulen zur sonderpädagogischen Förderung**

mit den Förderschwerpunkten Sehen, Hören, körperliche und emotionale Entwicklung.

▶ **Berufliche Schulen zur sonderpädagogischen Förderung**

für die Förderschwerpunkte Sehen, Hören, körperliche und motorische Entwicklung und Lernen. Daneben gibt es auch überbetriebliche Einrichtungen mit einer Berufsschule zur sonderpädagogischen Förderung. Nähere Auskunft dazu geben die jeweiligen Regierungen.

5.4.2 Schulen für Kranke

Wenn sich Schüler aus gesundheitlichen Gründen in Krankenhäusern oder vergleichbaren Einrichtungen aufhalten müssen, können sie nach den für die jeweils besuchte Schulart geltenden Lehrplänen unter Berücksichtigung der sich aus den Krankheiten und dem Krankenhausaufenthalt ergebenden Bedingungen unterrichtet werden (Art. 23 BayEUG).

Die behandelnden Ärzte entscheiden, wie lange der Unterricht dauert. Aus pädagogischen oder medizinischen Gründen können auch Schüler, die weniger als sechs Wochen krankheitsbedingt dem Unterricht der Stammschule fernbleiben müssen, Unterricht durch die Schule für Kranke erhalten.

Für längerfristig Kranke oder aus gesundheitlichen Gründen nicht schulbesuchsfähige Schülerinnen und Schüler kann im Zuständigkeitsbereich der besuchten Schule Hausunterricht erteilt werden (Art. 23 Abs. 2 BayEUG).

Wiederholung – Vertiefung

1. Ein Mittelschüler erwirbt nach der 9. Klasse den erfolgreichen Mittelschulabschluss. Er entscheidet sich für eine Berufsausbildung. Welche Empfehlung geben Sie ihm, damit er für seinen Bildungsweg alle Möglichkeiten offen hat?
2. Ein Absolvent einer Realschule überlegt, durch schulische Weiterbildung seine Beschäftigungschancen zu erhöhen. Schlagen Sie ihm sinnvolle Varianten vor und begründen Sie diese.
3. Wie kann an einer Fachschule der Hochschulzugang erworben werden?
4. Diskutieren Sie die Sinnhaftigkeit des bayerischen, differenzierten Bildungssystems.

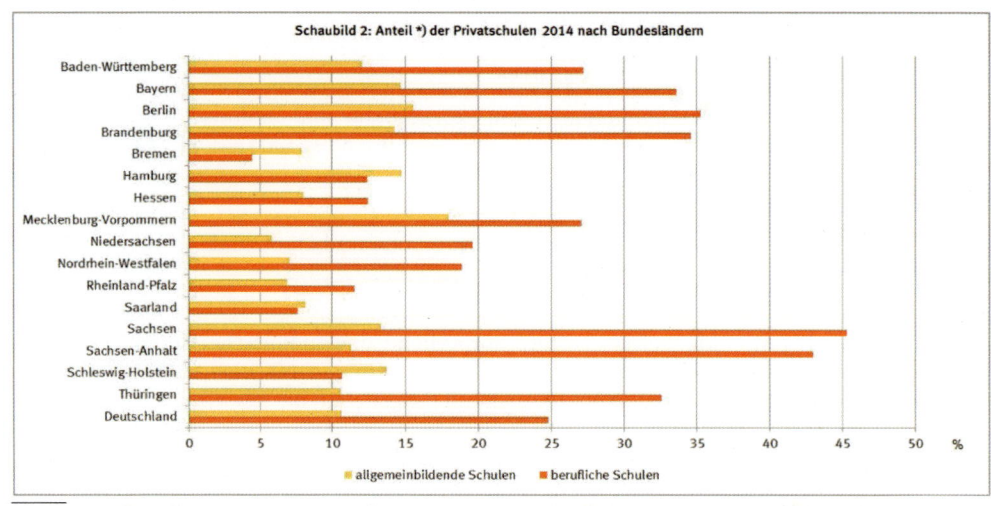

Schaubild 2: Anteil *) der Privatschulen 2014 nach Bundesländern

Bundesland	allgemeinbildende Schulen	berufliche Schulen
Baden-Württemberg	~11	~27
Bayern	~14	~33
Berlin	~15	~35
Brandenburg	~14	~34
Bremen	~8	~4
Hamburg	~14	~11
Hessen	~8	~12
Mecklenburg-Vorpommern	~17	~27
Niedersachsen	~6	~19
Nordrhein-Westfalen	~7	~19
Rheinland-Pfalz	~9	~15
Saarland	~7	~11
Sachsen	~13	~45
Sachsen-Anhalt	~11	~43
Schleswig-Holstein	~13	~10
Thüringen	~11	~32
Deutschland	~10	~25

*) Private allgemeinbildende Schulen gemessen an allen allgemeinbildenden Schulen und private berufliche Schulen gemessen an allen beruflichen Schulen. Ohne Schulen des Gesundheitswesens.

Statistisches Bundesamt: Bildung und Kultur – Private Schulen, Schuljahr 2014/15

5.5 Privatschulen

5.5.1 Bedeutung und Rechtsstellung

Im europäischen Vergleich ist der Anteil der Privatschulen in Deutschland unterdurchschnittlich. Mit rund 70 Prozent gibt es in den Niederlanden die meisten Privatschulen. Im Schulwesen des Freistaates Bayern finden sich Privatschulen insbesondere im Bereich der beruflichen Schulen. So sind Fachakademien überwiegend in privater Schulträgerschaft. Im Jahr 2015 gab es in Bayern 1 329 private Schulen mit insgesamt 206 334 Schülerinnen und Schüler[1].

Private Schulen genießen einen grundgesetzlichen Schutz. Art. 7 Abs. 4 Satz 1 GG gewährt das Recht zur Errichtung von privaten Schulen. Sie werden auch als Schulen in freier Trägerschaft bezeichnet. Privatschulen dürfen keine Bezeichnungen führen, die eine Verwechslung mit öffentlichen Schulen, also staatlichen oder kommunalen Schulen ergeben könnte (Art. 3 Abs. 2 BayEUG). Private Schulen unterliegen der Schulaufsicht. Die Zulassung privater Grundschulen ist nur möglich, wenn ein besonderes pädagogisches Interesse anerkannt wird oder eine Bekenntnis- oder Weltanschauungsschule errichtet werden soll. Damit soll der für alle Schüler verpflichtende Charakter der Grundschule gesichert werden.

> **Art. 90 BayEUG**
>
> Private Schulen dienen der Aufgabe, das öffentliche Schulwesen zu vervollständigen und zu bereichern. Sie sind im Rahmen der Gesetze frei in der Entscheidung über eine besondere pädagogische, religiöse oder weltanschauliche Prägung, über Lehr- und Erziehungsmethoden, über Lehrstoff und Formen der Unterrichtsorganisation. Die Bestimmungen über die Schulpflicht gelten auch an Privatschulen...

---

1   *Statistisches Landesamt, Tabelle »Die Bayerischen Schulen im Schuljahr 2014/2015*

Es sind in Bayern insbesondere kirchliche Träger, die Privatschulen betreiben. Eine pädagogische Prägung liegt bei den Freien Waldorf- und Montessori-Schulen vor.

Der verfassungsrechtliche Rang der Privatschulen würde unterlaufen werden, wenn den Privatschulen zur Finanzierung nur eigene Mittel zur Verfügung stünden. Deshalb haben private Schulträger ein vom Bundesverfassungsgericht bestätigtes Recht auf staatliche Zuschüsse. Art. 29 Abs. 1 BaySchFG sieht für Privatschulen, wenn sie Ersatzschulen sind, eine staatliche Förderung vor.

5.5.2 Begriffsbestimmung – Unterscheidung

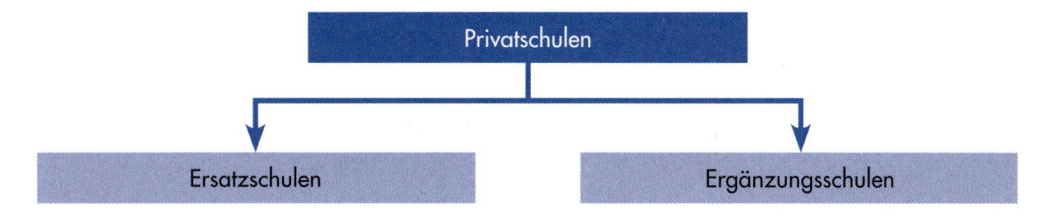

```
              Privatschulen
              /           \
     Ersatzschulen      Ergänzungsschulen
```

Art. 91 BayEUG

Ersatzschulen sind private Schulen, die in ihren Bildungs- und Erziehungszielen öffentlichen im Freistaat Bayern vorhandenen oder vorgesehenen Schulen entsprechen.

Nicht jede Privatschule ersetzt in ihren Bildungs- und Erziehungszielen eine entsprechende öffentliche Schule. Man spricht dann von Ergänzungsschulen. Sie erweitern das staatliche Bildungsangebot.

Art. 102 BayEUG

(1) Ergänzungsschulen sind private Schulen, die nicht Ersatzschulen im Sinn des Art. 91 sind.

(2) Die Errichtung einer Ergänzungsschule ist der Schulaufsichtsbehörde drei Monate vor Aufnahme des Unterrichts anzuzeigen. Der Anzeige sind der Lehrplan sowie Nachweise über den Schulträger, die Schuleinrichtung und die Vorbildung der Leiterin oder des Leiters und der Lehrkräfte beizufügen.

Der Betrieb und die Errichtung einer Ergänzungsschule können von der Regierung als Schulaufsichtsbehörde untersagt werden.

Ergänzungsschulen sind vorwiegend im beruflichen Schulwesen zu finden. Als Ergänzungsschule gelten zum Beispiel Kosmetikschulen sowie Schulen für Kneipp- und Kurbademeister.

5.5.3 Ersatzschulen

Jede Ersatzschule kann einer Schulart im Sinne des Art. 6 BayEUG zugeordnet werden. Es handelt sich also um ein privates Gymnasium, eine private Realschule, eine private Grundschule usw.

Mit dem Besuch einer Ersatzschule erfüllen die Schüler die gesetzliche Schulpflicht. Sie können einen Abschluss erwerben, der jenem einer öffentlichen Schule entspricht.

»Private Schulen als Ersatz für öffentliche Schulen bedürfen der Genehmigung des Staates« (Art. 7 Abs. 4 Satz 2 GG). Die Genehmigung wird von der jeweils zuständigen Schulaufsichtsbehörde ausgesprochen und ist zu erteilen, wenn nachfolgende Bedingungen erfüllt sind:

- Es wird gewährleistet, dass die Ersatzschule nicht gegen die verfassungsmäßige Ordnung verstößt.
- Die Schüler werden nicht nach den Besitzverhältnissen der Eltern gesondert.
- Die wirtschaftliche und rechtliche Stellung der Lehrkräfte ist genügend gesichert.
- Die Lehrziele und die Ausbildung der Lehrkräfte entsprechen jenen öffentlicher Schulen.

»Ersatzschulen, die eine nicht nur vorläufige Genehmigung haben, dürfen die zusätzliche Bezeichnung ‚staatlich genehmigt' führen.« (Art. 92 Abs. 6 Satz 1 BayEUG). Schüler solcher Ersatzschulen müssen ihre Abschlussprüfungen an einer öffentlichen Schule nach den für andere Bewerber geltenden Bestimmungen ablegen (z. B. § 74 FOBOSO, § 59 GSO, § 46 RSO).

Staatlich genehmigte Ersatzschulen, die sich bewährt haben und bereits wesentliche Anforderungen für öffentliche Schulen anwenden, können ihren rechtlichen Status stärken, indem sie den Rang einer »staatliche anerkannten Ersatzschule« erhalten.

> **Art. 100 BayEUG**
>
> (1) Einer Ersatzschule, die die Gewähr dafür bietet, dass sie dauernd die an gleichartige oder verwandte öffentliche Schulen gestellten Anforderungen erfüllt, wird vom zuständigen Staatsministerium auf Antrag die Eigenschaft einer staatlich anerkannten Ersatzschule verliehen...
>
> (2) Staatlich anerkannte Ersatzschulen sind im Rahmen des Art. 90 verpflichtet, bei der Aufnahme, beim Vorrücken und beim Schulwechsel von Schülerinnen und Schülern sowie bei der Abhaltung von Prüfungen die für öffentliche Schulen geltenden Regelungen anzuwenden. Mit der Anerkennung erhält die Schule das Recht, Zeugnisse zu erteilen, die die gleiche Berechtigung verleihen wie die der öffentlichen Schulen...

Einer staatlich anerkannten Ersatzschule kann vom zuständigen Staatsministerium auf Antrag den Charakter einer öffentlichen Schule verliehen werden. Dann muss diese Schule die entsprechende Schulordnung öffentlicher Schulen anwenden (Art. 101 BayEUG).

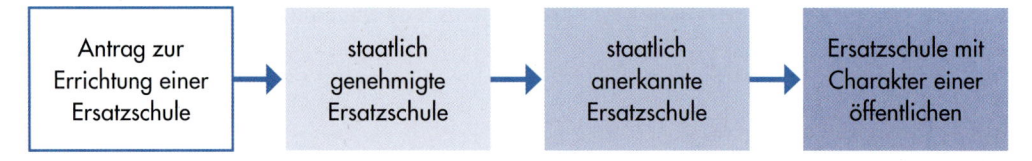

Antrag zur Errichtung einer Ersatzschule → staatlich genehmigte Ersatzschule → staatlich anerkannte Ersatzschule → Ersatzschule mit Charakter einer öffentlichen

Vollzug des Bayerischen Gesetzes über das Erziehungs- und Unterrichtswesen (BayEUG)
hier: Antrag auf Verleihung der Eigenschaft einer staatlich anerkannten Ersatzschule

Anlage: 1 Kostenrechnung

Das Bayerische Staatsministerium für Unterricht und Kultus erlässt auf Antrag der Berufsfachschule für Altenpflege Heimerer gGmbH in Landsberg a. Lech vom 09.03.2004 gemäß Art. 100 BayEUG folgenden

Bescheid:

1. Der Privaten Berufsfachschule für Altenpflege der Berufsfachschule für Altenpflege der Heimerer gGmbH, München, wird mit Wirkung vom 01.09.2003 die Eigenschaft einer staatlich anerkannten Ersatzschule verliehen.

Wiederholung – Vertiefung

1. In Deutschland gewährt der Staat einen schulischen Pluralismus, setzt ihm aber auch rechtliche Schranken. Belegen Sie diese Aussage mit entsprechenden Vorschriften aus dem Grundgesetz und dem BayEUG.
2. Worin unterscheiden sich Privatschulen in ihrem Unterrichtsangebot von öffentlichen Schulen? Zitieren Sie aus dem Gesetz.
3. Wie finanzieren sich Ersatzschulen?
4. Welcher Typ von Privatschulen kann einen mittleren Schulabschluss verleihen? Begründen Sie Ihre Antwort.

6 Der mittlere Schulabschluss

```
Berufsschule A-berg
Klasse: In10B                                          Stand:     17.11.2016
Klassenleitung: StR Huber                              Schuljahr: 2015/16
==============================================================================
|Nr.|Schüler           |Geschlecht|Geburtsdatum|Staatsangehörigkeit|Vorbildung schulisch  |
==============================================================================
|  1|Bamm Sabrina      |W         |19.04.1999  |D                  |Mq                    |
|  2|Juckel Jennifer   |W         |08.02.1999  |D                  |M                     |
|  3|Blöcke Sebastian  |M         |20.05.1999  |D                  |M                     |
|  4|Eggstum Melina    |W         |14.07.1998  |D                  |M                     |
|  5|Ense Dominikus    |M         |11.06.1996  |D                  |AH                    |
|  6|Fuches Andrea     |W         |23.05.2000  |D                  |M                     |
|  7|Gaul Sabrina      |W         |06.02.1996  |D                  |M                     |
|  8|Ganitzei Julie    |W         |28.05.2000  |D                  |Mq                    |
|  9|Hämmel Katja      |W         |09.09.1999  |D                  |M                     |
```

Auszug aus einer fiktiven Klassenliste

Das Staatsministerium für Unterricht und Kultus nennt in einer einschlägigen Bekanntmachung über vierzig Möglichkeiten zum Erwerb der »Mittleren Reife«. Neun Möglichkeiten zum Nachweis des mittleren Bildungsabschlusses enthält Art. 25 BayEUG. Dieser Abschluss stellt auch eine Aufnahmebedingung für mehrere weiterführende berufliche Schulen dar: »Die Fachoberschule baut auf einem mittleren Schulabschluss auf« (Art. 16 Abs. 2 Satz 1 BayEUG). Weiterhin bezieht sich die Berufsschulpflicht auf diesen Abschluss: »Vom Besuch der Berufsschule befreit ist, wer ... den mittleren Schulabschluss erreicht hat«[1] (Art. 39 Abs. 3 Satz 1 Nr. 5 BayEUG).

6.1 Der mittlere Schulabschluss an allgemein bildenden Schulen

Das Abschlusszeugnis einer Realschule stellt den Standardfall dar, wie die »Mittlere Reife« erworben werden kann. Die Realschüler müssen eine Abschlussprüfung ablegen. Die Abendrealschule ist eine Schule, die Berufstätige im dreijährigen Abendunterricht zum Realschulabschluss führt. Der mittlere Schulabschluss wird auch durch die Erlaubnis zum Vorrücken in die Jahrgangsstufe 11 eines Gymnasiums erworben. Man spricht von der Oberstufenreife, die ohne Prüfung den mittleren Schulabschluss vermittelt. Die Mittelschule ermöglicht über die »Mittlere-Reife-Klassen« und dem »qualifizierten beruflichen Bildungsabschluss«[2] einen mittleren Schulabschluss:

- Für besonders leistungsstarke Schülerinnen und Schüler werden ab der Jahrgangsstufe 7 Mittlere-Reife-Klassen angeboten. In der Jahrgangsstufe 10 führt die Mittlere-Reife-Klasse zum mittleren Schulabschluss (Art. 7a Abs. 2 Satz 1 BayEUG).
- Die Mittelschule stellt auf Antrag das Zeugnis über den qualifizierten beruflichen Bildungsabschluss aus, wenn der qualifizierende Mittelschulabschluss, ausreichende Kenntnisse in Englisch, die dem Leistungsstand eines fünfjährigen Unterrichts entspre-

---

1 Beachte: Diese Befreiung von der Berufsschulpflicht gilt jedoch nicht, wenn ein Ausbildungsverhältnis vorliegt und der Schüler das 21. Lebensjahr zum Schuljahresbeginn noch nicht erreicht hat.
2 Umgangssprachlich »Quabi« genannt

chen, sowie ein Berufsabschluss mit einem Notendurchschnitt von mindestens 3,0 im Abschlusszeugnis nachgewiesen werden. (Art. 7a Abs. 5 BayEUG).

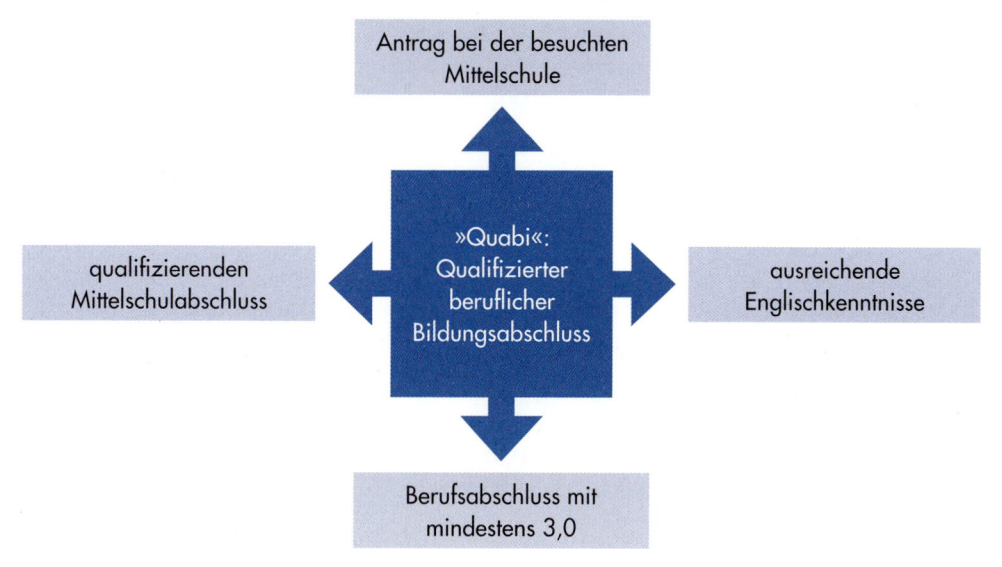

Diagramm »Quabi«: Qualifizierter beruflicher Bildungsabschluss
- Antrag bei der besuchten Mittelschule
- qualifizierenden Mittelschulabschluss
- ausreichende Englischkenntnisse
- Berufsabschluss mit mindestens 3,0

6.2 Der mittlere Schulabschluss an beruflichen Schulen

Art. 25 BayEUG als die grundsätzliche Rechtsvorschrift zum mittleren Schulabschluss spiegelt auch die Vielzahl der beruflichen Schulen wider.

Die Wirtschaftsschule, die den Berufsfachschulen zugeordnet wird, vermittelt durch ihr Abschlusszeugnis die »Mittlere Reife«.

Schüler einer Fachschule erwerben mit ihrer erfolgreichen Abschlussprüfung die Fachschulreife. Sie schließt den mittleren Schulabschluss ein.

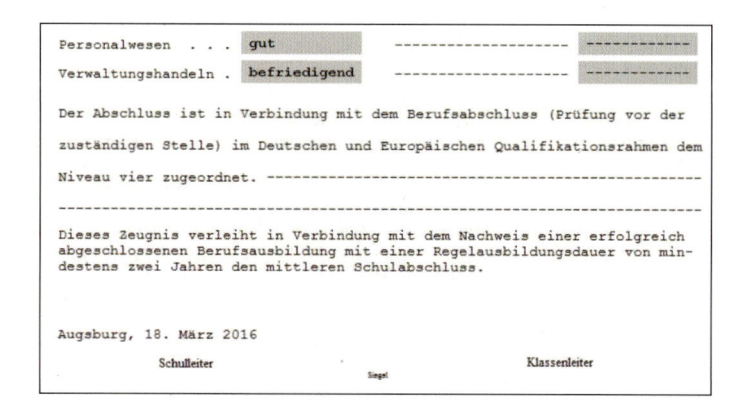

```
Personalwesen    ...   gut              ------------   ---------
Verwaltungshandeln .   befriedigend     ------------   ---------

Der Abschluss ist in Verbindung mit dem Berufsabschluss (Prüfung vor der
zuständigen Stelle) im Deutschen und Europäischen Qualifikationsrahmen dem
Niveau vier zugeordnet. ---------------------------------------------
------------------------------------------------------------------
Dieses Zeugnis verleiht in Verbindung mit dem Nachweis einer erfolgreich
abgeschlossenen Berufsausbildung mit einer Regelausbildungsdauer von min-
destens zwei Jahren den mittleren Schulabschluss.

Augsburg, 18. März 2016
              Schulleiter                         Klassenleiter
                              Siegel
```

Als Konsequenz aus der Gleichrangigkeit (Art. 6 Abs. 1 BayEUG) der allgemein bildenden Schulen und der beruflichen Schulen wurde der mittlere Schulabschluss der Berufsschulen entwickelt. Mit dem erfolgreichen Berufsschulabschluss wird auch der mittlere Schulabschluss verliehen, wenn nachfolgende Bedingungen erfüllt sind (Art. 11 Abs. 2 Satz 2 BayEUG):

Diagramm

- 3,0 Notendurchschnitt im Abschlusszeugnis
- mittlerer Schulabschluss der Berufsschule
- ausreichende Englischkenntnisse
- abgeschlossene Berufsausbildung

Die Berufsschulordnung erläutert, wie ausreichende Englischkenntnisse[1] nachgewiesen werden können. Dies erfolgt unter anderem durch die Note »ausreichend« in

- einem Abschlusszeugnis der Mittelschule,
- einem Jahreszeugnis der Jahrgangsstufe 9 oder 10 eines Gymnasiums, einer Realschule, einer Wirtschaftsschule,
- einem Abschlusszeugnis einer Berufsschule,
- einem Englisch-Zertifikat, das das Staatsministerium anerkannt hat.

Die Durchschnittsnote 3,0 im Abschlusszeugnis der Berufsschule setzt sich aus allen Pflichtfächern mit Ausnahme des Fachs Sport zusammen (Art. 18 Abs. 1, 2 BSO). Der mittlere Schulabschluss der Berufsschule muss nicht beantragt werden, er wird von Amts wegen erteilt.

Auch die Berufsfachschule (BFS) ermöglicht es, einen mittleren Schulabschluss zu erwerben. Die Voraussetzungen ähneln dem mittleren Schulabschluss der Berufsschule. Die Anforderungen für die Sprachenkenntnisse sind identisch.

Die Vielfalt an mittleren Schulabschlüssen der beruflichen Schulen hat unterschiedliche Kentnisse der Schüler zur Folge. Da Schüler mit Berufsausbildung grundsätzlich in der Beruflichen Oberschule nur die Berufsoberschule besuchen können, wurde für Schüler mit mittlerem Schulabschluss aus der Berufsschule, der Berufsfachschule, der Mittelschule und auch zum Teil aus der Wirtschaftsschule die Vorklasse an der Berufsoberschule eingerichtet. Sie stellt ein Brückenangebot für Schüler mit aktuellen Leistungsdefiziten dar.

Diagramm

- Notendurchschnitt von 3,0
- mittlerer Schulabschluss der Berufsfachschule
- ausreichende Englischkenntnisse
- zweijährige Berufsfachschule, die zu einer abgeschlossenen Berufsausbildung führt

---

[1] Statt der Fremdsprache Englisch kann in Fällen besonderer Härte eine andere moderne Fremdsprache ausreichen.

Die Vorklasse schafft darüber hinaus ein weiteres Angebot zum Erwerb des mittleren Schulabschusses. Schüler mit abgeschlossener Berufsausbildung können auch ohne einen mittleren Schulabschluss in die Vorklasse aufgenommen werden, wenn sie eine Aufnahmeprüfung in Mathematik, Deutsch und Englisch mit einem Durchschnitt von 3,7 bestehen. Das Jahreszeugnis der Vorklasse vermittelt dann diesen Schülern den mittleren Schulabschluss[1].

> ### Wiederholung – Vertiefung
>
> 1. Kann in den nachfolgenden Fällen ein mittlerer Schulabschluss verliehen werden?
>   a) Ein Berufsschüler erhält nach seiner dreijährigen Ausbildung das Abschlusszeugnis seiner Berufsschule. Als Notendurchschnitt wird 2,9 ausgewiesen. Im Fach Englisch hat der Schüler die Note »gut«. Die Abschlussprüfung vor der IHK als zuständige Stelle besteht der Schüler nur mit Mühe.
>   b) Fallvariation: Der Schüler hat den qualifizierenden Mittelschulabschluss und im Abschlusszeugnis der Berufsschule einen Notendurchschnitt von 3,3. Die Abschlussprüfung vor der IHK besteht er mit 3,0.
> 2. Recherchieren Sie unter *www.statistik.bayern.de* die Verteilung der mittleren Schulabschlüsse auf die einzelnen Schularten.
> 3. Welche berufliche Schulart vermittelt evtl. einen mittleren Schulabschluss und verlangt ihn als Aufnahmebedingung?
> 4. Welche Bedeutung haben die Abkürzungen zur Vorbildung der Schüler in der Klassenliste (S. 47)?
> 5. An welcher beruflichen Schule können die Schüler die Allgemeine Hochschulreife erwerben?

---

[1] Es muss in jedem Fach mindestens die Note 4 vorliegen. Notenausgleich ist möglich.

7 Schulsprengel und Gastschulverhältnisse

> **Anmeldung Grundschule**
>
> **Zuständige Schule**
> (Name der Schule)
>
> Alle Kinder müssen ihre Schulpflicht in der Grundschule erfüllen, in deren Schulsprengel sie ihren gewöhnlichen Aufenthalt haben (Art. 42 BayEUG), sofern sie nicht eine staatlich anerkannte bzw. staatlich genehmigte private Grundschule besuchen wollen. In dieser zuständigen Grundschule muss auch die Schulanmeldung erfolgen. Die Schulleitungen erteilen Auskünfte über die Schulsprengel und alle anderen schulischen Belange.
>
> http://www.muenchen.de/rathaus/Stadtverwaltung/Referat-fuer-Bildung-undSport/Schuleinschreibung/Grundschule.html

Zum Zwecke der Bildungsplanung im öffentlichen Schulwesen ist es notwendig, dass in den Pflichtschulen die Schülerpopulation gesteuert wird. Das bedeutet auf der Individualebene, dass die Schulpflicht an einer festgelegten Schule abgeleistet werden muss. Die Freiheit der Schulwahl wie etwa bei Gymnasien oder Realschulen besteht nicht, die Möglichkeit, eine Privatschule zu besuchen, wird nicht eingeschränkt.

7.1 Schulsprengel

Ein Schulsprengel ist ein räumlich abgegrenztes Gebiet, in dem die Schüler der Pflichtschulen einer bestimmten Grund-, Mittel- oder Berufsschule (Sprengelschulen) zugewiesen sind. Die Schulsprengel dieser Schultypen sind nicht identisch. Schulsprengel hängen in ihrer Größe von der Bevölkerungsdichte ab. Das Staatsgebiet des Freistaates Bayern ist in Sprengel aufgeteilt.

> **Verordnung
> zur Sprengeländerung von Grundschulen in den Gemeinden Wasserburg (Bodensee) und Nonnenhorn sowie Änderung von Schulbezeichnungen**
>
> Vom 24. Juni 2011
>
> Auf Grund des Art. 26 Abs. 1 in Verbindung mit Art. 29 und Art. 32 Abs. 6 des Bayerischen Gesetzes über das Erziehungs- und Unterrichtswesen (BayEUG) in der Fassung der Bekanntmachung vom 31. Mai 2000 (GVBl S. 414, ber. S. 632), zuletzt geändert durch Gesetz vom 23. Juli 2010 (GVBl S. 334), erlässt die Regierung von Schwaben folgende Verordnung:

Schulsprengel werden von der Regierung festgelegt und können geändert werden. Sind mehrere Regierungsbezirke betroffen, entscheiden die jeweiligen Regierungen einvernehmlich. Weil sich mit einer Sprengelfestlegung bzw. -änderung gravierende Konsequenzen für die betroffenen Schüler und die Gemeinden bzw. Landkreisen als Schulaufwandsträger ergeben können, ist das Benehmen mit den betroffenen Kommunen und der Elternvertretung[1] herzustellen. Die Entscheidung der Regierung erfolgt durch eine Rechtsverordnung, die einer verwaltungsgerichtlichen Überprüfung unterliegen kann.

Wird eine Sprengelschule aufgelöst, ändert sich zwangsläufig der Schulsprengel der benachbarten Sprengelschulen.

Der Schulsprengel bzw. der Sitz der Sprengelschule haben Auswirkungen bei der Auswahl für weiterführende Schulen. So könnten sich Erziehungsberechtigte bei einer Entscheidung

---

[1] Dies ist in der Grund- und Mittelschule der Elternbeirat, in Berufsschulen der Berufsschulbeirat.

über den Besuch einer Wirtschaftsschule oder des Mittlere Reife-Zuges in der Mittelschule vom Standort der Pflichtschule (hier die Mittelschule) leiten lassen.

7.2 Schulsprengel für Grund- und Mittelschulen

> **Art. 32 BayEUG**
>
> (3) Eine Grundschule kann entweder für eine Gemeinde allein (Gemeindeschule) oder für mehrere Gemeinden, Gemeindeteile und gemeindefreie Gebiete gemeinsam (Verbandsschule) errichtet werden. ...

Mit dieser Regelung ist zugleich ein Hinweis für den Schulsprengel der jeweiligen Grundschule gegeben. Bei einer Gemeindeschule geht der Schulsprengel nicht über das Gebiet der betreffenden Gemeinde hinaus; es muss sich aber nicht auf das ganze Gebiet der Gemeinde erstrecken. Dies liegt in größeren Gemeinden vor.

Die Schüler einer Grund- oder Mittelschule erfüllen ihre Schulpflicht mit dem Besuch jener Schule, in deren Schulsprengel die Schüler ihren gewöhnlichen Aufenthalt haben (Art. 42 Abs. 1 BayEUG). Das ist jener Ort, von dem aus tatsächlich und in der Regel die Schule besucht wird. So könnte eine Grundschülerin am Wohnsitz ihrer Eltern gemeldet sein und unter der Woche die Schule vom Wohnsitz ihrer Großmutter aus aufsuchen. Dies könnte Auswirkungen auf die zuständige Sprengelschule haben.

7.3 Schulsprengel für Berufsschulen (Art. 34 Abs. 2, 42 Abs. 3-6 BayEUG)

Der Schulsprengel von Berufsschulen ist zumeist größer als der Schulsprengel der Grundschulen. Maßgeblich ist für Berufsschüler, die in einem Beschäftigungsverhältnis stehen, der Beschäftigungsort. Das Ausbildungsverhältnis gilt hier als Sonderfall eines Beschäftigungsverhältnisses. Liegt ein solches nicht vor, ist der Ort des gewöhnlichen Aufenthalts für die Erfüllung der Berufsschulpflicht ausschlaggebend. Für berufsschulberechtigte Personen gelten dieselben Regelungen.

Der Schulsprengel kann sich in der Berufsschule in den einzelnen Jahrgangsstufen unterscheiden. So können Auszubildende in der 10. Jahrgangsstufe (z. B. im Berufsgrundbildungsjahr) an einer anderen Berufsschule den Unterricht besuchen müssen als dies dann in den Jahrgangsstufen 11 und 12 der Fall ist.

Jede Berufsschule hat einen Grundsprengel. Er ist das Gebiet der Aufwandsträger (Schulaufwandsträger). Das sind die kreisfreien Gemeinden oder die Landkreise, die den Schulsprengel bilden (Art. 8 Abs. 1 Satz 2 Nr. 2 BaySchFG). Der Grundsprengel ist für die örtliche Erfüllung der Berufsschulpflicht maßgebend und gilt für Berufsschulpflichtige, die keinen Ausbildungsberuf erlernen.

Jede Berufsschule hat häufig zugleich einen oder mehrere Fachsprengel. Er geht zumeist über das Gebiet des Aufwandsträgers hinaus und wird gebildet, damit Fachklassen für die einzelnen Ausbildungsberufe entstehen können.

> **Beispiel:**
>
> Die Stadt Kempten als kreisfreie Gemeinde ist auch Schulaufwandsträger für drei Berufsschulen. Jugendliche ohne Ausbildungsplatz mit Wohnort oder Beschäftigungsort im Gemeindegebiet von Kempten (Grundsprengel) erfüllen ihre Berufsschulpflicht un-

ter anderem in der Berufsschule III, Kempten. Diese Berufsschule ist darüber hinaus noch zuständig für den Ausbildungsberuf Gärtner mit dem Fachsprengel: Stadt Kempten, Stadt Memmingen, Stadt Kaufbeuren, Landkreise Lindau, Oberallgäu, Ostallgäu, Unterallgäu und einzelne Gemeinden aus dem Landkreis Neu-Ulm.

Die Sprengel staatlicher Berufsschulen werden im Benehmen mit dem Schulaufwandsträger gebildet. Bei kommunalen Berufsschulen, die den Schulaufwand und Personalaufwand tragen, muss die Sprengelbildung einvernehmlich erfolgen.

Das Bemühen Synergieeffekte auszunutzen und bildungsökonomische Gründe haben dazu geführt, dass sich viele Berufsschulen über große Fachsprengel spezialisieren konnten. Es entstanden so genannte Kompetenzzentren. Wenn ein Fachsprengel das ganze Gebiet des Freistaates Bayern umfasst, spricht man von einem Landesfachsprengel, analog gibt es Bundesfachsprengel.

Kompetenzzentrum Kaufmännische Berufsschule 4 Nürnberg	**Vollzug des Bayerischen Gesetzes über das Erziehungs- und Unterrichtswesen (BayEUG);** **Verordnung über die Errichtung von Landesfachsprengeln an der Staatlichen Berufsschule Lindau (Bodensee)** Bekanntmachung der Regierung von Schwaben vom 26. Mai 2011 (RABl Schw. 2011 S. 136)

Da sich Fachsprengel über das Gebiet des Schulaufwandsträgers erstrecken, entsteht ein zusätzlicher Sachaufwand (z. B. durch die Bereitstellung der Schulanlage), der sich durch den Unterricht für Schüler ergibt, die ihren Ausbildungsort nicht im Gebiet des Schulaufwandsträgers haben. Hierfür kann von den originär zuständigen Landkreisen oder kreisfreien Städte anteilig ein Kostenausgleich verlangt werden.

> **Beispiel:**
>
> Im obigen Fall trägt die Stadt Kempten zunächst den gesamten Sachaufwand. Für jene Schüler, die ihren Ausbildungsort nicht im Gebiet der Stadt Kempten haben, kann die Stadt Kempten von den jeweiligen Landkreisen und kreisfreien Städte anteilig einen Kostenausgleich beanspruchen.

Die Bildung großer Fachsprengel hat Konsequenzen für die Organisationsform des Unterrichts an der Berufsschule. Es wird Blockunterricht erteilt und die Schüler übernachten z. B. in Schülerheimen am Ort der Berufsschule, weil die tägliche Rückkehr nach Hause nicht zugemutet werden kann.

> **Art. 10 Abs. 8 BaySchFG**
>
> Sind Berufsschülerinnen und Berufsschüler während des Besuchs einer Berufsschule, an der für sie ein Fachsprengel gebildet ist, notwendig auswärtig untergebracht, so werden ihnen die Kosten für Unterkunft und Verpflegung abzüglich eines angemessenen Eigenanteils an den Kosten für die Verpflegung ersetzt. Der Staat gewährt zu den Kosten für Unterkunft und Verpflegung einen pauschalen Zuschuss bis zur Höhe von 15 € je Unterbringungstag abzüglich des Eigenanteils; die im Einzelfall nicht gedeckten Restkosten übernimmt der für die besuchte Berufsschule zuständige Aufwandsträger. ...

7.4 Schulsprengel für weiterführende Schulen

Für Schulen, die nicht Pflichtschulen sind, also weiterführende allgemeinbildende und berufliche Schulen, gibt es keine Sprengelregelung. Die Erziehungsberechtigten und die volljährigen Schüler haben das Recht, Schulart, Ausbildungsrichtung und Fachrichtung zu wählen. Für die Aufnahme sind Eignung und Leistung des Schülers maßgebend. Ein Rechtsanspruch besteht nicht (Art. 44 Abs. 1 und 3 BayEUG). Steuerungscharakter hat die kostenfreie Beförderungspflicht. Sie gilt nur beim Besuch der nächstgelegenen Schule der gewählten Schulart, Ausbildungs- und Fachrichtung, die mit dem geringsten Beförderungsaufwand erreichbar ist (§ 2 Schülerbeförderungsverordnung).

7.5 Gastschulverhältnisse (Art. 43 BayEUG)

Verschiedentlich kann der vorgegebene Besuch der Pflichtschule im Schulsprengel des Schülers einen persönlichen Nachteil ergeben. Der Besuch einer anderen Pflichtschule wäre für den Schüler vorteilhafter. Die Erziehungsberechtigten oder der volljährige Schüler können ein so genanntes Gastschulverhältnis beantragen. Die Gründe für die Genehmigung eines Gastschulverhältnisses müssen bei Grund- und Mittelschulen »zwingend« sein, bei Berufsschulen »wichtig«. Schließlich hat der Staat ein öffentliches Interesse daran, dass seine Bildungsplanung gewahrt wird.

Bei Grund- und Mittelschulen trifft die abgebende Gemeinde im Einvernehmen mit dem aufnehmenden Schulaufwandsträger und nach Anhörung der betroffenen Schulen die letztendliche Entscheidung. Zwingende Gründe können in der Person des Kindes und der Erziehungsberechtigten liegen. Dies läge zum Beispiel vor, wenn sie nicht in der Lage sind, ihr Kind in der unterrichtsfreien Zeit zu beaufsichtigen, aber im Sprengel der aufnehmenden Schule eine Betreuungsmöglichkeit (z. B. Verwandte) gegeben ist. Die Genehmigung eines Gastschulverhältnisses ist widerruflich, wenn die Voraussetzungen nicht mehr vorliegen.

> **Beispiele:**
>
> Mirjam besucht die 2. Jahrgangsstufe der Grundschule. Nach dem Unterricht ist sie allein zu Hause, da ihre Eltern in dieser Zeit berufstätig sind. In der Nachbargemeinde mit eigener Gemeindeschule gibt es ein Tagesheim, in dem Schüler betreut werden. Mirjams Eltern können mit guten Chancen ein Gastschulverhältnis für die Nachbargemeinde beantragen.
>
> Ein Berufsschüler benötigt für die An- und Rückfahrt zur Sprengelschule seines Fachsprengels jeweils zwei Stunden. Zum Besuch der alternativen Berufsschule des benachbarten Fachsprengels würden sich die Fahrtzeiten erheblich verringern. Der Berufsschüler hat gute Chancen, dass ihm ein Gastschulverhältnis gewährt wird.

Für die Genehmigung eines Gastschulverhältnisses sind in der Berufsschule wichtige Gründe nötig. Verkehrstechnische Gründe oder auch das besondere Interesse des Schülers am Unterrichtsangebot der Schule sind z. B. Kriterien. Auch die Berücksichtigung von betrieblichen Belangen soll ein Kriterium bei der Entscheidung über ein Gastschulverhältnis sein.[1]

---

1 Vgl. Kiesl/Stahl, Das Schulrecht in Bayern, 2001, BayEUG-Kommentar, Randnummer 11.43

Am Genehmigungsverfahren sind in der Regel vier Behörden beteiligt.

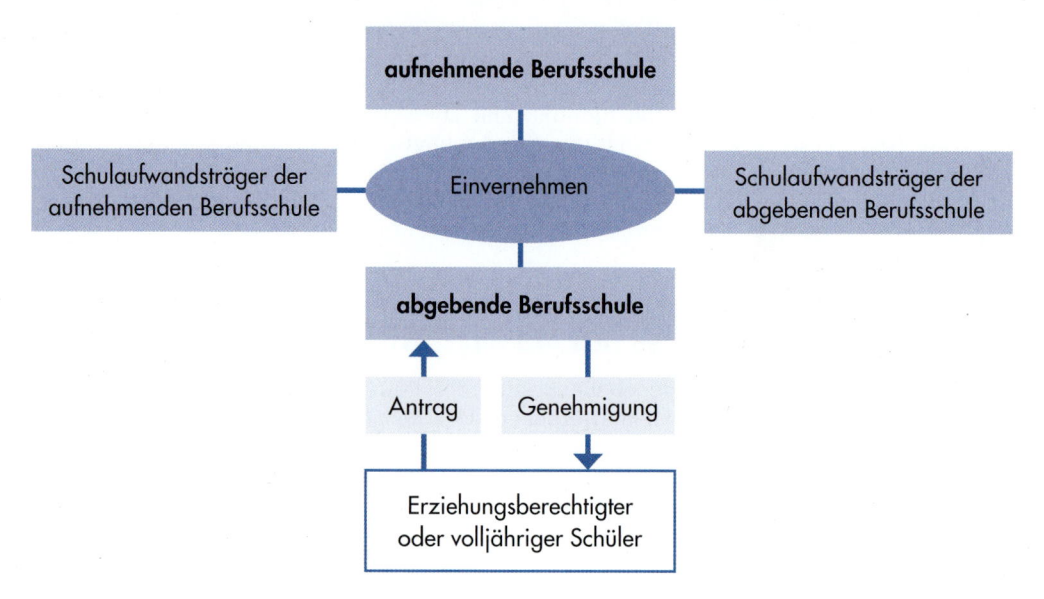

```
                    aufnehmende Berufsschule
                              │
Schulaufwandsträger der ── Einvernehmen ── Schulaufwandsträger der
aufnehmenden Berufsschule                   abgebenden Berufsschule
                              │
                    abgebende Berufsschule
                         ↑         ↓
                      Antrag   Genehmigung
                         │         ↓
                    Erziehungsberechtigter
                    oder volljähriger Schüler
```

Sollte kein Einvernehmen (Zustimmung) hergestellt werden können, trifft die zuständige Regierung die Entscheidung.

Der Aufwandsträger der aufnehmenden Berufsschule kann für deren Gastschüler einen anteiligen Kostenersatz für den Schulaufwand vom Aufwandsträger der abgebenden Berufsschule verlangen (Art. 10 Abs. 1 SchFG).

Gastschulverhältnisse entstehen nicht nur auf Antrag, sondern auch von Amts wegen. Die Schulbehörde kann zur Bildung von (gleich starken) Klassen Schüler anderen Pflichtschulen zuweisen.

Wiederholung – Vertiefung

1. Welche bildungspolitische Intention sehen Sie in der Regelung, dass alle Kinder zunächst die Grundschule ihres Schulsprengels besuchen müssen?
2. Dominik wohnt von montags bis freitags bei seiner Großmutter. Seinen Wohnsitz hat er bei seinen Eltern im Nachbardorf. Welche Grundschule muss Dominik besuchen?
3. In welcher Schulart gibt es keine Gastschulverhältnisse?
4. Welchen Zusammenhang sehen Sie zwischen der demographischen Entwicklung und der Größe von Schulsprengeln?
5. Warum hat eine Berufsschule zumeist mehrere Sprengel?
6. Worin liegt der Unterschied zwischen Kostenersatz und Kostenausgleich?
7. Finden Sie eine Kurzbezeichnung für jene Schüler einer Berufsschule, deren Beschäftigungsort nicht im Sprengel dieser Berufsschule liegen.
8. Warum kann sich die Größe des Fachsprengels als Kriterium für die Berufswahl ergeben?
9. Für welche Schüler einer Fachklasse der Berufsschule kann der Schulaufwandsträger anteilig keinen Sachaufwand umlegen?

8 Organisationsformen des Unterrichts

Abschlussklasse einer Volksschule im Jahr 1927

Nicht nur die Klassengröße hat sich in der Schulgeschichte radikal verändert: Unterrichtsmethoden, die Stellung der Lehrkraft und die tägliche Verweilzeit der Schüler in der Schule unterliegen einem Wandel.

8.1 Unterricht an den allgemein bildenden Schulen

Der Unterricht an allgemein bildenden Schulen wird in Bayern als Vollzeitunterricht erteilt: Er wird an Grund-, Mittel- und Realschulen an fünf Wochentagen, in der Regel am Vormittag, durchgeführt. An Abendrealschulen und Abendgymnasien erfolgt der Unterricht in der Form des Abendunterrichts. In der Abschlussklasse kann Tagesunterricht erteilt werden.

Die Schüler erhalten in allgemein bildenden Schulen den Pflichtunterricht in Klassen. Im Gymnasium sind in den Jahrgangsstufen 11 und 12 Kurse vorgesehen.

Unterricht der Zukunft wird durch die Organisation des Fernunterrichts für Kranke angedeutet:

> **Art. 23 Abs. 3 BayEUG**
>
> Beim Unterricht ... sollen im Rahmen der verfügbaren Mittel die Möglichkeiten der modernen Datenkommunikation genutzt werden; der Unterricht kann ganz oder teilweise in Form des durch Datenkommunikation unterstützten Fernunterrichts (virtueller Unterricht) erfolgen.

8.1.1 Exkurs: Die Ganztagsschule

Eine obligatorische Ganztagsschule ist in Bayern gesetzlich nicht vorgesehen. Ein flächendeckender und bedarfsorientierter Ausbau wird vorangetrieben. Es gibt zwei Formen von Ganztagsschulen in Bayern:

▶ **Gebundene Ganztagsschulen**

»Ein gebundenes Ganztagsangebot setzt voraus, dass an mindestens vier Wochentagen ein ganztägiges Bildungs- und Betreuungsangebot mit einem durchgehend strukturierten Aufenthalt an der Schule von täglich mehr als sieben Zeitstunden bereit gestellt wird, das für die Schülerinnen und Schüler an allen vier Wochentagen verpflichtend ist, dass die vormittäglichen und nachmittäglichen Aktivitäten der Schülerinnen und Schüler in einem konzeptionellen Zusammenhang stehen, dass der Unterricht in einer eigenen Ganztagsklasse in rhythmisierter Form erteilt wird und dass das Bildungs- und Betreuungsangebot unter der Aufsicht und Verantwortung der Schulleitung organisiert und durchgeführt wird«[1].

▶ **Offene Ganztagsschulen**

»Eine offene Ganztagsschule ... setzt voraus, dass an mindestens vier Wochentagen ein ganztägiges Angebot für die Schülerinnen und Schüler bereit gestellt wird, das wöchentlich mindestens zwölf Stunden umfasst, dass an allen Tagen des Ganztagsschulbetriebes für die teilnehmenden Schülerinnen und Schülern ein Mittagessen bereit gestellt wird ... und in einem konzeptionellen Zusammenhang mit dem Unterricht stehen.«[2]

8.2 Unterricht an beruflichen Schulen

8.2.1 Weiterführende berufliche Schulen

In der Beruflichen Oberschule kann Unterricht in vielfältiger Form stattfinden:

- Vollzeitunterricht: in der Regel in der Berufsoberschule und in der Fachoberschule sowie in der jeweiligen Vorklasse,
- Teilzeitunterricht: evtl. in der Beruflichen Oberschule, im Vorkurs,
- Fachpraktische Ausbildung in Blockform: in der Fachoberschule.

Die Wirtschaftsschule kennt nur den Vollzeitunterricht. In der Fachakademie, der Fachschule und der Berufsfachschule kann der Unterricht in Vollzeit- oder in Teilzeitform erteilt werden. Praktikumsphasen sind in der Fachakademie und Berufsfachschule vorgesehen.

8.2.2 Die Berufsschule

Der Organisationsform des Unterrichts an der Berufsschule ist geprägt durch die Konstruktion des Dualen Ausbildungssystems.

> **§ 5 BSO**
>
> (1) Der Unterricht in der Berufsschule wird als Teilzeitunterricht erteilt. Im Berufsgrundschuljahr wird er, im Berufsvorbereitungsjahr kann er als Vollzeitunterricht erteilt werden.
>
> (2) Teilzeitunterricht wird entweder als Unterricht an einzelnen Wochentagen oder als Blockunterricht erteilt ...

---

1 KMBek Gebundene Ganztagsangebote an Schulen vom 08.07.2013
2 KMBek Offene Ganztagsschule an Schulen vom 08.07.2013

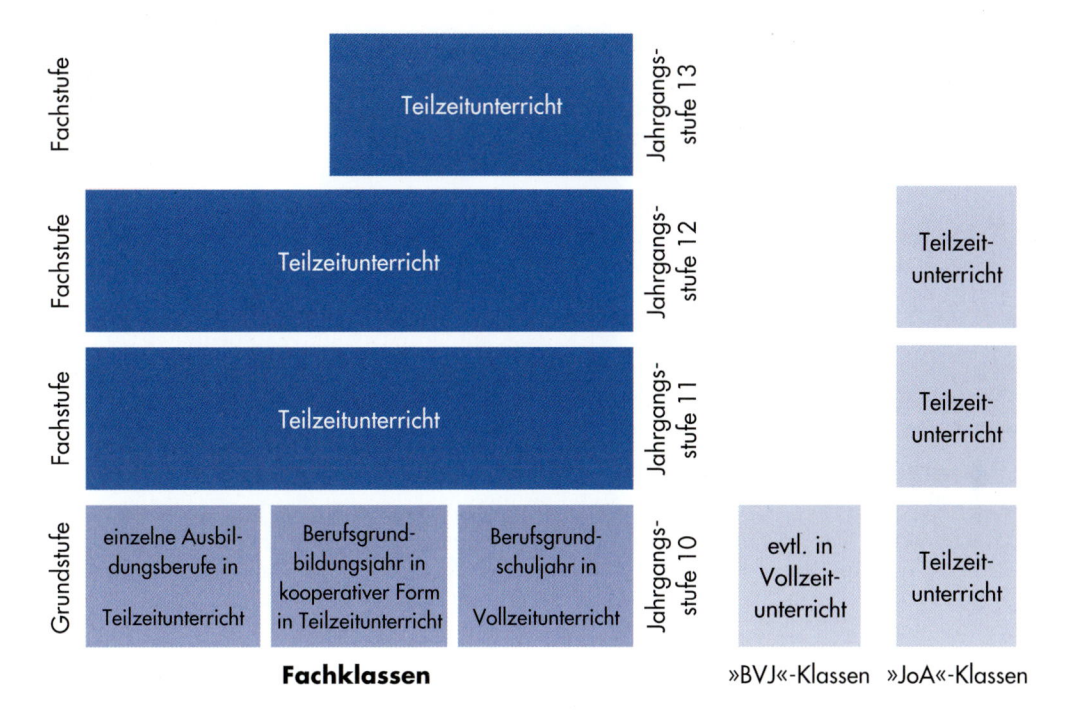

Berufsschule: Organisationsformen des Unterrichts – Klassen – Stufen

Fachstufe		Teilzeitunterricht		**Jahrgangsstufe 13**		
Fachstufe		Teilzeitunterricht		**Jahrgangsstufe 12**		Teilzeitunterricht
Fachstufe		Teilzeitunterricht		**Jahrgangsstufe 11**		Teilzeitunterricht
Grundstufe	einzelne Ausbildungsberufe in Teilzeitunterricht	Berufsgrundbildungsjahr in kooperativer Form in Teilzeitunterricht	Berufsgrundschuljahr in Vollzeitunterricht	**Jahrgangsstufe 10**	evtl. in Vollzeitunterricht	Teilzeitunterricht
	Fachklassen				»BVJ«-Klassen	»JoA«-Klassen

Der Unterricht im Berufsgrundschuljahr und im Berufsgrundbildungsjahr findet für Ausbildungsberufe eines bestimmten Berufsfeldes statt. In den Klassen befinden sich Schüler unterschiedlicher, aber verwandter Ausbildungsberufe. In der Organisationsform des Unterrichts unterscheiden sich diese Formen der Grundstufe. Schüler im Berufsgrundbildungsjahr verbringen den Schwerpunkt ihrer Ausbildungszeit im Ausbildungsbetrieb, daher liegt eine kooperative Form vor. Schüler im Berufsgrundschuljahr haben Vollzeitunterricht. Es gibt Ausbildungsberufe, die keinem Berufsfeld zugeordnet wurden. In diesen Fachklassen finden sich nur Auszubildende eines bestimmten Ausbildungsberufes.

> **Beispiele:**
>
> Im Berufsgrundschuljahr der Berufsgruppe »BGJ Bau-Holz« erfolgt Unterricht für die Ausbildungsberufe Zimmerer, Holztechniker. Im Berufsgrundbildungsjahr für die Grundstufe »Gastronomie« könnten unter anderem Auszubildende zur Fachkraft im Gastgewerbe, zur Hotelfachfrau bzw. zum Hotelfachmann unterrichtet werden. Der Ausbildungsberuf »Verwaltungsfachangestellte(r)« ist keinem Berufsfeld zugeordnet. In der Grundstufe dieser Fachklasse befinden sich nur Schüler dieses Ausbildungsberufs.

Das Berufsvorbereitungsjahr (BVJ) soll Berufsschulpflichtige ohne Ausbildungsverhältnis für eine Berufsausbildung oder für den Eintritt in das Berufsleben befähigen. Der Unterricht soll von betrieblichen Praktika begleitet werden (§ 5 Abs. 3 BSO). Aus diesem Grund ergibt sich nicht in jedem Fall der Vollzeitunterricht. Schüler des BVJ haben häufig keinen Mittelschulabschluss.

Schüler, die bereits einen Mittelschulabschluss erworben haben und eine feste Berufsvorstellung haben, können das Berufseinstiegsjahr (BEJ) besuchen.

Das Berufsintegrationsjahr (BIJ) bereitet ebenfalls auf eine Berufsausbildung vor und bietet darüber hinaus noch eine intensive Förderung im Fach Deutsch. Berufsschulpflichtige Asylbewerber und Flüchtlinge werden in Berufsintegrationsklassen (BI-Klassen) beschult.

Für berufsschulpflichtige Jugendliche, die sich nicht in einem Ausbildungsverhältnis befinden und gegebenenfalls einer Erwerbsarbeit nachgehen oder im elterlichen Betrieb mitarbeiten, gibt es an Berufsschulen spezielle Klassen für Jugendliche ohne Ausbildungsplatz (JoA-Klassen).

D. Claus: Herr Kammerer, Sie unterrichten in der Berufsschule V in Augsburg in einer so genannten Flüchtlingsklasse das Fach Mathematik im Rahmen des Förderunterrichts. Worin liegt der Unterschied zu einer gewöhnlichen Berufsschulklasse?

J. Kammerer: Wir Lehrkräfte müssen teilweise auf Grundschulniveau beginnen. Auch stellt sich immer wieder das Problem der sprachlichen Missverständnisse. Gerade in Mathematik müssen die Schüler teilweise einen neuen, spezielleren Wortschatz erlernen.

D. Claus: Welche besonderen unterrichtlichen und erzieherischen Herausforderungen müssen Lehrkräfte in Flüchtlingsklassen bewältigen?

J. Kammerer: Das Ausbilden personaler und sozialer Kompetenzen erweist sich teilweise als schwierig. Einige Schüler in meiner Flüchtlingsklasse haben immer noch Probleme pünktlich zu sein. Das funktioniert meist nur mit entsprechendem Druck von Seiten der Schule.

D. Claus: ... und welche organisatorischen Besonderheiten gibt es in Flüchtlingsklassen?

J. Kammerer: Die Klasse hat sich erst im Laufe des ersten Halbjahres richtig gefunden. Leider sind auch immer wieder Abgänge zu beobachten – sei es durch Krankheit oder Schwangerschaft und leider auch durch Abschiebung.

D. Claus: Welchen Beitrag leistet der Berufsschulbesuch der Flüchtlinge für deren Integration?

J. Kammerer: Ich empfinde die Berufsschule als die Ausgangsbasis für einen erfolgreichen Start in das Berufsleben. Dieser ist eine der wichtigsten Eckpfeiler einer gelingenden Integration. Gerade die eingangs erwähnten personalen Kompetenzen können aus meiner Sicht sehr gut durch Personen vermittelt werden, die einen Zugang zur beruflichen Bildung haben.

Wiederholung – Vertiefung

1. Warum erfolgt der Unterricht an den allgemein bildenden Schulen nicht in Teilzeitform?
2. Warum hat der Gesetzgeber den Unterricht an der Berufsoberschule und an der Fachakademie auch in Teilzeitform vorgesehen?
3. In welcher Organisationsform des Unterrichts haben Berufsschüler zeitweise an fünf Wochentagen Unterricht?
4. Warum hat der Gesetzgeber für Schüler der Berufsoberschule keine fachpraktische Ausbildung bzw. kein Praktikum vorgesehen?
5. Vergleichen Sie BVJ-Klassen mit JoA-Klassen.

9 Die Rechtsstellung des Schülers

Ohne Schule keine Hochzeit (1. Teil)

Es sollte wohl kein Weihnachtsgeschenk an die Landeskinder werden, als Herzog Max VI. Joseph von Bayern am 23. Dezember 1802 die Schulpflicht verordnete. Der Termin war denn auch eher zufällig gewählt. Und viele Eltern und auch Kinder waren damals über dieses Geschenk auch gar nicht erfreut. Dies lässt sich heute noch leicht nachvollziehen. Denn jeder kann sich an schlechte Noten, ungeliebte Lehrer und langweilige Unterrichtsstunden erinnern. Doch die Eltern hatten vor mehr als 200 Jahren, als sie gegen die Schulpflicht wetterten, nicht so sehr das Wohl ihrer Kinder im Auge. In der Zeit, in der die Kinder im Alter von sechs bis zwölf Jahren die Schulbank drückten, fielen sie bei der Arbeit in der Landwirtschaft aus oder konnten nicht zum Geldverdienen in die Fabriken ausschwärmen. Vor allem die armen Bauern jammerten zudem über das Schulgeld, das der Staat von ihnen verlangte. Pro Kind waren im Vierteljahr 24 Kreuzer fällig. Für ein Pfund Butter musste man damals 14 Keuzer hinlegen. Herzog Max VI. Joseph von Bayern erließt die Schulpflicht auch nicht nur aus reiner Menschenfreundlichkeit. Die Schule war schließlich eine hervorragende Möglichkeit ergebene Bürger für den Staat heranzuziehen. Auch wenn sie nicht der erste Anlauf für eine Schulpflicht war, die Verordnung von 1802 ist dennoch etwas Besonderes. Erstmals wurde nicht nur der Schulbesuch geregelt, auch die Lehrerbildung bekommt Kontur, Schulbücher wurden herausgegeben und Schulhäuser werden gebaut. Wie ernst es dem Herzog mit der Schulpflicht war, zeigt, dass das Entlasszeugnis der Schlüssel zum späteren Leben wurde. Er musste vorgelegt werden, wollte einer ein Handwerk betreiben oder ein Haus erwerben. Auch heiraten durfte man nicht ohne diesen Schein.

Augsburger Allgemeine, 23.12.2002

9.1 Die Schulpflicht

Alle Schüler haben die Pflicht, am Unterricht regelmäßig teilzunehmen und die sonstigen verbindlichen Schulveranstaltungen zu besuchen (Art. 56 Abs. 4 Satz 2 BayEUG).

Verbindliche Veranstaltungen sind neben dem Unterricht auch Schülerfahrten. Grundsätzlich ist es also nicht in das Belieben der Eltern gestellt, ob sie ihre Kinder an einer Klassenfahrt teilnehmen lassen wollen (BVerwG, NJW 1986, 1949).

9.2 Beginn, Dauer und Erfüllung der Schulpflicht

Stichtag für den Beginn der Schulpflicht der Kinder in Bayern ist der 30. September. Kinder, die bis zu diesem Tag sechs Jahre alt sind, gelten als schulpflichtig. Wenn zu erwarten ist, dass das an sich schulpflichtige Kind voraussichtlich erst ein Schuljahr später mit Erfolg am Unterricht der Grundschule teilnehmen kann, kann es zurückgestellt werden. Auf Antrag der Erziehungsberechtigten können aber auch Schüler eingeschult werden, die erst nach dem Stichtag das sechste Lebensjahr vollenden. Wenn der Geburtstag nach dem 31. Dezember liegt, wird ein schulpsychologisches Gutachten zur Schulfähigkeit nötig (Art. 37 Abs. 1, 2 BayEUG).

Die Schulpflicht dauert grundsätzlich zwölf Jahre (Schulbesuchsjahre) und gliedert sich in eine Vollzeitschulpflicht und die Berufsschulpflicht. Die Vollzeitschulpflicht endet nach neun Schuljahren, kann aber durch Überspringen von Jahrgangsstufen verkürzt werden (Art. 37 Abs. 3 BayEUG).

Die Schulpflicht kann an verschiedenen Schulen erfüllt werden. Dies erfolgt in den meisten Fällen

- an einer Pflichtschule, das sind in der Regel die Grundschule, Mittelschule und Berufsschule,
- an einem Gymnasium, einer Realschule, einer Wirtschaftsschule, einer Berufsfachschule, einer entsprechenden Förderschule.

Der mittlere Schulabschluss bewirkt eine Befreiung von der Schulpflicht, falls nicht eine Erstausbildung begonnen wird.

1.	Grundschule					Voll-
2.						
3.						zeit-
4.						
5.	Realschule	Gymnasium	Mittelschule	Mittelschule	Mittelschule	
6.						schul-
7.				Wirtschafts-	Mittlere-Reife-	
8.				schule*	Klassen	pflicht
9.						
10.	Realschule Beendigung mit mittlerem Schulabschluss	Gymnasium Beendigung mit mittlerem Schulabschluss	Berufsschule oder Berufsfachschule	Wirtschaftsschule Beendigung mit mittlerem Schulabschluss	Mittlere-Reife-Klasse Beendigung mit mittlerem Schulabschluss	Berufs-
	regelmäßige Befreiung von Berufsschulpflicht, falls nicht	regelmäßige Befreiung von Berufsschulpflicht, falls nicht	eventuell Befreiung von Berufsschulpflicht, falls nicht	regelmäßige Befreiung von Berufsschulpflicht, falls nicht	regelmäßige Befreiung von Berufsschulpflicht, falls nicht	schul-
	Ausbildungsverhältnis	Ausbildungsverhältnis	Ausbildungsverhältnis	Ausbildungsverhältnis	Ausbildungsverhältnis	pflicht

* Es ist auch ein Eintritt zu einem späteren Zeitpunkt möglich.

9.3 Die Berufsschulpflicht

Die Berufsschulpflicht ist mit dem Vorliegen eines Ausbildungsverhältnisses nach dem Berufsbildungsgesetz oder der Handwerksordnung verknüpft. Dadurch drückt sich das Duale System der beruflichen Ausbildung in der Bundesrepublik aus. Die Berufsschulpflicht endet mit dem Abschluss einer staatlich anerkannten Berufsausbildung.

Wer sich in einem Ausbildungsverhältnis befindet, unterliegt nur unter folgenden Bedingungen nicht der Berufsschulpflicht:

- es wurde bereits eine berufliche Ausbildung absolviert,
- es liegt eine Hochschulzugangsberechtigung vor,
- das 21. Lebensjahr wurde bereits bei Beginn des Schuljahres vollendet.

Beispiele:

Ein 17-jähriger Jugendlicher mit erfolgreichem Realschulabschluss schließt einen Ausbildungsvertrag als Industriekaufmann ab. Die Ausbildung dauert drei Jahre. Im dritten Ausbildungsjahr hat der Jugendliche 13 Schulbesuchsjahre absolviert. Die Berufsschulpflicht besteht weiterhin, da die Berufsausbildung noch nicht abgeschlossen wurde.

Ein 15-jähriger Jugendlicher mit erfolgreichem Mittelschulabschluss und neun Schulbesuchsjahren schließt einen Ausbildungsvertrag als Verkäufer ab. Die Ausbildung dauert zwei Jahre. Nach Abschluss der staatlich anerkannten Berufsausbildung endet die Berufsschulpflicht und damit die Schulpflicht.

Wenn kein Ausbildungsverhältnis vorliegt, muss der Schüler nach Ende der Vollzeitschulpflicht oder einem freiwilligen Besuch der Hauptschule den Rest der 12-jährigen Schulpflicht an der Berufsschule erfüllen. Er gilt dann auch als Berufsschulpflichtiger.

Art. 39 Abs. 3 BayEUG legt allerdings eine Anzahl von regelmäßigen Befreiungstatbeständen fest:

- ein mittlerer Schulabschluss liegt vor,
- ein freiwilliges soziales oder ökologisches Jahr wird abgeleistet,
- ein Beamtenverhältnis (Vorbereitungsdienst zum mittleren Dienst, Bereitschaftspolizei usw.) wurde begründet oder ein Dienst in der Bundeswehr wird geleistet,
- ein Berufsvorbereitungsjahr, ein Berufsgrundschuljahr, ein Vollzeitjahr an einer Berufsfachschule oder ein Vollzeitlehrgang zur Berufsvorbereitung wurde mit Erfolg besucht,
- die Ordnungsmaßnahe einer Entlassung aus der Berufsschule wurde ausgesprochen.

Beispiele:

Ein 17-jähriger Jugendlicher mit erfolgreichem Realschulabschluss schließt einen Ausbildungsvertrag als Industriekaufmann ab. Im ersten Ausbildungsjahr bricht der Jugendliche die Ausbildung ab. Da er einen mittleren Schulabschluss besitzt, ist er von der Berufsschulpflicht regelmäßig befreit. Wenn anschließend ein neues Ausbildungsverhältnis eingegangen wird, lebt die Berufsschulpflicht wieder auf.

Eine 16-jährige Jugendliche mit qualifizierendem Mittelschulabschluss schließt einen Ausbildungsvertrag als medizinische Fachangestellte ab. Im ersten Ausbildungsjahr bricht die Jugendliche die Ausbildung ab. Da kein Befreiungstatbestand für den Besuch der Berufsschule vorliegt, ist sie weiterhin berufsschulpflichtig.

Ein 16-jähriger Jugendlicher besuchte mit Erfolg ein Berufsgrundschuljahr im Berufsfeld »Bautechnik«. Damit ist er von der Berufsschulpflicht regelmäßig befreit. Wenn der Jugendliche anschließend ein Ausbildungsverhältnis eingeht, lebt die Berufsschulpflicht wieder auf.

Neben den regelmäßigen Befreiungstatbeständen gibt es für Berufsschulpflichtige ohne Ausbildungsverhältnis weitere Möglichkeiten für eine Befreiung vom Besuch der Berufsschule (Art. 39 Abs. 4 BayEUG). Über Anträge auf Befreiung dieser Art entscheidet die Schule:

- Es wird ein Vollzeitlehrgang besucht, der der Vorbereitung einer staatlich geregelten schulischen Abschlussprüfung dient.
- Es liegen elf Schulbesuchsjahre vor und es besteht ein Beschäftigungsverhältnis.
- Es liegt ein Härtefall vor.

> **Beispiele:**
>
> Ein 16-Jähriger hat die Mittelschule ohne Erfolg nach insgesamt elf Schulbesuchsjahren abgeschlossen. Er findet keinen Ausbildungsplatz, arbeitet aber als Fahrradkurier.
>
> Eine 16-Jährige möchte den qualifizierenden Mittelschulabschluss nachholen und besucht einen Vollzeitlehrgang eines privaten Bildungsträgers.
>
> In beiden Fällen lebt die Berufsschulpflicht auf, wenn ein Ausbildungsverhältnis eingegangen wird.

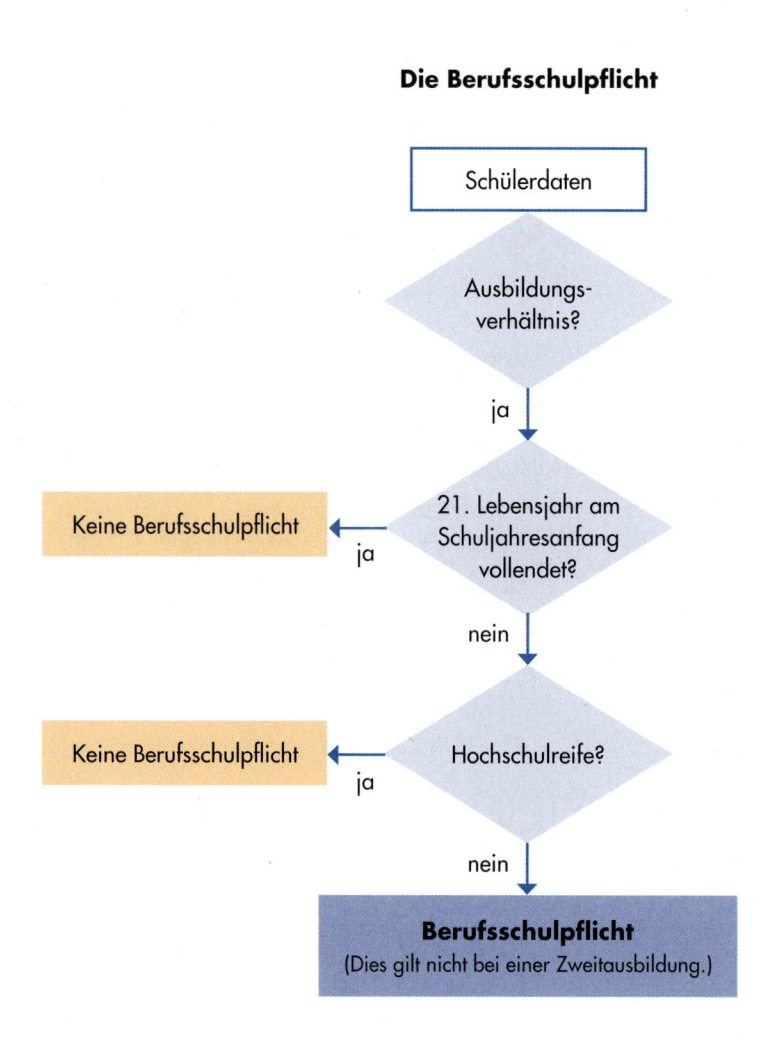

Die Berufsschulpflicht

```
                    ┌─────────────────┐
                    │   Schülerdaten  │
                    └────────┬────────┘
                             │
                         ◇ Ausbildungs-
                           verhältnis? ◇
                             │
                             │ ja
                             ▼
┌──────────────────────┐   ◇ 21. Lebensjahr am
│ Keine Berufsschul-   │◄──  Schuljahresanfang
│ pflicht              │ ja  vollendet? ◇
└──────────────────────┘     │
                             │ nein
                             ▼
┌──────────────────────┐   ◇ Hochschulreife? ◇
│ Keine Berufsschul-   │◄──
│ pflicht              │ ja
└──────────────────────┘     │
                             │ nein
                             ▼
                    ┌─────────────────────────┐
                    │   Berufsschulpflicht    │
                    │ (Dies gilt nicht bei    │
                    │  einer Zweitausbildung.)│
                    └─────────────────────────┘
```

Die Berufsschulpflicht

```
                    ┌──────────────┐
                    │ Schülerdaten │
                    └──────┬───────┘
                           ▼
                    ╱ Ausbildungs- ╲
                    ╲  verhältnis? ╱
                           │
                         nein
                           ▼
┌────────────────────┐ ╱ Befreiung gem. ╲
│ Keine              │◄── Art. 39 Abs. 3 ╲
│ Berufsschulpflicht*│ ja╲   BayEUG?    ╱
└────────────────────┘    ╲            ╱
                           │
                         nein
                           ▼
┌────────────────────┐ ╱ Befreiung gem. ╲
│ Keine              │◄── Art. 39 Abs. 4 ╲
│ Berufsschulpflicht*│ ja╲   BayEUG?    ╱
└────────────────────┘    ╲            ╱
                           │
                         nein
                           ▼
┌────────────────────┐ ╱      12       ╲
│ Keine              │◄──  Schulbesuchs-╲
│ Berufsschulpflicht*│ ja╲   jahre?   ╱
└────────────────────┘    ╲          ╱
                           │
                         nein
                           ▼
              ┌───────────────────────┐
              │   Berufsschulpflicht  │
              └───────────────────────┘
```

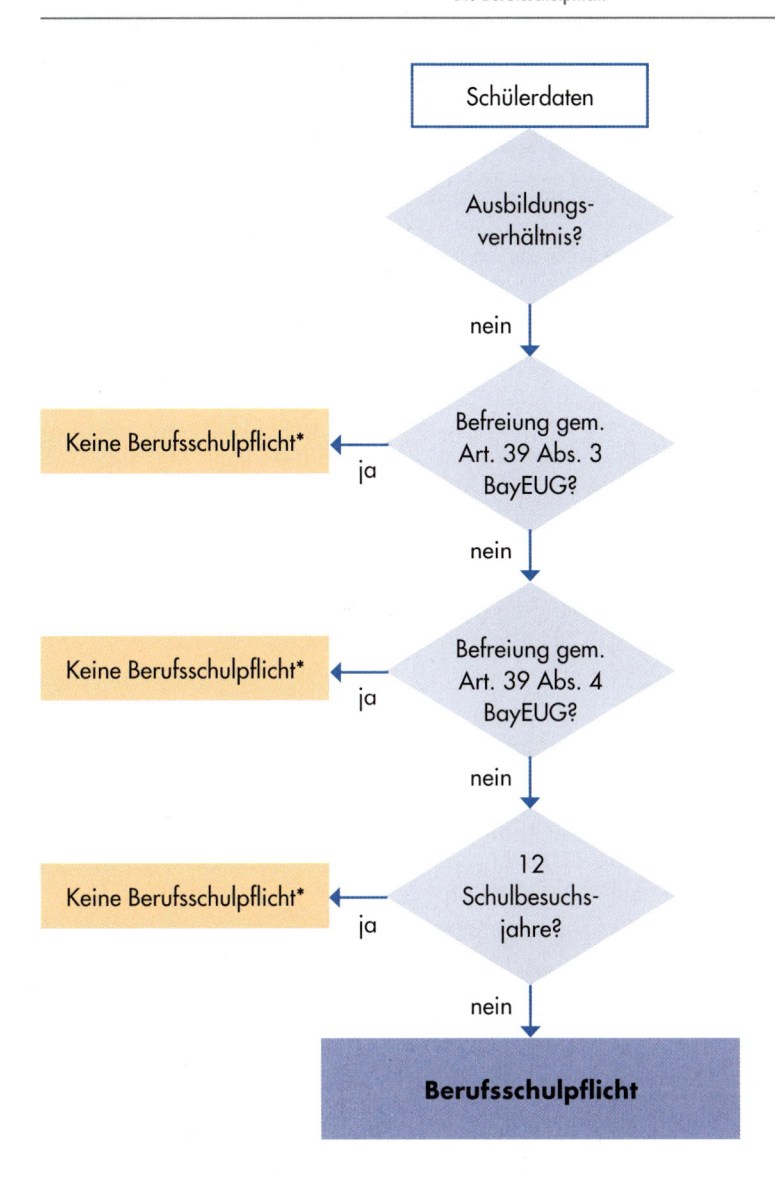

* Falls ein Ausbildungsverhältnis eingegangen wird, lebt die Berufsschulpflicht auf.

Berufsschulberechtigte Personen

Art. 40 Abs. 1 BayEUG

Personen die nicht mehr berufsschulpflichtig sind, sich aber in Berufsausbildung befinden, sind zum Besuch der Berufsschule berechtigt; die Ausbildenden haben den Besuch der Berufsschule zu gestatten. Nicht mehr berufsschulpflichtige Personen sind zum Besuch des Berufsgrundschuljahres berechtigt.

9.4 Maßnahmen zur Erfüllung der Schulpflicht

> **Ohne Schule keine Hochzeit** (2. Teil)
>
> Wie ernst es dem Herzog mit der Schulpflicht war, zeigt, dass das Entlasszeugnis der Schlüssel zum späteren Leben wurde. Er musste vorgelegt werden, wollte einer ein Handwerk betreiben oder ein Haus erwerben. Auch heiraten durfte man nicht ohne diesen Schein... Um der Landbevölkerung entgegenzukommen – und acht von zehn Einwohnern lebten Anfang des 19. Jahrhunderts auf dem Land – wurden lange Sommerferien eingeplant, damit Kinder bei der Ernte helfen konnten (»von Mitte des Julius bis 8. September«). Zusätzlich wurde vom ersten Mai bis zu den allgemeinen Schulferien an den Werktagen (Montag bis Samstag) nur zwei Stunden Unterricht gegeben ... Trotz der Zugeständnisse scheint es mit der Begeisterung für die Schule nicht überall gut bestellt gewesen zu sein. Konrad Fendt, der ehemalige Leiter des Schulmuseums Ichenhausen, hat herausgefunden, dass in Burgau der Lokalschulinspektor »mit Ernst und Strenge«, ja sogar mit der Polizei gegen den nachlässigen Schulbesuch vorgehen musste. So sei es keine Seltenheit gewesen, dass Kinder an 16 oder 17 Tagen im Monat die Schule geschwänzt haben. Auch wenn das eigentlich nur bei exaktem Abzählen auffallen konnte. Die Klassen waren teilweise mit bis zu 100 Kindern vollgestopft. Dennoch: schuldhaftes Fehlen kostete vier Kreuzer.
>
> *Augsburger Allgemeine, 23.12.2002*

Die Schulpflicht kann im Einzelfall nur dadurch gesichert werden, dass die Schule auf der Erfüllung besteht und gegebenenfalls bei Verstößen mit Sanktionen reagieren kann. Einerseits erfolgt dies durch Regelungen wie etwa Erziehungsmaßnahmen, wenn der Schüler ohne berechtigten Grund am Unterricht nicht teilnimmt, andererseits durch die Möglichkeit, Bußgelder (Art. 119 Abs. 1 Nr. 4 BayEUG) zu verhängen und den Schulzwang (Art. 118 BayEUG) auszuüben, wenn es zu eklatanten Verstößen gegen die Schulpflicht kommt.

Der Schulzwang ist nur möglich, wenn eine Schulpflicht vorliegt. Er ist also z. B. nicht gegen Schüler der Fachoberschule möglich.[1]

Schulzwang bedeutet, dass der Schulpflichtige zwangsweise der Schule zugeführt wird. Hierzu kann die Schule an die Kreisverwaltungsbehörde (das Landratsamt oder Schulamt einer kreisfreien Gemeinde) einen Antrag stellen. Sie entscheidet nach pflichtgemäßem Ermessen. Als Beauftragte der Kreisverwaltungsbehörde fungieren evtl. Kräfte des Polizeidienstes. Sie dürfen hierzu Wohnungen betreten und unmittelbaren Zwang ausüben, der die Einwirkung auf Personen durch körperliche Gewalt und ihre Hilfsmittel beinhaltet.

> **Schulschwänzer muss 63 Tage ins Gefängnis**
>
> Der Berufsschule blieb er fern, Bußgeldbescheide ignorierte er – nun schickt ein Jugendrichter den 20-Jährigen in Haft.
>
> Der junge Mann hat 14 Bußgeldbescheide ignoriert. Offenbar habe er sich darin gefallen, »den Kopf einfach in den Sand zu stecken«, formuliert Jugendrichter Martin Hönick vom Amtsgericht Wunsiedel. Und so ist im Lauf der Zeit eine Summe von nicht gezahlten 2.720 Euro zusammengekommen, wegen Schwänzens der Berufsschule. Weil der heute 20 Jahre alte Mann keinerlei Anstalten machte, wenigstens einen Teil der vom

---

[1] Dort kann die Schule nach längerer unentschuldigter Abwesenheit des Schülers mit einer Austrittserklärung den Schulbesuch beenden (Art. 55 Abs. 2 BayEUG). Es wären auch Ordnungsmaßnahmen möglich.

Landratsamt verhängten Bescheide zu bezahlen, muss er nun für 63 Tage in Erzwingungshaft in die Justizvollzugsanstalt Hof...

Hans Donnert, er ist Rektor an der Berufsschule in Wunsiedel, kann sich nur schemenhaft an den Fall erinnern ... er will aber nicht ausschließen, dass es sich bei dem Betreffenden um einen jener Schüler handelte, die nach ihrem Hauptschulabschluss zwar weiter schulpflichtig sind – aber keinen Ausbildungsplatz in einem Betrieb gefunden haben und dadurch »nicht besonders motiviert« sind.

Süddeutsche Zeitung, 21.05.2011

Auch für die Verhängung von Geldbußen sind die Kreisverwaltungsbehörden auf Antrag der Schulen[1] zuständig. Eine Ordnungswidrigkeit im Rahmen der Schulpflicht begeht, wer:

- als Schulpflichtiger am Unterricht oder an den sonstigen verbindlichen Schulveranstaltungen nicht teilnimmt,
- als Erziehungsberechtigter nicht dafür sorgt, dass Minderjährige am Unterricht regelmäßig teilnehmen oder die sonstigen verbindlichen Schulveranstaltungen besuchen,
- die ihm obliegende Anmeldung bei der Pflichtschule unterlässt,
- als Arbeitgeber Berufsschulpflichtige nicht zur Teilnahme am Unterricht anhält.

Die Geldbuße beträgt mindestens fünf Euro. Grundlage für die Zumessung der Geldbuße sind die Bedeutung der Ordnungswidrigkeit und der Vorwurf, der den Täter trifft. Eine Geldbuße kann auch in die Pflicht zur Ableistung von Sozialstunden umgewandelt werden.

Schulschwänzen kann auch als Fehlverhalten gewertet werden, das den Bildungs- und Erziehungsauftrag der Schule gefährdet. Damit wären auch Ordnungsmaßnahmen gem. Art. 86 BayEUG möglich.

Schulschwänzen wird in der Regel als unentschuldigte Fehltage im Zeugnis dokumentiert. Dies wird von Erziehungsberechtigten und Ausbildungsbetrieben zumeist negativ bewertet.

Wiederholung – Vertiefung

1. Welche Schulen sind in Bayern Pflichtschulen, an welchen Schulen kann die Schulpflicht erfüllt werden?
2. Warum wurde die Berufliche Oberschule nicht im Katalog der Schulen zur Erfüllung der Schulpflicht aufgenommen?
3. In welchen Fällen ist die Schulpflicht bereits vor Ablauf von zwölf Schulbesuchsjahren erfüllt?
4. In welchen Fällen dauert die Schulpflicht länger als zwölf Schulbesuchsjahre?
5. Mit welchen Sanktionsmöglichkeiten wird die Einhaltung der Schulpflicht gesichert?
6. In einer Berufsschulklasse zum Ausbildungsberuf Mechatroniker sind drei Abiturienten, zwölf Schüler mit mittlerem Schulabschluss und fünf Schüler mit qualifizierendem Mittelschulabschluss. Die Schüler sind alle unter 20 Jahre und in einer Erstausbildung.
    a) Welche Schüler sind berufsschulpflichtig, welche berufsschulberechtigt?
    b) Welche Schüler sind berufsschulpflichtig, wenn sie den Ausbildungsvertrag auflösen?

---

[1] Es sind zumeist Pflichtschulen, die ein Ordnungswidrigkeitsverfahren beantragen. In den weiterführenden Schulen werden Schulversäumnisse mit alternativen Maßnahmen geahndet.

9.5 Verhinderung – Befreiung – Beurlaubung

Als Ausnahmen von der Schulpflicht kommen die Verhinderung an der Teilnahme am Unterricht, die Befreiung und die Beurlaubung in Betracht.

9.5.1 Verhinderung (§ 20 BaySchO)

Alle Schülerinnen und Schüler haben die Pflicht, am Unterricht regelmäßig teilzunehmen und die sonstigen verbindlichen Schulveranstaltungen zu besuchen (Art. 56 Abs. 4 BayEUG). Ist ein Schüler aus zwingenden Gründen verhindert, so ist die Schule unverzüglich unter Angabe des Grundes zu verständigen.

Im Falle einer fernmündlichen Verständigung ist die schriftliche Mitteilung innerhalb von zwei Tagen nachzureichen. In der Beruflichen Oberschule beträgt die Frist drei Tage.

Bei einer Erkrankung von mehr als drei Tagen, kann die Vorlage eines ärztlichen Zeugnisses verlangt werden.

Häufen sich krankheitsbedingte Schulversäumnisse oder bestehen an der Erkrankung Zweifel, kann die Schule ebenso ein ärztliches oder ein schulärztliches Zeugnis verlangen.

Findet ein angekündigter Leistungsnachweis am Tag der Verhinderung statt, darf die Schule auch ein ärztliches Attest verlangen. In der Beruflichen Oberschule kann hier sogar ein schulärztliches Attest gefordert werden.

Ein ärztliches oder schulärztliches Zeugnis kann in der Regel nur dann als genügender Nachweis für die geltend gemachte Erkrankung anerkannt werden, wenn es auf Feststellungen beruht, die die Ärztin oder der Arzt während der Zeit der Erkrankung getroffen hat. Es muss innerhalb von zehn Tagen, nachdem die Schule dies verlangt hat, vorgelegt werden. Andernfalls gilt das Fernbleiben als unentschuldigt.

Eine besondere Bedeutung hat eine Erkrankung im Fall einer schulischen Abschussprüfung. Hier ist die Erkrankung unverzüglich mit einem ärztlichen Attest nachzuweisen. Die Schule kann sogar ein schulärztliches Zeugnis verlangen. Wer die Prüfung angetreten hat, kann nachträglich nicht gesundheitliche Gründe anführen, denen zu Folge die Prüfungsleistung nicht gewertet werden soll. Eine Erkrankung während der Prüfung ist sofort zu melden.

Erkrankung von mehr als drei Tagen	ärztliches Attest kann gefordert werden	
Häufung von Schulversäumnissen	ärztliches Attest kann gefordert werden	schulärztliches Attest kann gefordert werden
Zweifel an der Erkrankung	ärztliches Attest kann gefordert werden	schulärztliches Attest kann gefordert werden
Tag eines angekündigten Leistungsnachweises	ärztliches Attest kann gefordert werden	*schulärztliches Attest kann in der Beruflichen Oberschule gefordert werden*
Abschlussprüfungen	ärztliches Attest ist erforderlich	schulärztliches Attest kann gefordert werden.

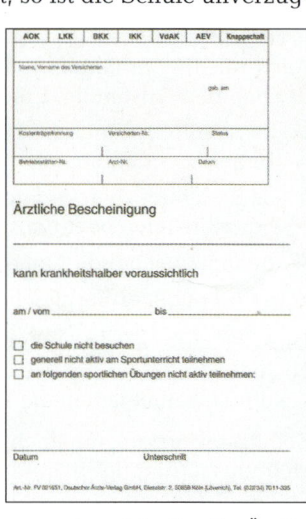

9.5.2 Befreiung (§ 20 Abs. 2 BaySchO, § 4 Abs. 2 BSO)

Eine Befreiung kommt vor allem von einzelnen Fächern in Frage. Hierzu ist ein schriftlicher Antrag nötig. Über den Antrag entscheidet in der Regel der Schulleiter. Eine Befreiung muss begründet werden. Sie hat einen Ausnahmecharakter. Bei gesundheitlichen Gründen, z. B. im Fach Sport, wird zumeist ein ärztliches Zeugnis vorgelegt werden müssen.

In der Berufsschule können darüber hinaus berufsschulberechtigte Personen von bestimmten Fächern befreit werden. Berufsschulberechtigte können Schüler mit Hochschulreife, Schüler, die eine weitere Ausbildung absolvieren, oder Schüler mit dem Alter von 21 Jahren zu Beginn des Schuljahres sein. Darüber hinaus muss dieser Personenkreis einen mittleren Schulabschluss nachweisen können.

Es handelt sich so dann um die Fächer Religionslehre bzw. Ethik und Deutsch. Über den Antrag entscheidet der/die Schulleiter/-in nach pflichtgemäßem Ermessen. Werden im Deutschunterricht berufsspezifische Inhalte vermittelt, kann der/die Schulleiter/-in daher von einer Befreiung im Fach Deutsch absehen. Es könnte auch nach pflichtgemäßem Ermessen eine Befreiung im Fach Religion versagt werden. Dann hat der/die Schüler/-in die Möglichkeit einer Abmeldung vom Religionsunterricht und müsste den Ethikunterricht besuchen.

Der/die Schulleiter/-in kann für Personen, die eine Zweitausbildung absolvieren, eine Befreiung im Fach Sozialkunde aussprechen, wenn die zuständige Stelle, z. B. die Industrie- und Handelskammer, auf eine erneute Ablegung des Prüfungsteils Wirtschaft- und Sozialkunde verzichtet.

Werden Berufsschulberechtigte mit mittlerem Schulabschluss in einer eigenen Klasse (z. B. »Abiturientenklasse«) unterrichtet, ergibt sich keine Befreiung von den Fächern Religion, Ethik und Deutsch.

Schüler, die die Berufsabschlussprüfung nicht bestanden haben, sind i. d. R. weiterhin berufsschulpflichtig. Jene Schüler, die den theoretischen Teil dieser Prüfung bestanden haben, können vom gesamten Unterricht befreit werden (§ 11 Abs. 3 BSO).

Eine Befreiung vom Berufsschulunterricht wird den Erziehungsberechtigten und dem Ausbildungsbetrieb bzw. dem Arbeitgeber mitgeteilt.

In der Berufsschule ist weiterhin eine Befreiung vom gesamten Schulbesuch möglich. Dies ist bei berufsschulpflichtigen Schülern denkbar, die sich in keinem Ausbildungsverhältnis befinden, also »Jugendlichen ohne Ausbildungsplatz« (Art. 39 Abs. 4 BayEUG). So kann beispielsweise die Berufsschule einen Berufsschulpflichtigen vom Schulbesuch befreien, wenn er nach elf Schulbesuchsjahren ein Beschäftigungsverhältnis eingegangen ist.

9.5.3 Beurlaubung

> Vor den Ferien bekommt Schulrektor Michael Gomolzig immer besonders viel Eltern-Post: »Da es auf Grund der Reiseverbindung leider nicht anders möglich war, möchte ich Sie bitten, meine Tochter ab dem 31. Juli vom Unterricht zu befreien.« So oder ähnlich lauten die Wünsche nach einer früheren Freistellung von der Schule. »Anträge auf vorzeitige Unterrichtsbefreiung nehmen zu – das Unrechtsbewusstsein sinkt«, kritisiert Gomolzig ... Das Problem ist bundesweit bekannt.
>
> *http://www.focus.de/schule/schule/unterricht/frueher-ferien_aid_112475.html 09.02.2012*

Eine Beurlaubung vom Unterricht ist kurzfristiger Natur, es ist nie ein ganzes Schuljahr betroffen. Während die Befreiung von einem Fach zur Konsequenz hat, dass keine Note erteilt wird, hat eine Beurlaubung vom Unterricht keine Auswirkung auf die Notengebung.

Eine Beurlaubung ist nur in begründeten Ausnahmefällen möglich. Es ist ein schriftlicher Antrag nötig. Für die Erfüllung religiöser Pflichten gilt, dass den Schülerinnen und Schülern ausreichende Gelegenheit zur Erfüllung ihrer religiösen Pflichten und zur Wahrnehmung religiöser Veranstaltungen auch außerhalb der Schule zu geben ist. Dies geschieht im Wege einer Beurlaubung und gilt z. B. aus Anlass der Firmung bzw. der Konfirmation oder muslimischer Feiertage. Günstige Reiseangebote vor und am Ende der Ferien sind kein Grund für die Beurlaubung eines Schülers. Todesfälle in der Familie des Schülers oder Eheschließungen naher Verwandter des Schülers, Wohnungswechsel, unaufschiebbare Behördengänge gelten als begründete Ausnahmefälle für eine Beurlaubung. Auch die Teilnahme an hochrangigen Sportveranstaltungen kann zu einer Beurlaubung führen. Ein Erholungsurlaub kann in der Regel nur während der Schulferien genommen werden. Dringende betriebliche Arbeiten und die Führerscheinprüfung stellen keine dringenden Ausnahmefälle für eine Beurlaubung in der Berufsschule dar.

Grundsätze hinsichtlich der Beurlaubung

- Die Beurlaubung sollte pädagogisch und unterrichtsorganisatorisch vertretbar sein; ein geordneter Unterrichtsbetrieb sollte aufrechterhalten werden können. Bei längerer Beurlaubung muss der Klassenleiter zur Frage der pädagogischen Vertretbarkeit gehört werden.
- Das angegebene Ziel der Beurlaubung sollte nicht ebenso gut in der unterrichtsfreien Zeit erreicht werden können.
- Die Schülerinnen und Schüler müssen die Versäumnisse, die durch die Beurlaubung entstehen, möglichst bald selbst nachholen.
- Die Erziehungsberechtigten und die Schülerinnen und Schüler sollten über die Auswirkungen einer beantragten Beurlaubung beraten werden.
- Bei der Freistellung vom Unterricht sollte der Grundsatz der Gleichbehandlung aller Schülerinnen und Schüler beachtet werden

Gisela Stückl, Beurlaubung von Schülern, Datenbank für Schulmanagement, Schul-Link Bayern, 22. Ausgabe

Die Dualität des deutschen Ausbildungssystems erzeugt für die Berufsschule spezielle Regelungen bei der Beurlaubung (§ 34 BSO). Die Schüler sind auf schriftlichen Antrag in folgenden Fällen zu beurlauben:

- Teilnahme an ausbildungsbezogene Prüfungen
- Veranstaltungen der Arbeitnehmervertretung
- Teilnahme an Bildungsmaßnahmen der Ausbildungsbetriebe und Fachverbände
- Teilnahme an Bildungsmaßnahmen für Zwecke der Jugendarbeit
- Durchführung von Teilen der Ausbildung im Ausland
- Auslandspraktika

Der Umfang der obigen Beurlaubungsgründe kann im Einzelfall begrenzt sein. Der Blockunterricht an der Berufsschule für einigen Ausbildungsberufe beschränkt ebenfalls die genannten Beurlaubungsgründe.

Anträge auf Beurlaubung der aufgezählten Anlässe können auch die Ausbildungsbetriebe bzw. die Arbeitgeber stellen. Die Genehmigung erteilt die Schulleitung.

Eine Beurlaubung vom Berufsschulunterricht enthält in der Regel eine Entscheidung, ob und in welcher Form der versäumte Unterricht nachzuholen ist. Gegebenenfalls muss der Schüler den versäumten Unterrichtsstoff selbst nachholen.

Im Falle der Schwangerschaft oder der Mutterschaft können Schülerinnen auf Antrag vorübergehend beurlaubt werden, solange dies im Hinblick auf die Gesundheit der Mutter oder die Versorgung des Kindes erforderlich ist.

In den Berufsschulen endet der Unterricht in den Abschlussklassen grundsätzlich mit Beginn der Berufsabschlussprüfung. Für den Fall, dass dadurch stundenplanmäßig anfallender Unterricht nicht erteilt wird, werden die Schüler für diesen Zeitraum vom Unterricht beurlaubt (§ 10 Abs. 5 BSO).

9.5.4 Abmeldung vom Religionsunterricht (27 BaySchO, § 41 FOBOSO)

Art. 46 BayEUG

(1) Der Religionsunterricht ist an den Grundschulen, Mittelschulen, Realschulen, Gymnasien, Förderschulen, Berufsschulen, Wirtschaftsschulen, Fachoberschulen, Berufsoberschulen, an sonstigen Schulen nach Maßgabe der Schulordnung, ordentliches Lehrfach (Pflichtfach). Er wird nach Bekenntnissen getrennt in Übereinstimmung mit den Grundsätzen der betreffenden Kirche oder Religionsgemeinschaft erteilt.

(4) Die Erziehungsberechtigten haben das Recht, ihre Kinder vom Religionsunterricht abzumelden. Nach Vollendung des 18. Lebensjahres steht dieses Recht den Schülerinnen und Schülern selbst zu ...

Aufgrund der im Grundgesetz gewährten Glaubensfreiheit können sich Schüler vom Religionsunterricht abmelden. Die Abmeldung vom Religionsunterricht bedarf der Schriftform. Dies muss frühzeitig erfolgen. Die Abmeldung muss an allgemeinbildenden Schulen und Wirtschaftsschulen spätestens am letzten Unterrichtstag des Schuljahres mit Wirkung ab dem folgenden Schuljahr erfolgen; in der Beruflichen Oberschule und der Berufsschule am Anfang des Schuljahres. Eine spätere Abmeldung ist nur aus wichtigem Grund zulässig. Die Abmeldung gilt für das folgende bzw. laufende Schuljahr. Für Schüler, die den Religionsunterricht nicht besuchen, muss Ethik als Pflichtfach eingerichtet werden.

Wiederholung – Vertiefung

1. Ein Schüler erkrankt ernstlich während des Unterrichts. Er meldet dies dem Lehrer und möchte einen Arzt aufsuchen. Aus welchem allgemeinen schulrechtlichen Grund muss der Schüler den Unterricht nicht mehr besuchen?
2. Unterscheiden Sie die Befreiung und Beurlaubung hinsichtlich der Zeitdauer und hinsichtlich einer Notengebung.
3. Eltern stellen vor den Ferien einen Antrag auf Befreiung vom Unterricht wegen günstigerer Reiseverbindungen. Beurteilen Sie den Vorgang.
4. Eine Schülerin beantragt eine Beurlaubung von Unterricht, weil sie an einer Demonstration teilnehmen will.
5. Die Lehrkraft an einer Fachoberschule verlangt von den Schülern, dass sie Erkrankungen an Unterrichtstagen mit Schulaufgaben durch ein ärztliches Attest nachweisen. Ist dies möglich?
6. Ein Berufsschüler ist Mitglied in der Jugendvertretung. Die Sitzungen finden vereinzelt auch am Berufsschultag statt. Wie verläuft das Genehmigungsverfahren?

10 Die Organe der Schule

> **Fall 10.1**
> Ein Mitglied des Elternbeirates schlägt vor, dass ein bestimmtes Schulbuch an der Schule beschafft werden soll. Nach kurzer Beratung beschließt der Elternbeirat die Beschaffung.
>
> **Fall 10.2**
> In der Lehrerkonferenz wird über eine ihr zugewiesenen Ordnungsmaßnahme diskutiert. Bei der Abstimmung enthalten sich einige Lehrer der Stimme.
>
> **Fall 10.3**
> Eine Lehrkraft gibt der örtlichen Zeitung eine Pressemeldung über einen Einbruch an der Schule.
>
> **Fall 10.4**
> Die Hausordnung an einer Schule soll neu gestaltet werden. Die Schüler erfahren von diesem Vorhaben und möchten beteiligt werden.

10.1 Die Schulleitung

> Schulleitung stellt einen eigenen Beruf mit entsprechenden Fähigkeiten und Qualifikationen dar. Die Tatsache, dass ein Schulleiter in den Bereichen Behörden- und Verwaltungsrecht, Schulrecht und Haushaltsrecht Entscheidungen mit oft weit reichenden Konsequenzen treffen muss, die er gegenüber der vorgesetzten Dienstbehörde, dem Sachaufwandsträger, den Lehrkräften, Schülern, Eltern und der Öffentlichkeit verantworten muss, erfordert ein hohes Maß an Wissen, Kompetenz und Entscheidungswillen.
>
> Obwohl der Leitung einer Schule ein hierarchisches Verständnis zugrunde liegt, setzt sich in jüngerer Zeit immer mehr ein modernes Führungsverständnis im Sinne einer Corporate Identity durch. Die Bewältigung der Aufgaben einer Schulleitung erfolgt, sofern es nicht einschlägige Bestimmungen anders vorsehen, im Team.
>
> *Katharina Schlamp: Schulleitung, Ratgeber A-Z, Datenbank für Schulmanagement, Schul-Link Bayern, 22. Ausgabe*
>
> Schulleiter haben auch Macht: Sie können Entwicklungen im Kollegium befördern oder bremsen. Sie können Elterninitiativen unterstützen oder ins Leere laufen lassen. Sie können Schüler und Kollegen fördern und bekräftigen oder vollständig entmutigen – auch in großen Zahlen und auf Jahre hinaus.
>
> *Frankfurter Allgemeine Zeitung, 01.03.2012*

Die Rechtsstellung der Schulleiterin bzw. des Schulleiters ist vielfältig: Personen, die mit der Schulleitung betraut wurden, sind auch Lehrkräfte, für sie gelten die Rechtsvorschriften für Lehrkräfte. Schulleiter bzw. Schulleiterinnen sind gegenüber Lehrkräften und dem Hauspersonal weisungsberechtigt und damit auch Vorgesetzte im Sinne des Bayerischen Beamtengesetzes.

Falls Schulleiter/innen für beamtenrechtliche Entscheidungen über persönliche Angelegenheiten zuständig sind, haben sie die Stellung als Dienstvorgesetze. Da Schulen den Charakter einer Behörde haben, gilt der Schulleiter als Behördenvorstand.

> **Art. 57 BayEUG**
>
> (2) Die Schulleiterin oder der Schulleiter ist für einen geordneten Schulbetrieb und Unterricht sowie gemeinsam mit den Lehrkräften für die Bildung und Erziehung der Schülerinnen und Schüler sowie die Überwachung der Schulpflicht verantwortlich; sie oder er hat sich über das Unterrichtsgeschehen zu informieren. In Erfüllung dieser Aufgaben ist sie oder er den Lehrkräften und dem sonstigen pädagogischen Personal sowie dem Verwaltungs- und Hauspersonal gegenüber weisungsberechtigt. ... Sie oder er berät die Lehrkräfte und das sonstige pädagogische Personal und sorgt für deren Zusammenarbeit.
>
> (3) Die Schulleiterin oder der Schulleiter vertritt die Schule nach außen.

Das Recht die Schule nach außen zu vertreten, hat nur der Schulleiter. Somit darf im **Fall 10.3** eine Lehrkraft keine Pressemeldung über Belange der Schule abgeben.

Detailliert präzisiert die Lehrerdienstordnung einzelne Aufgaben, Pflichten und Befugnisse der Schulleitung. Sie hat insbesondere folgende Zuständigkeiten (Auswahl):

Unterrichtliche und organisatorische Belange
- Überwachung darüber, dass der Lehrplan und amtliche Bekanntmachungen eingehalten werden
- Einteilung der Lehrkräfte zur Wahrnehmung der Aufsichtspflicht
- Überwachung der Ordnungsmaßnahmen
- Verteilung des Unterrichts und der sonstigen dienstlichen Aufgaben auf die Lehrkräfte
- Besuch des Unterrichts der einzelnen Lehrkräfte
- Überwachung der ordnungsgemäßen Leistungsfeststellung
- Festlegung der Klassenleitungen
- Aufnahme der Schüler und die Klasseneinteilung
- Genehmigung von Unterrichtsgängen

Personelle Belange
- Bewilligung von Dienstbefreiungen
- Dienstliche Beurteilung der Lehrkräfte
- Vertrauensvolle Zusammenarbeit mit dem örtlichen Personalrat
- Information der Lehrkräfte über dienstliche Belange
- Bestellung eines Sicherheitsbeauftragten

Weitere Belange
- Entscheidung über die Weitergabe von Druckschriften und Informationsmaterial an die Lehrkräfte in der Schulanlage
- Ausübung des Hausrechtes
- Vorsitz in Konferenzen, im Schulforum und im Prüfungsausschuss
- Einberufung der Lehrerkonferenz und Dienstbesprechungen
- Vollzug der Beschlüsse der Lehrerkonferenz
- Berechtigung, Beschlüsse der Lehrerkonferenz zu beanstanden und den Vollzug auszusetzen

- Ordnungsgemäße Aufbewahrung der Akten
- Verantwortung für die Schulanlage in baulicher Hinsicht
- Bewirtschaftung der Haushaltsmittel für die Schule
- Recht, in bestimmten Fällen gegen Schülerzeitungen Einwendungen zu erheben
- Zusammenarbeit mit dem Elternbeirat
- Vertretung der Schule nach außen

Die Schulleitung muss in der Regel in der Hauptunterrichtszeit in der Schule anwesend sein.

10.2 Die Lehrkräfte

Die Stellung, Aufgaben und Dienstpflichten der Lehrkräfte werden im Kapitel 10 behandelt.

10.3 Konferenzen

Trotz der tendenziell direktorialen Schulverfassung sieht das bayerische Schulrecht kollegiale Entscheidungsorgane vor.

10.3.1 Die Lehrerkonferenz

»Was passiert eigentlich in einer Lehrerkonferenz? Was macht ihr da? Was passiert da? Ich sag dann immer: Haben Sie schon einmal eine Farbe beim Trocknen beobachtet?«

Kabarettist und Lehrer Hans Klaffl, 40 Jahre Ferien – Ein Lehrer packt ein ...

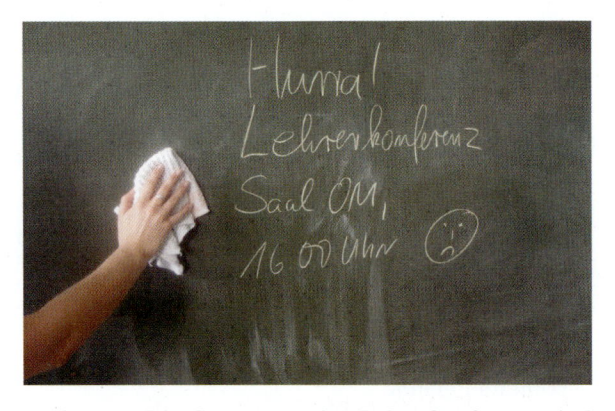

An jeder Schule besteht eine Lehrerkonferenz. Die Sitzungen der Lehrerkonferenz sind nicht öffentlich. Sie sind außerhalb der regelmäßigen Unterrichtszeit abzuhalten. Mitglieder der Lehrerkonferenz sind alle an der Schule tätigen Lehrkräfte. Bei Beamten im Vorbereitungsdienst nur jene Lehrkräfte, die eigenverantwortlichen Unterricht erteilen. Es besteht Teilnahmepflicht. Zur Beschlussfassung ist die Mehrheit der Mitglieder nötig. Beschlüsse werden in offener Abstimmung mit einfacher Mehrheit der abgegebenen Stimmen gefasst.

> Die Schulordnungen sehen bei Abstimmungen (**Fall 10.2**) in der Lehrerkonferenz keine Stimmenthaltung vor.

Bei Stimmengleichheit gibt die Stimme der Schulleiterin oder des Schulleiters den Ausschlag. Über jede Lehrerkonferenz ist ein Protokoll zu erstellen.

Die Lehrerkonferenz hat die Aufgabe, die Erziehungs- und Unterrichtsarbeit sowie das kollegiale und pädagogische Zusammenwirken der Lehrkräfte an der Schule zu sichern. Die Aufgaben der Schulleiterin oder des Schulleiters und die pädagogische Verantwortung der einzelnen Lehrkraft bleiben unberührt. Die Lehrerkonferenz beschließt in den Angelegenheiten, die ihr durch Rechts- und Verwaltungsvorschriften zur Entscheidung zugewiesen sind, mit bindender Wirkung für die Schulleiterin oder den Schulleiter und die übrigen Mitglieder der Lehrerkonferenz. In den übrigen Angelegenheiten gefasste Beschlüsse bedeuten Empfehlungen. Die Entscheidungskompetenz der Lehrerkonferenz hat grundsätzliche Bedeutung.

Die Lehrerkonferenz entscheidet unter anderem bei:

- Einschneidenden Ordnungsmaßnahmen (Art. 86 Abs. 2 BayEUG)
- Einführung von Lernmitteln (Art. 51 Abs. 3 BayEUG)
- Fragen des erneuten Wiederholens einer Jahrgangsstufe (Art. 53 Abs. 5 BayEUG)
- Entsendung von Lehrkräften in weitere kollegiale Entscheidungsorgane (z.B. Schulforum bzw. Berufsschulbeirat oder Ausschüsse)
- Schularttypischen Regelungen der Leistungserhebung (z.B. Anzahl der Leistungsnachweise)
- Veranstaltungen, die die ganze Schule betreffen
- Beschwerden von grundsätzlicher Bedeutung gegen allgemeine Unterrichts- und Erziehungsmaßnahmen der Schule
- Dissens zwischen Schulleitung und Lehrkraft bei einer Notenänderung (§ 27 Abs. 4 LDO)

10.3.2 Ausschüsse

Nicht in jedem Fall ist eine Sitzung der Lehrerkonferenz angebracht und notwendig. Spezielle Entscheidungsfelder können von Ausschüssen behandelt werden. Als solche können in Frage kommen:

- Lehr- und Lernmittelausschuss (Art. 58 Abs. 1 BayEUG)
- Disziplinarausschuss (Art. 58 Abs. 1 BayEUG)
- Kassenprüfungsausschuss für das Schulkonto (§§ 7 Abs. 3, 25 Abs. 1 BaySchO)
- Prüfungsausschuss

> Die Beschaffung eines Schulbuches (**Fall 10.1**) für die Schule obliegt nicht dem Elternbeirat, sondern dem Lehr- und Lernmittelausschuss.

10.3.3 Die Klassenkonferenz

Die Klassenkonferenz hat den Zweck, die enge Zusammenarbeit und die gegenseitige Verständigung der in der Klasse tätigen Lehrkräfte zu fördern und die Anforderungen an die Schüler abzustimmen (§ 21 Abs. 1 LDO). Weiterhin soll die Klassenkonferenz die pädagogische Situation der Klasse, einzelner Schüler und Schülerinnen sowie über größere Veranstaltungen und Projekte der jeweiligen Klasse beraten.

Neben der allgemeinen Aufgabenbeschreibung kommt der Klassenkonferenz insbesondere im Rahmen der Schullaufbahn der einzelnen Schüler und Schülerinnen eine besondere Befugnis zu. So entscheidet die Klassenkonferenz in den einzelnen Schularten eventuell über:

- Vorrücken der Schüler und Schülerinnen (Art. 53 Abs. 4 BayEUG)
- Empfehlung zum Bestehen einer Probezeit
- Gewährung eines Notenausgleichs
- Festsetzung der Zeugnisse

10.4 Schülermitverantwortung und Schülervertretung

10.4.1 Stellung und Zuständigkeit der Schülermitverantwortung

In einem demokratisch verfassten Staat liegt es nahe, auch im Schulwesen allen Beteiligten Mitverantwortung zu übertragen. »Im Rahmen der Schülermitverantwortung soll allen Schülerinnen und Schülern die Möglichkeit gegeben werden, Leben und Unterricht ihrer Schule ihrem Alter und ihrer Verantwortungsfähigkeit entsprechend mitzugestalten« (Art. 62 Abs. 1 Satz 1 BayEUG).

Für die Schüler bietet die Schule eine Wirkungsstätte, um demokratische Strukturen kennenzulernen und einzuüben. Von einer verfassungsrechtlich begründeten »Demokratisierung« des bayerischen Schulwesens kann allerdings nicht gesprochen werden. Eine Mitbestimmung mit einem Vetorecht liegt nicht vor.

Die Rechte der Schülermitverantwortung beinhalten insbesondere:

- Informationsrecht
- Anhörungs- und Vorschlagsrecht
- Vermittlungsrecht
- Beschwerderecht
- Mitwirkungsrecht, z. B. im Schulforum und bei der Erstellung der Hausordnung
- Recht, im Rahmen der Lehrpläne Anregungen zum Unterricht zu geben

> Im **Fall 10.4** könnten die Schüler über die Schülermitverwaltung an der Gestaltung der Hausordnung beteiligt werden.

Zu den Aufgaben der Schülermitverantwortung gehören auch die Durchführung gemeinsamer Veranstaltungen (z. B. Faschingsveranstaltungen), die Übernahme von Ordnungsaufgaben (z. B. Aufsichtsführung während der Pausen), die Wahrnehmung schulischer Interessen der Schülerinnen und Schüler und die Mithilfe bei der Lösung von Konfliktfällen.

Die Schülerzeitung (Art. 63 BayEUG)

Ein demokratisches Element der Schülermitverantwortung kommt mit dem Recht der freien Meinungsäußerung im Rahmen einer Schülerzeitung zum Ausdruck. Jeder Schüler hat das Recht, an der Schülerzeitung mitzuwirken. Die Redaktion soll sich eine beratende Lehrkraft wählen, die die Schülerzeitung pädagogisch betreut. Das Recht der freien Meinungsäußerung im Rahmen der Schülerzeitung besteht nicht schrankenlos.

> **Art. 63 BayEUG**
>
> (3) Die Grundsätze einer fairen Berichterstattung sind zu beachten; auf die Vielfalt der Meinungen und auf den Bildungs- und Erziehungsauftrag der Schule ist Rücksicht zu nehmen.

Eine weitere Schranke stellt das Recht der persönlichen Ehre dar, das bei ehrverletzenden Werturteilen und Ausdrücken berührt ist. »Grundsätzlich ist festzuhalten, dass die Schülerzeitung kein Pranger ist. Schulisches Leben sollte auch hier von Mitverantwortung für die ganze Schule und vertrauensvoller Zusammenarbeit aller Beteiligten getragen sein.«[1]

Für die Veröffentlichung der Schülerzeitung bestehen für die Redaktion zwei grundsätzlich verschiedenartige Möglichkeiten.

---

1 Klaus Schneikart, Schülerzeitung, Ratgeber A–Z, Datenbank für Schulmanagement, 22. Ausgabe

▶ **Die Schülerzeitung als Druckwerk im Sinne des Bayerischen Pressegesetzes:**

In diesem Fall muss ein verantwortlicher Redakteur bestellt sein, ein Impressum genannt werden und evtl. Gegendarstellungen abgedruckt werden. Für die beteiligten Schüler der Schülerzeitung besteht eine presserechtliche und zivilrechtliche Verantwortung. Die Haftung der Erziehungsberechtigten minderjähriger Schüler bleibt unberührt.

▶ **Die Schülerzeitung als Einrichtung der Schule im Rahmen der Schülermitverantwortung:**

Hier trifft die Verantwortung den Schulleiter, da er diese ohnehin für alle Einrichtungen der Schule trägt. Der Schulleiter kann unter anderem bei Verletzungen der persönlichen Ehre die Herausgabe der Schülerzeitung untersagen. Die Redaktion darf die Einrichtungen und Mittel der Schule benutzen und ist bei ihren Aktivitäten unfallversichert.

Unabhängig vom rechtlichen Status der Schülerzeitung hat der Schulleiter immer das Recht, Einwendungen zu erheben, wenn die Schülerzeitung auf dem Schulgelände verteilt wird.

10.4.2 Die Organe der Schülermitverantwortung (Art. 62 Abs. 2 BayEUG)

Innerhalb einer Schule werden die Aufgaben und Rechte der Schülermitverantwortung (SMV) durch die Klassensprecher/innen und deren Stellvertreter/innen, die Klassensprecherversammlung, den Schülerausschuss und der/die Schülersprecher/innen wahrgenommen. Die Schülersprecher/innen können evtl. auch aus dem Kreis aller Schüler/innen der Schule gewählt werden. Die Klassensprecher/innen und ihre Stellvertreter/innen werden von den Schülern der jeweiligen Klasse (ab Jahrgangsstufe 5) gewählt. Wenn der Unterricht nicht in Klassen erfolgt, werden Jahrgangsstufensprecher/innen gewählt.

Die Klassensprecher/innen und ihre jeweiligen Stellvertreter/innen können für jeweils ein Schuljahr eine Verbindungslehrkraft wählen. Das wichtigste Organ der SMV ist die Klassensprecherversammlung. Sie behandelt Fragen im Interesse der gesamten Schülerschaft, an ihre Beschlüsse ist der Schülerausschuss als »ausführendes Organ« gebunden. Der Schülerausschuss vertritt die Schülermitverantwortung gegenüber anderen Organen der Schule. Der Schülerausschuss wird durch den ersten Schülersprecher vertreten.

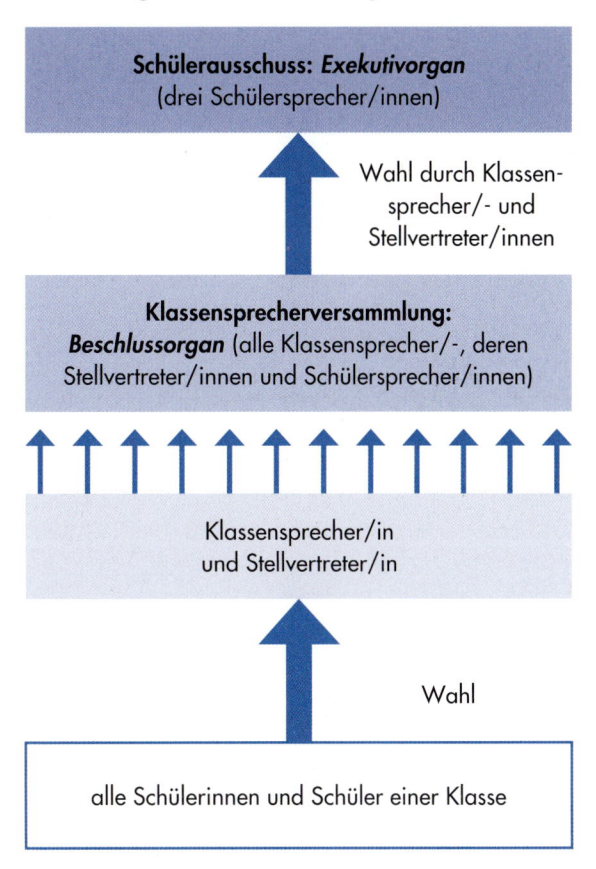

Schülerausschuss: *Exekutivorgan* (drei Schülersprecher/innen)

↑ Wahl durch Klassensprecher/- und Stellvertreter/innen

Klassensprecherversammlung: *Beschlussorgan* (alle Klassensprecher/-, deren Stellvertreter/innen und Schülersprecher/innen)

↑↑↑↑↑↑↑↑↑↑↑

Klassensprecher/in und Stellvertreter/in

↑ Wahl

alle Schülerinnen und Schüler einer Klasse

In der Berufsschule wird die Schülermitverantwortung durch die Organisationsform des Teilzeitunterrichts geprägt. Für jeden Unterrichtstag einer Woche entstehen einzelne Klassensprecherversammlungen. Sie wählen für jeden Schultag die Tagessprecherinnen oder Tagessprecher. Diese bilden den Tagessprecherausschuss. Die Tagessprecherausschüsse können einen Schülerausschuss bilden. Wird ein solcher nicht gebildet, nimmt der Tagessprecherausschuss die Aufgaben und Rechte des Schülerausschusses wahr. Im Berufsschulbeirat wird die Schülerschaft durch einen Vertreter repräsentiert.

Oberhalb der Ebene einer einzelnen Schule erfolgt die Schülermitverantwortung durch Stadt- und Landkreisschülersprecher/innen im Bereich der Mittelschulen. Für die weiteren Schulen geschieht dies durch Bezirksschülersprecher/innen. Sie bilden dann die Landesschülerkonferenz.

Die Landesschülerkonferenz dient insbesondere der Erörterung allgemeiner schulischer Angelegenheiten.

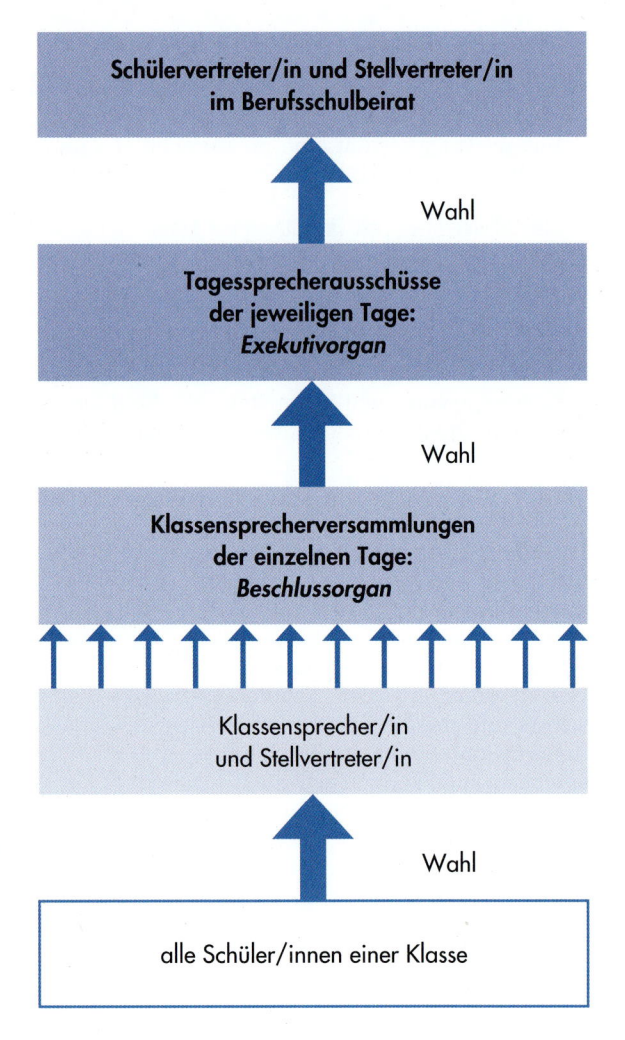

```
Schülervertreter/in und Stellvertreter/in
im Berufsschulbeirat
              ↑ Wahl
Tagessprecherausschüsse
der jeweiligen Tage:
Exekutivorgan
              ↑ Wahl
Klassensprecherversammlungen
der einzelnen Tage:
Beschlussorgan
              ↑↑↑↑↑↑↑↑↑↑
Klassensprecher/in
und Stellvertreter/in
              ↑ Wahl
alle Schüler/innen einer Klasse
```

10.5 Die Elternvertretung

10.5.1 Bedeutung

Das verfassungsmäßige Recht der Eltern auf Pflege und Erziehung ihrer Kinder (Art. 6 Abs. 2 GG) hat auch zur Konsequenz, dass den Eltern im Schulwesen eine Vertretung eingeräumt wird, auch wenn das gesamte Schulwesen unter der Aufsicht des Staates steht (Art. 7 Abs. 1 GG). Das Konzept einer demokratisch geprägten Zusammenarbeit zwischen Eltern und Schule hat ebenfalls den Gedanken einer Mitwirkung der Eltern gestärkt. Neben dem Individualrecht der Eltern für das eigene Kind ist auch ein kollektives Recht aller Eltern einer Schule für ihre Kinder entstanden.

10.5.2 Der Elternbeirat als Organ der Elternvertretung

Art. 64 BayEUG

(1) An allen Grundschulen, Mittelschulen, Realschulen, Gymnasien, Fachoberschulen und an Berufsfachschulen, an denen die Schulpflicht erfüllt werden kann … wird ein Elternbeirat gebildet.

(2) An allen Grundschulen und Mittelschulen werden Klassenelternsprecher gewählt; an Gymnasien, Realschulen und Wirtschaftsschulen beschließt der Elternbeirat, ob Klassenelternsprecher für alle oder einzelne Jahrgangsstufen der Schule als Helfer des Elternbeirats gewählt werden.…

An Berufsschulen gibt es keinen Elternbeirat. Dessen Aufgaben werden vom Berufsschulbeirat wahrgenommen. An Schulen des zweiten Bildungsweges, an der Berufsoberschule, der Fachschule und Fachakademie ergibt sich aufgrund des Alters der Schüler/-innen nicht die Notwendigkeit einer Elternvertretung.

Die Erziehungsberechtigten der minderjährigen Schüler und die Eltern der volljährigen Schüler besitzen das aktive Wahlrecht bei der Wahl des Elternbeirats. Sie haben auch das passive Wahlrecht, ausgenommen sind die an der betreffenden Schule tätigen Lehrkräfte. An Volksschulen wählen die Klassenelternsprecher/innen den Elternbeirat. Die Anzahl seiner Mitglieder hängt von der Anzahl der Schüler der Schule ab. Der Elternbeirat hat jedoch mindestens fünf und höchstens zwölf Mitglieder (Art. 66 Abs. 1 BayEUG).

Die Rechte des Elternbeirates sind allgemeiner Natur, aber auch spezialgesetzlich festgelegt. Das Ausmaß der Beteiligung ist unterschiedlich.

ausgewählte Aufgaben und Rechte des Elternbeirats

Elternvertretung im Allgemeinen und Bindeglied zwischen Eltern und Schule (Art. 65 Abs. 1 Satz 3 Nr. 1-4 BayEUG)	**Anhörung bzw. Stellungnahme** bei gravierenden Ordnungsmaßnahmen wie Entlassung oder Ausschluss von allen Schulen
Auskunftsrecht gegenüber dem Schulleiter	**im Benehmen** bei: - der Errichtung und Auflösung von Schulen - der Abweichungen von den Schulsprengelgrenzen - die Fortsetzung der Unterrichtszeiten in der Grundschule
	im Einvernehmen bei: - bei der Beschaffung von Lernmitteln - der Bestimmung des Namens einer Schule - Entscheidung über den unterrichtsfreien Tag - bei Änderungen der Ausbildungsrichtung, Einführung von Schulversuchen, Entwicklung des Schulprofils »Inklusion«, einem Antrag als MODUS-Schule[1]

---

[1] Der MODUS-Status berechtigt eine Schule Weiterentwicklungsmaßnahmen zu erproben, insbesondere in den Arbeitsfeldern Unterrichtsentwicklung, Personalentwicklung und Personalführung sowie inner- und außerschulische Partnerschaften.

Das Mitwirkungsrecht des Elternbeirats bedeutet nicht, dass er die Entscheidung trifft. Das Benehmen des Elternbeirats verlangt nur seine Information und Gelegenheit zur Stellungnahme. Ein Einvernehmen des Elternbeirates liegt vor, wenn er eine volle Zustimmung gegeben hat.

10.6 Das Schulforum und der Berufsschulbeirat

Alle wesentlichen Organe der Schule werden im Schulforum zusammengeführt.

> **Art. 69 BayEUG**
>
> (2) Mitglieder des Schulforums sind die Schulleiterin oder der Schulleiter sowie drei von der Lehrerkonferenz gewählte Lehrkräfte, die oder der Elternbeiratsvorsitzende sowie zwei vom Elternbeirat gewählte Elternbeiratsmitglieder, der Schülerausschuss und ein Vertreter des Schulaufwandsträgers. ...

Das Schulforum berät Fragen, die Schülerinnen und Schüler, Eltern und Lehrkräfte gemeinsam betreffen, und gibt Empfehlungen ab. Vorsitzender ist der Schulleiter. Folgende Entscheidungen werden im **Einvernehmen** mit dem Schulforum u. a. getroffen:

- Entwicklung eines Schulprofils
- Antrag als MODUS-Schule
- Erlass der Hausordnung
- Festlegung der Pausenordnung und -verpflegung
- Grundsätze über die Durchführung von Veranstaltungen im Rahmen des Schullebens

Kann kein Einvernehmen hergestellt werden, entscheidet die Schulaufsichtsbehörde.

An Grundschulen wird kein Schulforum eingerichtet. An Berufsschule tritt der Berufsschulbeirat an die Stelle des Schulforums.

> **Art. 71 BayEUG**
>
> (1) Der Berufsschulbeirat hat die Aufgabe, die Beziehungen zwischen Schule, Schülerinnen und Schülern, Erziehungsberechtigten, Ausbildungsbetrieb, Arbeitswelt und Wirtschaft zu fördern...

Die Beteiligung des Berufsschulbeirat ist notwendig bei:

- Beschaffung von Lernmitteln
- Auflösung einer Berufsschule
- Einführung oder Aufhebung des Blockunterrichts
- Entscheidungen, die er anstelle des Schulforums trifft

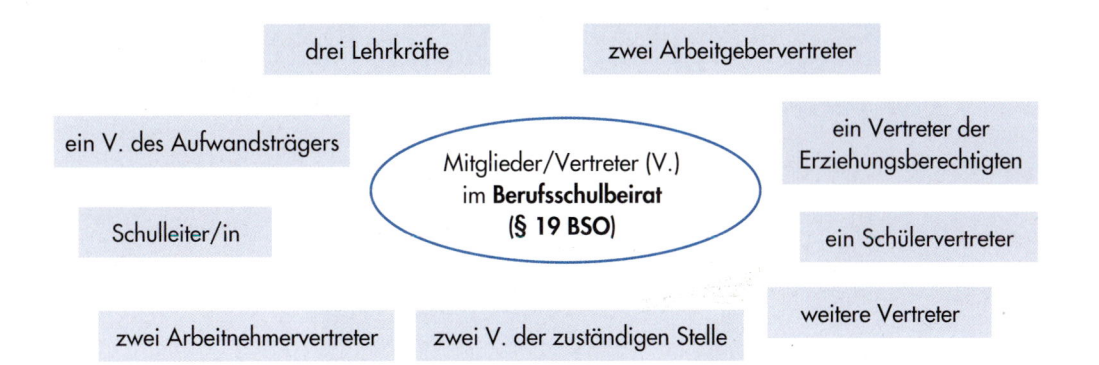

```
        drei Lehrkräfte        zwei Arbeitgebervertreter

ein V. des Aufwandsträgers                              ein Vertreter der
                      ( Mitglieder/Vertreter (V.)        Erziehungsberechtigten
                           im Berufsschulbeirat
       Schulleiter/in          (§ 19 BSO)               ein Schülervertreter

                                                        weitere Vertreter
 zwei Arbeitnehmervertreter   zwei V. der zuständigen Stelle
```

Wiederholung – Vertiefung

1. In welcher Funktion handelt der Schulleiter, wenn er eine dienstliche Beurteilung erstellt?
2. In welcher Funktion handelt der Schulleiter, wenn er Zeugnisse unterschreibt?
3. Die Lehrerkonferenz beschließt die Einführung eines Lehrbuches, das allerdings noch nicht die Zulassung erhalten hat. Der Schulleiter weigert sich, das Buch zu bestellen. Rechtslage?
4. Der Schulleiter beanstandet eine Stegreifaufgabe als unangemessen für die Jahrgangsstufe und erklärt die Aufgabe als ungültig. Die Lehrkraft beruft sich auf ihre unmittelbare pädagogische Verantwortung gemäß Art. 59 Abs. 1 BayEUG. Rechtslage?
5. Für die Pausenaufsicht einer Schule mit mehr als 300 Schülern wird nur eine Lehrkraft eingeteilt. Ein Schüler wird in einer Rauferei verletzt. Wer trägt die Verantwortung?
6. Diskutieren Sie die Vorteile einer direktorialen Schulverfassung.
7. Welche kollegialen Entscheidungsorgane der Lehrerschaft kennt das BayEUG?
8. Erläutern Sie für ausgewählte Kompetenzen der Lehrerkonferenz die jeweilige Begründung.
9. Inwieweit wird bei der Entscheidungsbefugnis der Lehrerkonferenz die grundsätzliche Position des Schulleiters berücksichtigt?
10. In einer Schülerzeitung wird eine Lehrkraft mit obszönen Bezeichnungen beleidigt. Unter welcher Bedingung kann der Schulleiter die Herausgabe untersagen?
11. Begründen Sie die Kompetenzverteilung innerhalb der Organe der SMV einer Schule.
12. Welche allgemeine Begründung sehen Sie in der schulischen Einrichtung des Elternbeirates?
13. Erörtern Sie die Aufgabe und Rechtsposition des Elternbeirates bei der Verhängung von Ordnungsmaßnahmen.
14. Worin liegt der Unterschied zwischen einer einvernehmlichen Beteiligung des Elternbeirates und einer Beteiligung im Benehmen des Elternbeirates?
15. An welchen öffentlichen Schulen gibt es kein Schulforum? Worin liegt die Begründung?

11 Stellung, Aufgaben und Dienstpflichten des Lehrers

© *Schulmuseum Ichenhausen*

Fall 10

Am unterrichtsfreien Buß- und Bettag sind die Lehrkräfte der Beruflichen Oberschule X zu einem »Pädagogischen Tag« eingeladen. Die evangelische Lehrkraft U bleibt zu Hause, da sie noch eine große Zahl von Leistungsnachweisen zu korrigieren hat.

- Besteht für die Lehrkraft U eine Teilnahmepflicht am »Pädagogischen Tag«?

11.1 Stellung und Aufgaben des Lehrers

Nach Art. 59 BayEUG tragen die Lehrkräfte die unmittelbare Verantwortung für den Unterricht und die Erziehung der Schülerinnen und Schüler und sind gegenüber dem ihnen zugeordneten sonstigen pädagogischen Personal weisungsbefugt.

Die Lehrkräfte haben den in Art. 1 und 2 BayEUG niedergelegten Bildungs- und Erziehungsauftrag sowie die Lehrpläne und Richtlinien für den Unterricht und die Erziehung zu beachten und müssen die verfassungsrechtlichen Grundwerte glaubhaft vermitteln.

> **Art. 59 Abs. 2 BayEUG, § 2 Abs. 2 Satz 3 LDO**
>
> Äußere Symbole und Kleidungsstücke, die eine religiöse oder weltanschauliche Überzeugung ausdrücken, dürfen von Lehrkräften im Unterricht nicht getragen werden, sofern die Symbole oder Kleidungsstücke bei den Schülerinnen und Schülern oder den Eltern auch als Ausdruck einer Haltung verstanden werden können, die mit den verfassungsrechtlichen Grundwerten und Bildungszielen der Verfassung einschließlich den christlich-abendländischen Bildungs- und Kulturwerten nicht vereinbar ist.

Für Lehrkräfte im Vorbereitungsdienst können im Einzelfall Ausnahmen der vorgenannten Bestimmung zugelassen werden, z. B. das Tragen eines Kopftuches.

Die Lehrkräfte erfüllen ihre Aufgaben im vertrauensvollen Zusammenwirken mit den Schülerinnen und Schülern und den Erziehungsberechtigten, bei den beruflichen Schulen außerdem mit den Ausbildenden, den Arbeitgebern und den Arbeitnehmervertretern und Arbeitnehmervertreterinnen der von ihnen unterrichteten Schülerinnen und Schüler.

Lehrkräften, die unbefristet im Beschäftigungsverhältnis an öffentlichen Schulen tätig sind, kann für die Dauer ihrer Tätigkeit das Recht eingeräumt werden, Berufsbezeichnungen Berufsbezeichnungen (z.B. StR i.B.) zu führen, die das Staatsministerium für Bildung und Kultus, Wissenschaft und Kunst für bestimmte Gruppen von Lehrkräften allgemein festsetzt. Lehrkräfte, die wegen Alters oder Arbeitsunfähigkeit ausscheiden, sind berechtigt, ihre bisherige Berufsbezeichnung mit dem Zusatz »a.D.« widerruflich weiterzuführen.

11.2 Allgemeine Dienstpflichten der Lehrkraft

Die allgemeine Dienstpflicht gemäß § 9a LDO stellt den Kern aller Dienstpflichten des Lehrers dar. Daneben regeln weitere detaillierte Vorschriften wie z.B. die Aufsichtspflicht gemäß § 5 LDO (Gliederungspunkt 13) und die außerunterrichtlichen Dienstpflichten gemäß § 9a LDO das Dienstverhältnis der Lehrkraft. Vorschriften zum Unterricht finden sich in § 3 LDO.

> **§ 9a LDO**
>
> (1) Die Lehrkraft ist verpflichtet, ihre Arbeitskraft dem Dienst als Lehrkraft zu widmen. Dies verlangt erzieherischen Einsatz der Lehrkraft auch außerhalb des Unterrichts. Bei teilzeitbeschäftigten Lehrkräften soll der verminderte Umfang der Unterrichtspflichtzeit bei der Heranziehung zu Unterrichtsvertretungen und außerunterrichtlichen Verpflichtungen berücksichtigt werden, soweit dies mit pädagogischen Erfordernissen vereinbar ist, die ordnungsgemäße Erledigung der Dienstgeschäfte nicht beeinträchtigt wird und schulrechtliche Bestimmungen nicht entgegenstehen.

Diese grundlegenden Ausführungen leiten sich aus § 34 Satz 1 BeamtStG ab: »Beamtinnen und Beamte haben sich mit vollem persönlichem Einsatz ihrem Beruf zu widmen. Sie haben die übertragenen Aufgaben uneigennützig nach bestem Gewissen wahrzunehmen. Ihr Verhalten muss der Achtung und dem Vertrauen gerecht werden, die ihr Beruf erfordert.«

> **§ 9a LDO**
>
> (2) Die Lehrkräfte sind verpflichtet, sich selbst fortzubilden und an dienstlichen Fortbildungsveranstaltungen teilzunehmen...

Soweit die Fortbildung[1] dienstlich angeordnet ist, ist die Teilnahme Dienst, so dass es zur Teilnahme an einer solchen Fortbildungsveranstaltung keiner Dienstbefreiung bedarf. Es besteht daher auch voller Dienstunfallschutz.

Für die Frage der Beurlaubung und Dienstbefreiung zu sonstigen Fortbildungsveranstaltungen wird auf § 16 UrlV hingewiesen.

> **Aus den Beurteilungsrichtlinien:**
>
> 3. Berufskenntnisse und ihre Erweiterung in den Fächern der Lehramtsbefähigung, sonstiges für die Berufstätigkeit förderliches Können und Wissen, Kenntnisse des Schul- und Dienstrechts, Bereitschaft zur Fortbildung und zur Weitergabe der gewonnenen Erkenntnisse in Schule und Unterricht.

---

1 Gem. KMBek (III/7-P4100-6/51011 von 09.08.2002) beträgt die Fortbildungsverpflichtung zwölf Tage in vier Jahren.

Die KMBek vom 09.08.2002 (KWMBl I S.260) enthält Grundsätze zur Lehrerfortbildung in Bayern.

In **Fall 11** besteht für die Lehrkraft Teilnahmepflicht am Pädagogischen Tag.

Sollte die evangelische Lehrkraft am Buß- und Bettag ihren religiösen Verpflichtungen nachgehen wollen, ist ihr hierzu Dienstbefreiung zu gewähren.

Die Bereitschaft zur Fortbildung und vor allem zur Weitergabe und Umsetzung der gewonnenen Erkenntnisse in Schule und Unterricht ist im Rahmen der Berufskenntnisse gemäß Abschnitt A Nr. 2.2.2 Ziffer 3 der Beurteilungsrichtlinien auch in der dienstlichen Beurteilung zu würdigen.

§ 9a LDO

(3) Die Lehrkraft hat ihre Unterrichtszeiten einzuhalten. Sie ist verpflichtet, auch außerhalb ihres planmäßigen Unterrichts zur Übernahme von Vertretungen und – unbeschadet ihres Urlaubsanspruchs – in den Ferien aus dienstlichen Gründen in zumutbarem Umfang zur Verfügung zu stehen; die Anwesenheit in der Schule kann angeordnet werden; darüber sind die Lehrkräfte frühzeitig zu informieren.

Satz 1 erinnert an die selbstverständliche Pflicht zur Einhaltung der Unterrichtszeiten; auch etwa wegen Veranstaltungen der Lehrer zur Gemeinschaftspflege.[1] An staatlichen Schulen darf Unterricht – abgesehen von einer begrenzten Sonderregelung – nicht entfallen.

Satz 2 enthält die Verpflichtung der Lehrkräfte zur Übernahme von Unterrichtsvertretungen, zur eventuellen Übernahme von Tätigkeiten während der Ferien und ggf. auch zur Anwesenheit in der Schule; der zustehende Erholungsurlaub (vgl. § 3 UrlV) darf dadurch nicht verkürzt werden.

Die Lehrkraft ist frühzeitig über die vom planmäßigen Unterricht abweichenden Einsätze und insbesondere über Verpflichtungen während der Ferienzeit zu informieren. Naturgemäß können Unterrichtsvertretungen häufig nur kurzfristig festgesetzt werden. Verpflichtungen, die während der Ferien eine Anwesenheit der Lehrkraft erfordern, sind jedoch zur Vermeidung von zeitlichen Konflikten mit der Urlaubsplanung der Lehrkraft dieser so früh wie möglich mitzuteilen.

§ 9a LDO

(4) Bei Bedarf kann die Lehrkraft auch für den Unterricht in Fächern eingesetzt werden, für die sie keine Prüfung abgelegt hat. Dieser fachfremde Unterricht wird – was Fachkenntnisse und Fachdidaktik betrifft – bei der Beurteilung der Lehrkraft nicht zu deren Nachteil herangezogen.

Gemäß Art. 21 Abs. 2 BayLBG ist eine Verwendung von Lehrkräften auch außerhalb ihres Lehramts und auch über die dort in Absatz 1 genannten Fallgestaltungen sogar in anderen Schularten zulässig, wenn entsprechende Lehrkräfte nicht in ausreichender Zahl zur Verfügung stehen; dabei ist die Verwendung grundsätzlich auf Unterrichtsfächer zu beschränken, auf die sich Vorbildung und Ausbildung bezogen haben. Wenn danach, wovon Abs. 4 Satz 1 ausgeht, fachfremder Unterricht ausnahmsweise zulässig ist, so liegt es doch aus fachlichen wie aus pädagogischen Gründen nahe, ihn nach Möglichkeit durch eine Lehrkraft eines artverwandten Faches erteilen zu lassen.

---

1 Förderung des »Betriebsklimas«

Abweichend von Abs. 4 Satz 1 ist (nur) im Religionsunterricht die Zustimmung der Lehrkraft notwendig (Art. 136 Abs. 3 BV). Anders bei der Erteilung des Ethikunterrichts: Dabei soll der Unterricht lediglich »nach Möglichkeit von Lehrkräften erteilt werden, die sich freiwillig zur Verfügung stellen«. Ferner ist bei Erteilung des Religionsunterrichts die Bevollmächtigung der Lehrkraft durch die betreffende Religionsgemeinschaft erforderlich.

Soweit die Lehrkraft im fachfremden Unterricht gute Leistungen erbringt, sind diese natürlich für sie positiv zu bewerten.

§ 9a LDO

(5) Durch Anordnung der Schulaufsichtsbehörden kann eine Lehrkraft verpflichtet werden, an mehreren Schulen Unterricht zu erteilen.

Die Einsatzschulen können sich an verschiedenen Orten befinden. Für den Einsatz an mehreren Schulen können Anrechnungen auf die Unterrichtspflichtzeit nach Maßgabe der für die jeweilige Schulart geltenden Bestimmungen über die Unterrichtspflichtzeit gewährt werden. Die Schulaufsichtsbehörden sind in § 37 LDO aufgezählt.

§ 9a LDO

(6) Die Lehrkräfte sind verpflichtet, im Rahmen der Zuständigkeit der Schule, an der sie tätig sind, Hausunterricht zu erteilen (§ 4 der Verordnung über den Hausunterricht vom 29. August 1989, GVBl S. 455, ber. S. 702).

Nähere Ausführungen sind in der Verordnung über den Hausunterricht (VHU) vom 29.08.1989 (GVBl S. 455, ber. S. 702; KWMBl I S. 255, ber. 1990 S. 2) sowie die KMBek vom 05.10.1989 (KWMBl I 1990 S. 10) zum Hausunterricht für längerfristig kranke Schüler (Orientierungshilfen zur Erteilung des Hausunterrichts) zu finden.

§ 9a LDO

(7) Lehrkräfte der Förderschulen sind verpflichtet, die Aufgaben der Förderschulen in allen in Art. 19 Abs. 2 BayEUG genannten Tätigkeitsbereichen wahrzunehmen.

Exkurs: Inklusion als Aufgabe aller Schulen

Schülerinnen und Schüler mit Behinderung haben die Möglichkeit des gleichberechtigten Zugangs zum Bildungswesen. So sieht es die UN-Behindertenrechtskonvention vor, und so ermöglicht es das Gesetz zur Inklusion in den Schulen ab dem Schuljahr 2011/12 in Bayern. Der Gesetzentwurf wurde am 13. Juli 2011 einstimmig vom Bayerischen Landtag beschlossen.

Inklusiver Unterricht und eine inklusive Schulentwicklung ist danach Aufgabe aller Schulen.

So gibt es neben bewährten Formen des gemeinsamen Lernens von Kindern mit und ohne Behinderung wie der Partnerklasse (bisher Außenklasse genannt), der Kooperationsklasse und der Einzelintegration weitere neue Möglichkeiten des inklusiven Unterrichts – insbesondere an den Schulen mit dem Schulprofil »Inklusion«.

Inklusion ist verbindliche Aufgabe aller Schulen und Schularten. Das bedeutet: Alle Schulen und Lehrkräfte müssen sich diesem Thema stellen. Die Unterrichtung von Schülerinnen und Schülern mit sonderpädagogischem Förderbedarf ist im Rahmen des differenzierten Schulsystems an jeder Schule möglich. Die Schulen sowie die Schülerinnen und Schüler werden dabei von den Mobilen Sonderpädagogischen Diensten der Förderschule unterstützt.

Weitere wichtige Bestandteile des Gesetzes sind:

- Klassen mit »festem Lehrertandem« für Schülerinnen und Schüler mit sehr hohem sonderpädagogischem Förderbedarf an Schulen mit dem Schulprofil »Inklusion« (»Zwei-Lehrer-Prinzip«)
- Stärkung des Elternwahlrechts
- Erhalt der Förderschulen als alternative Lernorte und Kompetenzzentren

Art. 19 BayEUG

(2) Zu den Aufgaben der Förderschulen gehören:
1. die schulische Unterrichtung und Förderung in Klassen mit bestimmten Förderschwerpunkten,
2. die vorschulische Förderung durch die schulvorbereitenden Einrichtungen,
3. im Rahmen der verfügbaren Stellen und Mittel
   a) die vorschulische Förderung durch die Mobile Sonderpädagogische Hilfe und
   b) die Mobilen Sonderpädagogischen Dienste zur Unterstützung förderbedürftiger Schülerinnen und Schüler in allgemeinen Schulen oder in Förderschulen.

(3) Die Förderschulen erfüllen den sonderpädagogischen Förderbedarf, indem sie eine den Anlagen und der individuellen Eigenart der Kinder und Jugendlichen gemäße Bildung und Erziehung vermitteln. Sie tragen zur Persönlichkeitsentwicklung bei und unterstützen die soziale und berufliche Entwicklung. Bei Kindern und Jugendlichen, die ständig auf fremde Hilfe angewiesen sind, können Erziehung und Unterrichtung pflegerische Aufgaben beinhalten.

(4) Auf die Förderschulen sind die Vorschriften für die allgemeinen Schulen unter Berücksichtigung der sonderpädagogischen Anforderungen entsprechend anzuwenden. Für die Volksschulen zur sonderpädagogischen Förderung gilt Art. 7 Abs. 3 entsprechend. Soweit es mit den jeweiligen Förderschwerpunkten vereinbar ist, vermitteln die Förderschulen die gleichen Abschlüsse wie die vergleichbaren allgemeinen Schulen.

Seit der Einführung des generellen Rauchverbotes an Schulen wird dessen Sinnhaftigkeit bei Schülern, Eltern, Lehrkräften, Schulverwaltungen und Sachaufwandsträgern kontrovers diskutiert.

§ 9a LDO

(8) In der Schule und auf dem Schulgelände (mit Ausnahme von dort gelegenen Wohnungen) darf nicht geraucht werden. Bei schulischen Veranstaltungen außerhalb des Schulgeländes sollen die Lehrkräfte und das sonstige schulische Personal auf das Rauchen verzichten.

Das Rauchverbot in Schulen und auf dem Schulgelände gilt für alle Personen, solange sie sich dort aufhalten, also für die Schülerinnen und Schüler, für Lehrkräfte und für das weitere Schulpersonal und auch für alle Besucher der Schule.

§ 9a Abs. 8 Satz 1 LDO wiederholt das in Art. 2 Nr. 2 GSG normierte Rauchverbot, wonach in der Schule und auf dem Schulgelände nicht geraucht werden darf. Begründet wird das Rauchverbot aber durch die jeweilige gesetzliche Regelung.

Gleichzeitig legt § 9a Abs. 8 Satz 2 LDO den Lehrkräften und dem sonstigen schulischen Personal für schulische Veranstaltungen außerhalb des Schulgeländes einen grundsätzlichen Rauchverzicht auf.

Bei der Umsetzung des Gesetzeszweckes, Kinder und Jugendliche vor dem Tabakkonsum zu bewahren und insbesondere auch jugendliche Nichtraucher vor den Gefahren des Passivrauchens zu schützen, kommt der Schulleitung eine besondere Verantwortung zu. Diese hat für die Einhaltung des umfassenden Rauchverbots Sorge zu tragen (vgl. Art. 7 Satz 1 Nr. 2 und 9 Abs. 2 GSG).

11.3 Der Unterricht

Die Verpflichtung der Lehrkraft, seine Arbeitskraft dem Dienst als Lehrkraft zu widmen, drückt sich in seiner Unterrichtstätigkeit aus. Generelle Regelungen finden sich hierzu in § 3 LDO.

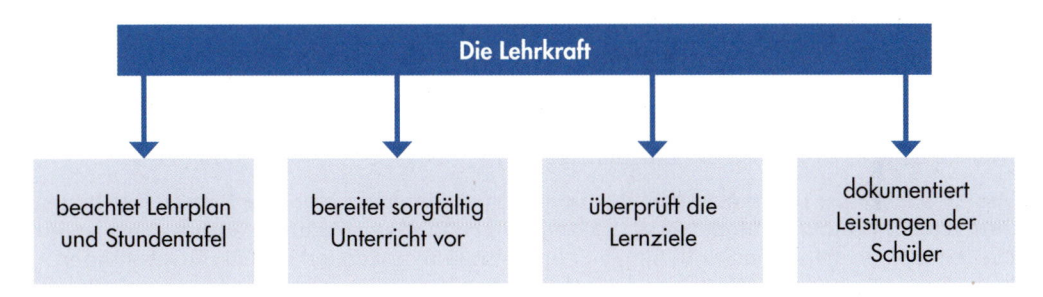

Die Lehrkraft
- beachtet Lehrplan und Stundentafel
- bereitet sorgfältig Unterricht vor
- überprüft die Lernziele
- dokumentiert Leistungen der Schüler

Aus diesen grundsätzlichen Anforderungen an die Lehrkraft leiten sich weitere in § 3 LDO festgelegte Einzelregelungen ab:

- Die gleichmäßige Verteilung des Lehrstoffs und der Leistungserhebungen über das Schuljahr
- Auf Verlangen des Schulleiters bzw. der Schulaufsichtsbehörde die Ausarbeitung eines Stoffverteilungsplanes bzw. einer didaktischen Jahresplanung
- In Abhängigkeit der Altersstufe die Überwachung der Heftführung und deren Korrektur
- Die Kooperation mit anderen Lehrkräften der Klasse, um eine Überlastung der Schüler zu vermeiden
- Die Aufbewahrung der Dokumentation der Schülerleistungen für mindestens zwei Jahre nach Ablauf des Schuljahres

11.4 Außerunterrichtliche Dienstpflichten

§ 9b LDO behandelt außerunterrichtliche Dienstpflichten der Lehrkräfte und wurde mit Bekanntmachung vom 24.06.2005 eingefügt. In sachlichem Zusammenhang hiermit stehen ebenfalls die die Dienstpflichten berührenden §§ 4 und 9a LDO.

Satz 1 spricht die grundsätzliche Verpflichtung der Lehrkräfte zur Wahrnehmung außerunterrichtlicher Aufgaben an, Satz 2 benennt Beispiele und Satz 3 schreibt die Gleichmäßigkeit der Belastung der Lehrkräfte vor.

> **§ 9b LDO**
>
> **Satz 1:** Zur Wahrnehmung des Bildungs- und Erziehungsauftrags der Schule hat die Lehrkraft über den planmäßigen Unterricht und die damit in Zusammenhang stehenden dienstlichen Verpflichtungen hinaus in angemessenem Umfang außerunterrichtliche Aufgaben wahrzunehmen.

Nach Satz 1 haben die Lehrkräfte die grundsätzliche Verpflichtung in angemessenem Umfang auch außerunterrichtliche Aufgaben wahrzunehmen. Art und Inhalt der dienstlichen Tätigkeit der Lehrkräfte leiten sich aus dem staatlichen Erziehungsauftrag und den Aufgaben der Schule (vgl. insb. Art. 2 BayEUG) ab. Die Unterrichtserteilung ist und bleibt die Hauptaufgabe der Lehrkräfte.

Es steht dem Dienstherrn frei, auch die Ausprägung der außerunterrichtlichen Dienstaufgaben festzulegen.

Dies kann in allgemeinen Regelungen wie etwa durch die LDO für Lehrkräfte aller Schularten geschehen. Möglich sind aber auch Regelungen für einzelne Schularten und ebenso Einzelregelungen durch die jeweiligen Vorgesetzten.

Diese Festlegung der Dienstaufgaben muss nicht durch Rechtsnorm erfolgen, sie steht dem Dienstherrn auf Grund seines Direktionsrechts zu.

Die Arbeitszeit der Lehrkräfte ist nicht auf die Unterrichtspflichtzeit beschränkt. Das in den jeweiligen Bekanntmachungen über die Unterrichtspflichtzeit genannte Stundenmaß ist nur ein Teil der Arbeitszeit im Sinne der auch für Lehrkräfte geltenden Arbeitszeitverordnung.

Die Beschränkung der Übertragungsmöglichkeit außerunterrichtlicher Aufgaben auf einen angemessenen Umfang in Satz 1 soll sicherstellen, dass die arbeitszeitmäßigen Grenzen nicht überschritten werden. Dabei ist jedoch zu berücksichtigen, dass aus der verfügbaren Arbeitszeit letztlich auch die übertragene Aufgabe und deren Gewichtung im Rahmen der gesamten dienstlichen Tätigkeit mit definiert wird. Die Schulleitung wird auf eine sachgerechte Erfüllung der übertragenen Aufgaben achten und ggf. die Einhaltung angemessener Anforderungen sichern müssen.

> **§ 9b LDO**
>
> **Satz 2:** Die außerunterrichtlichen Aufgaben richten sich auch nach dem Profil der Schule (z. B. Ganztagsangebote, Inklusion); dazu zählen aber neben den Verpflichtungen aus § 4 Abs. 1 insbesondere die nachfolgenden Aufgaben:
>
> - die Vorbereitung des neuen Schuljahres,
> - die Erledigung von Verwaltungsgeschäften,

---

1 Teilnahmeverpflichtung an Schülerfahrten, dies wird im Kapitel 17 besprochen

- die Teilnahme an dienstlichen Besprechungen,
- die Mitwirkung an der Aus- und Fortbildung der staatlichen Lehrkräfte und an staatlichen Prüfungen,
- die Weiterentwicklung und Sicherung der fachlichen und pädagogischen Qualität der Schule,
- die Planung, Durchführung und Evaluation von Maßnahmen im Rahmen der inneren Schulentwicklung,
- die ständige Weiterentwicklung der Zusammenarbeit mit den Eltern sowie des Kontakts zu den Ausbildenden, Arbeitgeber- und Arbeitnehmervertretern der Beschäftigungsbetriebe,
- die Zusammenarbeit mit außerschulischen Partnern,
- die Gestaltung des Schullebens.

Das Schulprofil wird geprägt von der Unterrichtsqualität, den schulischen Traditionen sowie sämtlichen unterrichtlichen und außerunterrichtlichen Aktivitäten, die das Schulleben entscheidend gestalten. Wesentlich getragen wird das Schulprofil vom Engagement und der Innovationsfreude der Lehrkräfte. All diese Faktoren gehören zum Gesamtbild der Schule, begründen ihren Ruf in der Öffentlichkeit und damit ihr Profil. Auch bei der Entwicklung eines Schulprofils hat die Schulgemeinschaft vertrauensvoll zusammenzuwirken.

Die Aufgaben lassen sich schulgebundenen Funktionen zuordnen, die an jeder Schule erfüllt werden müssen, wie z.B. Klassen- oder Kursleitung, Fachbetreuung, Stundenplanerstellung, Lehr- und Lernmittelbetreuung, Sammlungsleitungen, Bibliotheksbetreuung, Medienfragen, Sicherheitsangelegenheiten, Sportangelegenheiten, organisatorische Vorbereitung des neuen Schuljahres.

Es kann sich aber auch um primär pädagogische Maßnahmen handeln wie z.B. Schulhausgestaltung, Schultheater, Schülerzeitung, Schullandheime, Schulpartnerschaften, Steuergruppe Schulentwicklung, Verbindungslehrer, Schulbibliothek, schulhausinterne Lehrerfortbildung, organisatorische und pädagogische Vorbereitung des neuen Schuljahres durch Mitwirkung bei der Stundenplangestaltung, Gestaltung des ersten Schultages für Schulanfänger und Übertrittsschüler, Schwerpunktsetzung für Arbeitsgemeinschaften, Planung von Klassen oder jahrgangsstufenübergreifenden Projekten u.a. Eine strikte Gruppierung oder eine unterschiedliche Wertung ist damit nicht verbunden. Auch Aufgaben mit organisatorischem Inhalt sind regelmäßig unter pädagogischen Gesichtspunkten zu erfüllen.

Die in der Aufzählung genannten Beispiele sind nicht abschließend.

Besprechungen, Teamsitzungen, Konferenzen, interne Fortbildungen, Elterngespräche und Planung gemeinsamer Projekte sind Formen wie die genannten Aufgaben möglichst effektiv und gewinnbringend für die Weiterentwicklung der fachlichen und pädagogischen Qualität der Schule umgesetzt werden können.

§ 9b LDO

Satz 3: Der Schulleiter hat darauf zu achten, dass die außerunterrichtlichen Aufgaben unter Berücksichtigung der individuellen dienstlichen Belastung möglichst gleichmäßig auf alle Lehrkräfte verteilt werden.

§ 27 Abs. 1 Satz 3 der LDO verpflichtet den Schulleiter bereits generell, auf die möglichst gleichmäßige Belastung der Lehrkräfte zu achten. Satz 2 betont speziell für die außerunterrichtlichen Aufgaben die Verpflichtung des Schulleiters, diese unter Berücksichtigung der individuellen dienstlichen Belastung möglichst gleichmäßig auf alle Lehrkräfte zu verteilen.

Dadurch soll sichergestellt werden, dass diese Aufgaben von allen Mitgliedern des Kollegiums geschultert werden, da jede Lehrkraft Verantwortung für die Gesamtleistung der Schule trägt und damit am Profil der Schule mitarbeitet.

Auch teilzeitbeschäftigte Lehrkräfte können gemäß § 9a Abs. 1 Satz 3 LDO neben Unterrichtsvertretungen grundsätzlich zu außerunterrichtlichen Verpflichtungen herangezogen werden. Im Gegensatz zu nebenamtlich oder unterhälftig beschäftigten Lehrkräften (vgl. § 1 Abs. 2 LDO) ist bei teilzeitbeschäftigten Lehrkräften die Verpflichtung zur Teilnahme an Lehrer- und Klassenkonferenzen durch die LDO nicht eingeschränkt. Ebenso wie bei der Teilnahme an Wanderungen und Fahrten wäre hier auch eine (entsprechend dem Verhältnis der Teil- zur Vollarbeitszeit) nur anteilige Dienstleistung faktisch nicht möglich. Diese Lehrkräfte sind damit unabhängig von ihrer Teilzeitquote zunächst – wie Vollzeitkräfte – zur Übernahme eines dienstlich erforderlichen »Sockels« an – nicht teilbaren oder von jeder Lehrkraft zu erbringenden – außerunterrichtlichen Aufgaben verpflichtet.

Bei der Zuweisung weiterer sonstiger außerunterrichtlicher Aufgaben ist jedoch regelmäßig der durch Teilzeit verminderte Umfang der Unterrichtspflichtzeit zu berücksichtigen.

Für die Aufgabenverteilung sind neben der Frage der gleichmäßigen Belastung auch zahlreiche andere Gesichtspunkte von Bedeutung wie etwa die besondere Befähigung (möglicherweise auch die Neigung) einer Lehrkraft zu einer anstehende Aufgabe, die Vermeidung von »Spezialisten-Reservaten« zur Sicherung der Funktionsfähigkeit der Schule oder die Bewährungsmöglichkeit für Lehrkräfte auch in anderen Feldern. Dabei haben die dienstlichen Belange den Vorrang; nur wenn diese nicht entgegenstehen und die Gleichbehandlung im Kollegium gesichert ist, kann begründeten Wünschen der Lehrkraft im Rahmen des Möglichen entsprochen werden. Die Lehrkräfte haben aber kein Recht auf Zuweisung oder Ablehnung einer bestimmen Aufgabe; die Umsetzung der von der Schulleitung in Absprache mit den Lehrkräften gebilligten oder von ihr entschiedenen (und ggf. auch als Weisung weitergegebenen) Aufgabenverteilung ist Dienstpflicht der Lehrkräfte. Eine hohe Transparenz wird die Akzeptanz der Regelung bei der Mehrzahl der Lehrkräfte sichern.

Der Aufwand für die außerunterrichtlichen Aufgaben der Lehrkräfte ist im Gegensatz zum Unterricht zeitlich nicht exakt messbar und damit – soweit nicht Erfahrungswerte für sich wiederholende Aufgaben vorliegen – vielfach auch nur schwer prognostizierbar. Sollte sich nachträglich ergeben, dass die Schulleitung den Aufwand einer Aufgabe wesentlich unter- oder überschätzt hat und dies einen erheblichen Teil der Gesamtarbeitszeit der Lehrkraft betrifft, könnte bei der Verteilung neuer Aufgaben ein Ausgleich aufgetretener massiver Disparitäten – ggf. auch erst im folgenden Schuljahr – zu prüfen sein.

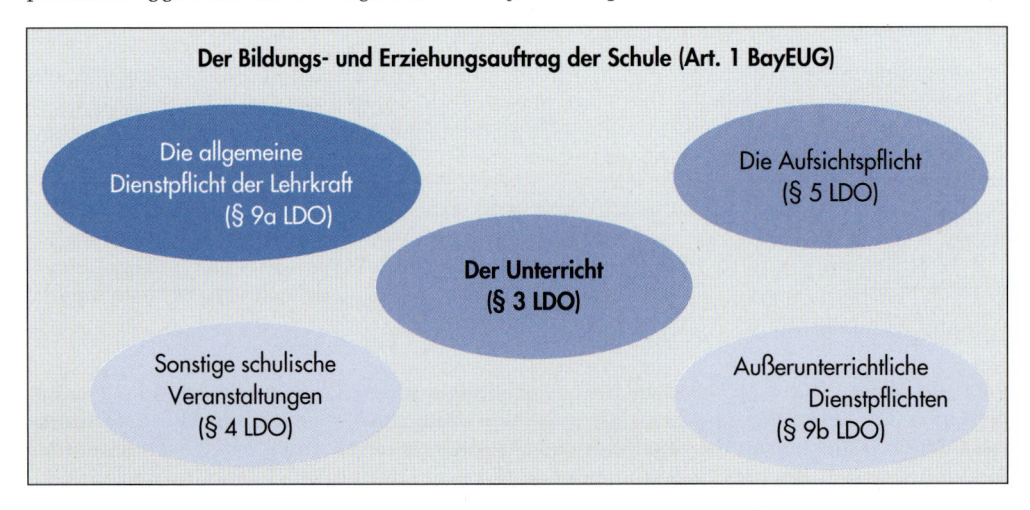

Der Bildungs- und Erziehungsauftrag der Schule (Art. 1 BayEUG)

- Die allgemeine Dienstpflicht der Lehrkraft (§ 9a LDO)
- Die Aufsichtspflicht (§ 5 LDO)
- Der Unterricht (§ 3 LDO)
- Sonstige schulische Veranstaltungen (§ 4 LDO)
- Außerunterrichtliche Dienstpflichten (§ 9b LDO)

Wiederholung – Vertiefung

1. Notieren Sie zehn Tätigkeiten, die Sie zu den täglichen Aufgaben eines Lehrers zählen und erstellen Sie eine Prioritätenliste (1-10).
2. Der Schulleiter weist Ihnen für das nächste Schuljahr Unterricht in einem Fach zu, für das Sie nicht ausgebildet sind. Ist das rechtlich zulässig?
3. Nehmen Sie Stellung zur »Fortbildungsverpflichtung« und zum »Fortbildungsumfang« der Lehrkräfte.
4. Geben Sie zu fünf außerunterrichtlichen Dienstpflichten je zwei Beispiele aus Ihrer Schulpraxis an.
5. Die Schulleitung informiert in der Eröffnungskonferenz zu Schuljahresbeginn die Lehrkräfte, dass in der ersten »Osterferienwoche« für alle Lehrkräfte Anwesenheitspflicht zur Erarbeitung »didaktischer Handreichungen« angeordnet wird.

    Sie haben für diese Zeit schon einen Urlaub gebucht und fragen sich, wie Sie sich verhalten sollen.

6. Die einzelnen Pflichten des Lehrers stehen in einem inneren Zusammenhang. Finden Sie Inhalte zwischen den nachfolgenden Verknüpfungen:

    a) Allgemeine Dienstpflicht und Unterricht

    b) Unterricht und Aufsichtspflicht

    c) Unterricht und sonstige schulische Veranstaltungen

    d) Außerunterrichtliche Dienstpflichten und Unterricht

    e) Aufsichtspflicht und sonstige schulische Veranstaltungen

    f) Aufsichtspflicht und allgemeine Dienstpflicht

12 Der Klassenleiter

Schulklasse mit Klassenleiterin – immer schon Motiv für Jahresberichte

12.1 Bedeutung

Der Erziehungsauftrag der Schulen und die Organisation bedeutender Aufgaben für die Schüler einer Klasse und die Klasse an sich sind Grundlagen für die Funktion[1] des Klassenleiters. Das Bedürfnis von Kindern nach einer festen Bezugsperson wird insbesondere in der Grundschule mit dem Lehrer, der Lehrerin als Klassenleiter bzw. als Klassenleiterin berücksichtigt. Die Auswahl didaktischer und methodischer Konzepte und individuelle Fördermaßnahmen erfolgen stets in Abstimmung mit der Klassenleitung. »An Grundschulen und Mittelschulen sowie Förderzentren führt die Klassenleiterin oder der Klassenleiter eine Klasse grundsätzlich zwei Jahre« (§ 6 Abs. 1 Satz 2 LDO). Die Klassenleitung wird von der Schulleitung bestimmt. Da die Funktion der Klassenleitung eine zusätzliche Anforderung an eine Lehrkraft stellt, wird Lehrkräften in der Ausbildung eine Klassenleitung erst in einem fortgeschrittenen Ausbildungsstand übertragen. »Die in der Klasse tätigen Lehrkräfte unterstützen den Klassenleiter bei der Erfüllung seiner Aufgaben« (§ 6 Abs. 5 LDO).

Klasse Schüler der Klasse Erziehungsberechtigte evtl. Ausbildenden	⟷ Klassenleitung vertritt die Klasse, koordiniert, informiert ... ⟷	Schulleitung Lehrerkonferenz Klassenkonferenz Lehrkräfte Schule

---

1 Sie hat keine beförderungsrechtlich relevante Bedeutung.

12.2 Aufgabenkatalog

Als Ausfluss der grundsätzlichen Aufgabe der Klassenleitung ergeben sich zahlreiche Einzelaufgaben:

- Verpflichtung, sich über Einträge im Notenbogen oder anderen Unterlagen zu informieren und Schülerbogen und Schülerakten zu führen
- Beratung der Erziehungsberechtigten und Information über wesentliche Vorgänge über den einzelnen Schüler, insbesondere bei auffallendem Abfallen des Leistungsstandes
- Verantwortung für die Erziehungsarbeit in der Klasse
- Erstellung der Zeugnisse im Zusammenwirken mit den übrigen Lehrkräften der Klasse
- Überwachung der eventuell notwendigen Kenntnisnahme der Zeugnisse durch Dritte
- Leitung bei der Wahl der Klassensprecher/innen der Klasse
- Überprüfung und Dokumentation der Schulversäumnisse der Schüler der Klasse
- Mitwirkung bei Beurlaubungs- und Befreiungsanträgen von Schülern der Klasse
- Verwaltung des Klassentagebuches der Klasse
- Information über den Stundenplan, die Hausordnung und Sicherheitsvorschriften
- Organisation einzelner Ordnungsdienste in der Klasse

Wiederholung – Vertiefung

1. Ein 19-jähriger Schüler eines Gymnasiums sinkt in seinem Leistungsstand auffallend ab. Der Klassenleiter informiert die Eltern. Zulässig? (Hinweis: Art. 75 Abs. 1 BayEUG)
2. Ordnen Sie einzelne Klassenleiteraufgaben nach folgendem Zeitraster:
    a) Aufgaben zum Anfang eines Schuljahres
    b) Aufgaben zum Ende eines Schuljahres
    c) Aufgaben fortlaufend während des Schuljahres
3. Wie wird die besondere Mitwirkung des Klassenleiters bei der Erstellung des Zeugnisses Dritten gegenüber erkenntlich?

13 Die Schulbehörden

Fall 13.1

Die Studienreferendarin M will sich bei einer Schule in Bayern bewerben.
- Welche Möglichkeiten stehen der Lehrkraft zur Verfügung?

Fall 13.2

Lehrerin A möchte sich über einen Fortbildungslehrgang für angehende Führungskräfte informieren.
- Bei welchen (Schul-)Behörden könnte sie diesbezüglich anfragen?

Fall 13.3

Grundschullehrer L möchte eine Eingabe an das Kultusministerium einreichen und wird dazu von der Schulleiterin »auf den Dienstweg verwiesen«.
- In welcher Reihenfolge durchläuft die Eingabe die zuständigen Schul(aufsichts)behörden?

13.1 Einführung

Art. 3 BayEUG

(1) Öffentliche Schulen sind staatliche oder kommunale Schulen. Staatliche Schulen sind Schulen, bei denen der Dienstherr des Lehrpersonals der Freistaat Bayern ist. Kommunale Schulen sind Schulen, bei denen der Dienstherr des Lehrpersonals eine bayerische kommunale Körperschaft (Gemeinde, Landkreis, Bezirk oder Zweckverband, ein Kommunalunternehmen oder ein gemeinsames Kommunalunternehmen) ist. Öffentliche Schulen sind nichtrechtsfähige öffentliche Anstalten.

(2) Private Schulen (Schulen in freier Trägerschaft) sind alle Schulen, die nicht öffentliche Schulen im Sinn des Absatzes 1 sind. Sie müssen eine Bezeichnung führen, die eine Verwechslung mit öffentlichen Schulen ausschließt.

Öffentliche Schulen

	Dienstherr	Sachaufwandsträger	Beispiele
Staatliche Schulen	Freistaat Bayern	Kommunale Körperschaft (Gemeinde, Stadt, Bezirk, Kreis, Zweckverband)	Staatl. Grundschule Staatl. Mittelschule Staatl. Realschule Staatl. Gymnasium Staatl. Berufsschule
Kommunale Schulen	Kommunale Körperschaft (Gemeinde, Stadt, Bezirk, Kreis, Zweckverband)	Kommunale Körperschaft (Gemeinde, Stadt, Bezirk, Kreis, Zweckverband)	Städt. Wirtschaftsschule Fachschule des Landkreises

Private Schulen (Schulen in freier Trägerschaft)

	Personalkostenträger	Sachkostenträger	Beispiele
Ersatz-schulen	Privater Schulbetreiber	Privater Schulbetreiber	Private Wirtschaftsschule Kirchliche Realschule
Ergänzungs-schulen	Privater Schulbetreiber	Privater Schulbetreiber	Private Fachakademie für Berufskraftfahrer Berufsfachschule für Butler

Für die Einstellung nach dem Vorbereitungsdienst stehen der Studienreferendarin M (**Fall 13.1**) folgende Möglichkeiten offen:

Staatlicher Schuldienst: Bewerbung auf dem Dienstweg an das Kultusministerium

Kommunaler Schuldienst: Bewerbung bei der jeweiligen Kommune

Privater Schuldienst: Bewerbung beim jeweiligen Träger oder Geschäftsführer der Schule

13.2 Bayerisches Staatsministerium für Unterricht und Kultus

Die zentrale Aufgabe des Bayerischen Staatsministeriums für Unterricht und Kultus ist die Schulaufsicht und die Schulverwaltung. Darüber hinaus hat es zahlreiche andere Aufgaben, wie z. B. die Pflege der Beziehung zwischen Staat und Kirche. Es ist die oberste Dienstbehörde im Bereich des Schul- und Bildungswesens.

Das Ministerium hat elf Abteilungen:

Abteilung I:	Zentrale Aufgaben, IT, Inklusion
Abteilung II:	Haushalt
Abteilung III:	Grund-, Mittel- und Förderschulen
Abteilung IV:	Realschulen, Grundsatzfragen
Abteilung V:	Gymnasien
Abteilung VI:	Berufliche Schulen
Abteilung VII:	Universitäten, Hochschulmedizin
Abteilung VIII:	Hochschulen für angewandte Wissenschaften
Abteilung IX:	Forschung und Planung
Abteilung X:	Kultus, Hochschulrecht
Abteilung XI:	Kunst und Kultur

Anschrift des Ministeriums:

Sitz:	Salvatorstraße 2 80333 München DEUTSCHLAND
Postanschrift Briefpost:	80327 München DEUTSCHLAND
E-Mail:	poststelle@stmbw.bayern.de
Internet:	www.km.bayern.de/
Telefon	089/21 86-0
Telefax	089/21 86-28 00

Akademie für Lehrerfortbildung und Personalführung (ALP)

Als Dienststelle des Bayerischen Staatsministeriums für Unterricht und Kultus erfüllt die Akademie für Lehrerfortbildung und Personalführung (ALP) folgende Aufgaben:

- Zentrale Fortbildung von Lehrern aller Schularten und aller Unterrichtsfächer (außer Sport und Religion) in Bayern
- Aus- und Fortbildung u. a. von Führungskräften
- Weiterbildung mit universitärem Abschluss
- Aus- und Fortbildung in Verkehrs- und Sicherheitserziehung
- Beratung in Informationstechnik, Medienpädagogik und IT-Ausstattung
- Pflege und Betreuung bayerischer Schulserver

> Lehrerin A (**Fall 13.2**) meldet sich für den führungsrelevanten Lehrgang auf dem Dienstweg bei der Akademie für Lehrerfortbildung und Personalführung (ALP) an. Der Dienstvorgesetzte hat zur Bewerbung Stellung zu nehmen.

Institut für Schulqualität und Bildungsforschung (ISB)

Als Institution des Bayerischen Staatsministeriums für Unterricht und Kultus zur Beratung und Unterstützung aller Beteiligten an guter Schule wurde das Institut für Schulqualität und Bildungsforschung (ISB) geschaffen. Das ISB entwickelt u.a. Lehrpläne und Standards, führt Modell- und Schulversuche durch, betreibt Bildungsforschung und ist Motor für Schulentwicklung und Qualitätssicherung.

Staatliche Studienseminare – Seminarschulen – Ausbildungsstätten

Grund- und Mittelschule

Die Lehramtsanwärter werden durch das Bayerische Staatsministerium für Unterricht und Kultus den Regierungsbezirken zugeteilt. Danach legt die zuständige Bezirksregierung den Dienstort fest und nimmt die Zuweisung auf Studienseminare vor. Dabei kann jede Grund- oder Mittelschule grundsätzlich Dienstort sein. Der zweijährige Vorbereitungsdienst[1] beginnt jeweils im September mit dem neuen Schuljahr.

Förderschulen/Sonderpädagogik

Die Lehramtsanwärter werden durch das Bayerische Staatsministerium für Bildung und Kultus, Wissenschaft und Kunst den Regierungsbezirken zugeteilt. Danach legt die zuständige Bezirksregierung den Dienstort fest und nimmt die Zuweisung auf Studienseminare vor. Dabei sind den jeweiligen Fachrichtungen entsprechende Seminarschulen zugewiesen. Der zweijährige Vorbereitungsdienst beginnt halbjährlich zum Unterrichtsbeginn eines Schuljahres im September oder zum Schulhalbjahr im Februar.

Realschule

Die Ausbildung gliedert sich in zwei Abschnitte. Im ersten Jahr erfolgt sie durchgehend an der Seminarschule, das zweite Jahr wird an der Einsatzschule abgeleistet.

Der zweijährige Vorbereitungsdienst kann jeweils nur zum September aufgenommen werden.

---

[1] Der Vorbereitungsdienst wird in allen Schularten Bayerns auch als Referendariat bezeichnet.

Gymnasium

Der Vorbereitungsdienst gliedert sich in drei Ausbildungsabschnitte.

Im ersten Ausbildungsabschnitt (sechs Monate) wird der Studienreferandar an der Schule ausgebildet, an der das Studienseminar eingerichtet ist (Seminarschule).

Im zweiten Ausbildungsabschnitt (zwölf Monate) wird der Studienreferandar einer anderen Schule (Einsatzschule) zugewiesen. Einsatzschulen sind staatliche Gymnasien.

Im dritten Ausbildungsabschnitt (sechs Monate) schließt der Studienreferandar seine Ausbildung an der Seminarschule ab.

Berufliche Schulen

Nach erfolgreich abgelegter Erster Lehramtsprüfung für das Lehramt an beruflichen Schulen können die Bewerber/innen als Studienreferendare/Studienreferendarinnen in den 24-monatigen Vorbereitungsdienst für das Lehramt an beruflichen Schulen aufgenommen werden. Der Ersten Lehramtsprüfung für berufliche Schulen entspricht auch eine im Geltungsbereich des Bayerischen Lehrerbildungsgesetzes abgelegte Diplom- oder Masterprüfung für Berufs- oder Wirtschaftspädagogen, wenn sie den Anforderungen des Lehramts genügt und daneben ein mindestens einjähriges einschlägiges berufliches Praktikum oder eine abgeschlossene einschlägige Berufsausbildung nachgewiesen wird.

Das Staatliche Studienseminar für das Lehramt an beruflichen Schulen trägt

- die Verantwortung für die Ausbildung von Studienreferendarinnen und Studienreferendaren für das Lehramt an beruflichen Schulen im Vorbereitungsdienst (Abschluss: 2. Staatsexamen) und
- die Fachaufsicht über die Abteilung IV des Staatsinstituts für die Ausbildung von Fachlehrerinnen und Fachlehrern.

Die Aufnahme in den Vorbereitungsdienst ist halbjährlich zum Unterrichtsbeginn eines Schuljahres im September und zum Schulhalbjahr im Februar möglich.

Abteilungen des Staatsinstituts in Bayern für die Ausbildung von Fachlehrerinnen und Fachlehrern

Fachlehrerinnen und Fachlehrer werden in Bayern an verschiedenen Standorten mit unterschiedlichen Fächerkombinationen ausgebildet:

Fachlehrerausbildungsstätte Augsburg (Abt. I)

Das Staatsinstitut der Abteilung I bildet Fachlehrerinnen und Fachlehrer für Volksschulen, Volksschulen zur sonderpädagogischen Förderung und Realschulen in folgenden Fächerkombinationen aus:

- Fachlehrer für Sport, Werken, Technisches Zeichnen und Kommunikationstechnik
- Fachlehrer für Kunsterziehung, Werken, Technisches Zeichnen und Kommunikationstechnik

Fachlehrerausbildungsstätte München (Abt. II)

- Lehramt Ernährung und Gestaltung (auf Wunsch: Erweiterungsfach Sport)
- Wahl von zwei Lehrämtern aus drei: Englisch, Sport, Kommunikationstechnik

Fachlehrerausbildungsstätte Ansbach (Abt. III)

Das Staatsinstitut der Abteilung III bildet Fachlehrer für Grund- und Mittelschulen, Realschulen und Förderschulen aus. Es gibt derzeit folgende Ausbildungsgänge:

- Fächerverbindung Ernährung und Gestaltung
- Fächerverbindung Musik und Kommunikationstechnik

- Fächerverbindung Englisch und Kommunikationstechnik
- Erweiterungsfach Kommunikationstechnik

Fachlehrerausbildungsstätte Ansbach (Abt. IV)

Die Ausbildung für Fachlehrer an beruflichen Schulen in Bayern erfolgt nur am Staatsinstitut in Ansbach. Die hier ausgebildeten Fachlehrerinnen und Fachlehrer sind ausschließlich für den unterrichtlichen Einsatz an beruflichen Schulen in Bayern vorgesehen.

- Fachlehrer/in für Ernährung und Versorgung
- Fachlehrer/in für Pflegeberufe
- Fachlehrer/in für Gesundheitsberufe
- Fachlehrer/in für Schreibtechnik
- Fachlehrer/in für gewerblich-technische Berufe

Fachlehrerausbildungsstätte Bayreuth (Abt. V)

Das Staatsinstitut der Abteilung V bildet Fachlehrerinnen und Fachlehrer für Mittel- und Realschulen in folgenden Fächerkombinationen aus:

- Fachlehrer/in mit den Fächern Werken, Technisches Zeichnen, Kommunikationstechnik und Kunst
- Fachlehrer/in mit den Fächern Werken, Technisches Zeichnen, Kommunikationstechnik und Sport

13.3 Schulaufsicht über die Schulen

Bildungspolitik in einem demokratischen Staat soll eine Vielfalt an Schulen und Bildungschancen anbieten. Dies wird in der Bundesrepublik Deutschland durch die Kulturhoheit der Bundesländer und durch das Existenzrecht für Privatschulen gewährleistet. Bildungsplanung und die letztendliche Verantwortung für das Bildungswesen verlangen staatliche Einwirkungsmöglichkeiten. Deshalb wurde im Grundgesetz und in der Verfassung des Freistaates Bayern die Schulaufsicht unter die Aufsicht des Staates gestellt (Art. 7 Abs. 1 GG, Art. 130 BV). Die Schulaufsicht wurde in Bayern für die unterschiedlichen Schularten auf unterschiedliche Behördenebenen verteilt.

> **KMBek vom 24. Januar 2012 Az.: S-5 L1509-1a.108 546**
>
> ... Die unmittelbare staatliche Schulaufsicht nehmen im Bereich der Grundschulen, Mittelschulen, Realschulen, Gymnasien, Schulen des Zweiten Bildungswegs, beruflichen Schulen, Förderschulen und Schulen für Kranke nach Maßgabe der Art. 114 ff. des Bayerischen Gesetzes über das Erziehungs- und Unterrichtswesen (BayEUG) die Staatlichen Schulämter, Ministerialbeauftragten oder Regierungen wahr.

Zur staatlichen Schulaufsicht gehören die Planung und Ordnung des Unterrichtswesens, die Sicherung der Qualität von Erziehung und Unterricht, die Förderung und Beratung der Schulen und die Aufsicht über die inneren und äußeren Schulverhältnisse sowie über die Schulleitung und das pädagogische Personal (vgl. Art. 111 Abs. 1 BayEUG). Die Schulaufsicht erstreckt sich auch auf schulische Ganztagsangebote (vgl. Art. 6 Abs. 5 BayEUG) und Schülerheime (nach Maßgabe von Art. 106 ff. i. V. m. Art. 114 BayEUG).

Die staatlichen Schulen in Bayern sind dem Staatsministerium für Bildung und Kultus, Wissenschaft und Kunst unterstellt.

Art. 114 BayEUG

(1) Die unmittelbare staatliche Schulaufsicht obliegt

1. dem Staatsministerium für Unterricht und Kultus bei Gymnasien, Fachoberschulen, Berufsoberschulen, Realschulen einschließlich der entsprechenden Schulen zur sonderpädagogischen Förderung und der Schulen, die ganz oder teilweise die Lernziele der vorgenannten Schulen verfolgen,

2. dem Staatsministerium für Ernährung, Landwirtschaft und Forsten bei Schulen in seinem Geschäftsbereich,

3. dem Staatsministerium der Justiz und für Verbraucherschutz im Einvernehmen mit dem Staatsministerium für Unterricht und Kultus bei Unterrichtseinrichtungen in Justizvollzugsanstalten,

4. den Regierungen

   a) bei öffentlichen Grund- und Mittelschulen für die schulaufsichtliche Genehmigung von Neu-, Um- und Erweiterungsbauten,

   b) bei privaten Grund- und Mittelschulen,

   c) bei Förderschulen (einschließlich der zugehörigen Einrichtungen der Mittagsbetreuung), soweit die Schulaufsicht nicht durch Nr. 1 oder 4 Buchst. d geregelt ist,

   d) bei Berufsschulen, Berufsfachschulen, Wirtschaftsschulen, Fachschulen und Fachakademien einschließlich der entsprechenden Schulen zur sonderpädagogischen Förderung,

   e) bei Schulen für Kranke,

   f) bei Ergänzungsschulen unbeschadet der Regelung in Nr. 1,

   g) bei Sing- und Musikschulen,

   h) bei Lehrgängen in Verbindung mit dem Bayerischen Rundfunk (Telekolleg),

   i) bei den in Nr. 6 genannten Einrichtungen, wenn diese von kommunalen Trägern oder von staatlich verwalteten Stiftungen errichtet oder betrieben werden,

5. den Schulämtern

   a) bei öffentlichen Grund- und Mittelschulen,

   b) bei Einrichtungen der Mittagsbetreuung, soweit nicht in Nr. 4 Buchst. c geregelt,

6. den Kreisverwaltungsbehörden

   a) bei Lehrgängen,

   b) bei den nach Art. 107 anzeigepflichtigen Schülerheimen und Tagesheimen, soweit sie nicht in Nr. 4 Buchst. g, h und i und in Abs. 2 genannt sind.

(2) Wird ein Lehrgang an einer öffentlichen Schule eingerichtet, so obliegt der für die Schule zuständigen Aufsichtsbehörde auch die Aufsicht über den Lehrgang.

(4) Im Zweifelsfall entscheidet die höhere der beteiligten Schulaufsichtsbehörden über die sachliche Zuständigkeit. Ist die Zuständigkeit bei einer Schulart zweifelhaft, so können die beteiligten Staatsministerien die sachliche Zuständigkeit durch Rechtsverordnung feststellen.

Dabei werden unterschiedliche Modelle angewendet:

- An den Gymnasien, Fach- und Berufsoberschulen und Realschulen ist der Schulleiter der direkte Dienstvorgesetzte und übt auch die Schulaufsicht aus. Damit das Ministerium auch in räumlicher Nähe der Schulen präsent ist, werden Ministerialbeauftragte (»MB«) bestellt.
- Für die beruflichen Schulen (ohne FOS/BOS), die Förderschulen und die Grund- und Mittelschulen gibt es jeweils eine Abteilung an den Bezirksregierungen. Dabei üben jedoch die Leiter der beruflichen Schulen auch die Dienstaufsicht über die bei ihnen beschäftigten Lehrer aus.
- Bei den Förderschulen hat die Regierung in Zusammenarbeit mit den Schulleitern der Schule vor Ort die Dienstaufsicht.
- Für die Grund- und Mittelschulen gibt es zusätzlich Schulämter, die für jeweils ein bis zwei Landkreise im jeweiligen Regierungsbezirk zuständig sind. Auch hier wird versucht, den Schulleitern vor Ort immer stärkere Kompetenzen zu übertragen.

> Die Eingabe des Grundschullehrers L (**Fall 13.3**) an das Kultusministerium durchläuft folgenden Dienstweg:
> - Einreichung bei der Schulleitung
> - Staatliches Schulamt
> - Schulabteilung der Regierung
> - Abteilung IV des Kultusministeriums

Die Schulbehörden in Bayern

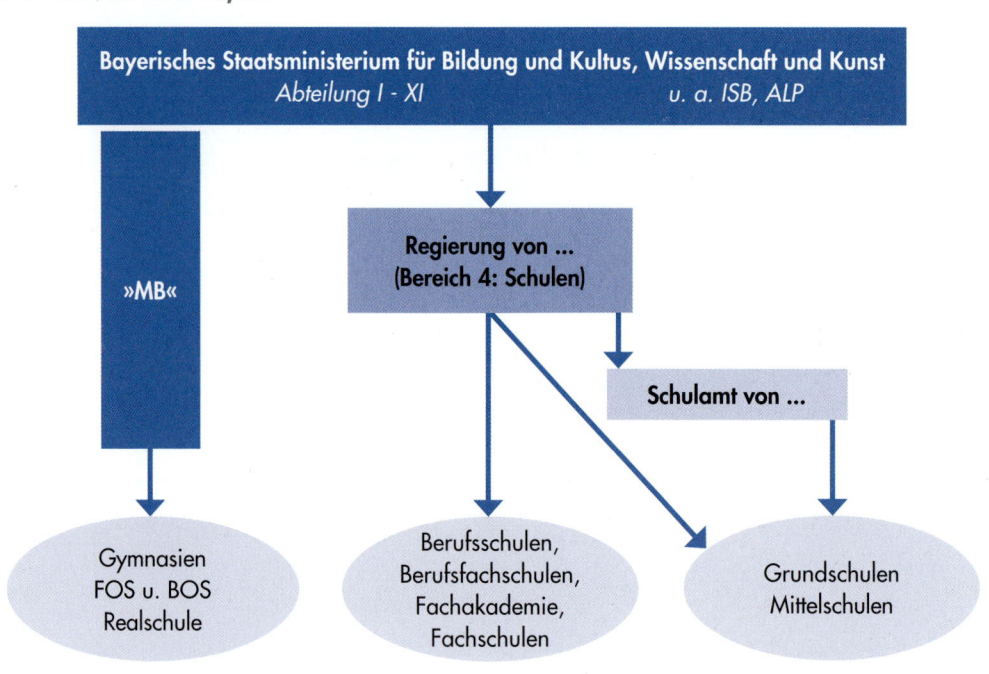

```
Bayerisches Staatsministerium für Bildung und Kultus, Wissenschaft und Kunst
            Abteilung I - XI                    u. a. ISB, ALP
```

- »MB« → Gymnasien, FOS u. BOS, Realschule
- Regierung von ... (Bereich 4: Schulen) → Berufsschulen, Berufsfachschulen, Fachakademie, Fachschulen
- Schulamt von ... → Grundschulen, Mittelschulen

Wiederholung – Vertiefung

1. Mit welchen Gesetzestexten wird die Schulaufsicht geregelt?
2. Erläutern Sie die Unterschiede zwischen einer staatlichen Schule und einer Ersatzschule.
3. Beschreiben Sie die Aufgaben der Schulaufsichtsbehörde.
4. Wer ist für die staatliche Schulaufsicht bei einer öffentlichen Mittelschule zuständig?

14 Aufsichtspflicht

Pausenaufsicht in einer Grundschule

Fall 14.1
Die Lehrerkonferenz beschließt, dass künftig die Pausenaufsicht nur durch den Hausmeister ausgeübt werden soll. Der Schulleiter hat Zweifel, ob dieser Beschluss realisiert werden kann.

Fall 14.2
Ihre volljährigen Schüler fragen Sie, ob sie zu der geplanten eintägigen Abschlussfahrt der Klasse ihren eigenen Pkw benutzen dürfen. Sie fragen sich, wie Sie dann auf der Hin- und Rückfahrt Ihrer Aufsichtspflicht nachkommen können.

Fall 14.3
Augsburger Allgemeine vom 17.07.2012:
»**Lehrer lassen Schüler sitzen...**
Pädagogen droht nach Eklat bei einem Ausflug Ärger«

14.1 Rechtliche Grundlagen
Die rechtlichen Regelungen zur Aufsichtspflicht der Schule finden sich in der BaySchO.

§ 22 BaySchO

(1) Die Aufsichtspflicht der Schule erstreckt sich auf die Zeit, in der die Schülerinnen und Schüler am Unterricht oder an sonstigen Schulveranstaltungen teilnehmen, einschließlich einer angemessenen Zeit vor Beginn und nach Beendigung des Unterrichts oder der Schulveranstaltungen. An Grundschulen sowie Grundschulstufen an Förderschulen gelten als angemessene Zeit vor Beginn des Unterrichts 15 Minuten, als angemessene Zeit nach Beendigung des Unterrichts gilt die Zeit bis zum Verlassen des Schulgeländes. Bei Bedarf erfolgt eine Beaufsichtigung an diesen Schulen eine halbe Stunde vor dem regelmäßigen Unterrichtsbeginn.

(2) Der Umfang der Aufsichtspflicht richtet sich nach der geistigen und charakterlichen Reife der zu beaufsichtigenden Schülerinnen und Schüler. Schülerinnen und Schülern kann gestattet werden, während der unterrichtsfreien Zeit die Schulanlage zu verlassen, ausgenommen an Grundschulen und Grundschulstufen an Förderschulen. Die Grundsätze werden mit dem Schulforum abgestimmt.

(3) Während der Teilnahme an der praktischen und fachpraktischen Ausbildung an beruflichen Schulen obliegt die Aufsicht den Praxisanleiterinnen und -anleitern bzw. den Ausbilderinnen und Ausbildern. Deren Anordnungen ist Folge zu leisten.

In der Lehrerdienstordnung ist geregelt, dass »der Schule«, d. h. dem Schulleiter und den Lehrern, hinsichtlich der ihnen anvertrauten Schüler eine Aufsichtspflicht obliegt. Schon seit Jahrzehnten haben sich Gerichte mit Haftungsfällen wegen einer Verletzung der Aufsichtspflicht befassen müssen – übrigens mit Ergebnissen, die auch heute noch weitgehend Geltung haben.

Die Pflicht der Schule zur Aufsichtsführung lässt sich aus den Vorschriften zu dem elterlichen Sorgerecht herleiten. Nach § 1626 des Bürgerlichen Gesetzbuches (BGB) haben die Eltern u. a. das Recht und die Pflicht, ihre Kinder »zu beaufsichtigen«. § 832 BGB macht die Aufsichtspflichtigen für Schäden haftbar, die von Minderjährigen einem Dritten zugefügt werden. Infolge der gesetzlichen Schulpflicht, die der Staat durch den im Grundgesetz festgeschriebenen Erziehungsauftrag auferlegt (vgl. Art. 7 Abs. 1 GG, Art. 131 BV), wird in das elterliche Erziehungsrecht eingegriffen.

Die Aufsichtspflicht hat folgende Zielrichtungen:

- Schutz der Gesundheit und körperlichen Unversehrtheit jedes Schülers
- Schutz des Eigentums der Schüler bzw. ihrer Eltern (z. B. von Kleidungsstücken, Schulsachen, Fahrrädern)
- Schutz Dritter vor schädigenden Handlungen durch Schüler
- Unterricht und Leistungserhebungen frei von Störungen zu halten

Es besteht deshalb aber auch für die Schule die Verpflichtung, die »Personensorge« (die Verpflichtung, sich der die Person des Kindes betreffenden Angelegenheiten anzunehmen, im Gegensatz zur »Vermögenssorge«, der Besorgung der finanziellen Angelegenheiten) im gleichen Maße zu gewährleisten, wie es den Eltern obliegt. Da die Eltern während der Zeit des Schulbesuchs ihrer Aufsichtspflicht nicht nachkommen können, muss auch im Verhältnis zu geschädigten Dritten ein anderer an ihre Stelle treten.

§ 5 LDO

(1) Die Lehrkraft ist verpflichtet, bei der Wahrnehmung der Aufsichtspflicht der Schule mitzuwirken. Dabei kann sie auch zur Aufsicht außerhalb ihres Unterrichts herangezogen werden. Insbesondere hat die Lehrkraft spätestens von Beginn des Unterrichts an im Unterrichtsraum anwesend zu sein und von diesem Zeitpunkt an während der gesamten Dauer des von ihr erteilten Unterrichts, erforderlichenfalls bis zum Weggang der Schüler, die Aufsicht zu führen. Ist die Lehrkraft gezwungen, den Unterrichtsraum während dieser Zeit zu verlassen, so trifft sie, im Verhinderungsfall der Schulleiter, aufgrund der gegebenen Umstände die notwendigen und möglichen Maßnahmen.

(2) Eine besondere Einteilung der Lehrkräfte zur Wahrnehmung der Aufsichtspflicht der Schule erfolgt durch den Schulleiter. Die für die Aufsicht ergehenden allgemeinen Regelungen und Einzelanweisungen sind zu beachten.

(3) Bei sonstigen schulischen Veranstaltungen gelten die Abs. 1 und 2 entsprechend. Beginnt oder endet eine schulische Veranstaltung außerhalb der Schule, so beginnt und endet dort auch die Aufsichtspflicht der Lehrkraft. Der Treff- und Endpunkt soll möglichst in der Nähe erreichbarer und zumutbarer Verkehrsmittel liegen. Für Schüler der Jahrgangsstufen eins bis vier muss der Treff- und Endpunkt auf jeden Fall innerhalb des Schulsprengels liegen.

Die Verpflichtung nach § 5 Abs. 1 Satz 1 LDO gilt für die an staatlichen Schulen im Geschäftsbereich des Staatsministeriums für Unterricht und Kultus tätigen Lehrkräfte sowie, unbeschadet ihrer besonderen Rechtsstellung, für die Beamten im Vorbereitungsdienst für ein Lehramt.

Werden nebenamtlich tätige und mit weniger als der Hälfte der regelmäßigen Unterrichtspflichtzeit beschäftigte Lehrkräfte (unterhälftig beschäftigte Lehrkräfte) für schulische Aufgaben außerhalb ihrer unterrichtlichen Verpflichtungen herangezogen, so sind dabei der geringere zeitliche Umfang ihrer Dienstverpflichtung und ihre etwa gegenüber Dritten bestehenden anderweitigen unabweisbaren Verpflichtungen angemessen zu berücksichtigen.

Einteilungen zur Beaufsichtigung sollten ebenso wie allgemeine oder einzelne Anweisungen zur Aufsicht regelmäßig schriftlich erfolgen.

Aufsichtspflichtig sind der Schulleiter und alle Lehrer, jedoch mit teilweise unterschiedlichen Inhalten.

Der Schulleiter hat – wie sich schon aus § 5 Abs. 2 Satz 1 LDO ergibt – in erster Linie eine Organisationspflicht. Seine Aufgabe ist es z.B., einen Aufsichtsplan zu erstellen, aus dem sich ergibt, von wem, wann und wo die Aufsicht auszuüben ist. Er muss sicherstellen, dass es keine »aufsichtsfreien« Zeiten und Räume gibt. Er muss ferner hinsichtlich der Aufsichtspersonen die richtige Auswahl treffen. So ist z.B. in der Bekanntmachung über die »Durchführung von Schülerfahrten« vom 09.07.2010 geregelt, dass die an den Veranstaltungen teilnehmenden Lehrer und Begleitpersonen den vorauszusehenden Anforderungen gewachsen sein müssen. Zumindest eine der Begleitpersonen hat mit Maßnahmen der Ersten Hilfe vertraut zu sein. Bei der Ausübung von Wassersport muss mindestens eine Begleitperson rettungsfähig sein (Mindestqualifikation: Rettungsschwimmabzeichen Bronze).

Da die Erfüllung der Aufsichtspflicht zu den inneren Schulangelegenheiten gehört, für die das vom Freistaat angestellte Lehrpersonal verantwortlich ist, dürfen andere Personen, z.B. der Hausmeister, nur ergänzend und nicht eigenverantwortlich zur Aufsichtsführung herangezogen werden. Unterstützend können zur Aufsicht z.B. auch ältere Schüler oder Studenten oder Eltern als Begleitpersonen bei außerunterrichtlichen Veranstaltungen herangezogen werden. Erforderlich ist aber, dass diese Personen sorgfältig ausgewählt, für ihre Aufgaben angeleitet werden und einer Kontrolle durch eine verantwortliche Lehrkraft unterliegen.

> Im **Fall 14.1** kann die Lehrerkonferenz zwar Empfehlungen für die Aufstellung der Aufsichtspläne geben. Der gefasste Beschluss greift aber in die Befugnisse des Schulleiters nach § 24 LDO ein und müsste von diesem beanstandet werden.

Die Aufsichtspflicht der Schule für Schülerinnen und Schüler gilt – jeweils einschließlich einer angemessenen Zeit vor Beginn und nach Beendigung – nicht nur beim Unterrichtsbesuch, sondern auch bei sonstigen Schulveranstaltungen.

§ 5 Abs. 3 LDO erstreckt deshalb die entsprechende Geltung der Absätze 1 und 2 auch auf die sonstigen Schulveranstaltungen. Die jeweiligen Schulordnungen bestimmen, dass der Umfang der Aufsichtspflicht sich auch hierbei aus dem Alter und der geistigen Reife der Schüler ergibt.

14.2 Umfang der Aufsichtspflicht

14.2.1 Örtliche und zeitliche Grenzen der Aufsichtspflicht

Die Aufsichtspflicht bezieht sich zeitlich und örtlich auf den zum Schulbetrieb gehörenden Bereich. So ist natürlich jeder zum Handeln verpflichtet, der eine Gefährdungssituation bemerkt: Ein Lehrer, der in der Pause sieht, wie ein Schüler von anderen verprügelt wird, darf nicht einfach weitergehen mit der Begründung, er habe heute keine Pausenaufsicht.

Nicht zum Schulbetrieb gehört somit der Schulweg, d. h. der Weg, den die Schüler von zu Hause zur Schule bzw. von dort nach Hause zurücklegen. Schulbushaltestellen unterliegen der Aufsicht, wenn sie unmittelbar am Schulgelände liegen und ausschließlich von Schülern genutzt werden. Aber auch sonst hat die Schule die Pflicht, darauf zu achten, dass zur Schule gehörende Schulbushaltestellen möglichst gefahrlos benutzt werden können. Sie muss auf erkennbare Sicherheitsmängel und Gefahrenlagen hinweisen und auf deren Beseitigung hinwirken.

Vom Schulweg zu unterscheiden sind sog. Unterrichtswege, d. h. Wege, die der Schüler aus Gründen des Unterrichts zurückzulegen hat. Dazu gehören z. B. Wege vom Schulgebäude zu einem außerhalb gelegenen Sportplatz oder zum Besuch eines Museums im Rahmen des Unterrichts. Sie unterliegen der Aufsicht der Schule. Es kann sich die Frage stellen, ob die Schüler direkt an den Unterrichtsort bestellt oder von dort entlassen werden können, mit der Folge, dass der Weg dorthin Schulweg ist. Das kann z. B. der Fall sein, wenn die Sportstunde die erste oder letzte Stunde ist oder wenn der Unterrichtsort näher zu den Wohnungen der Schüler liegt als das Schulgebäude. Ob dies zulässig ist, entscheidet sich insbesondere nach dem Alter der Schüler, aber auch nach etwa vorhandenen besonderen Gefahren auf dem Weg.

Eine Unterbrechung der Aufsichtspflicht während der Unterrichtszeit, um die private An- oder Rückfahrt zu oder von einem außerschulischen Lernort zu ermöglichen, ist zu vermeiden.

Die Aufsichtspflicht beginnt und endet nicht mit dem Unterricht, sondern setzt bereits vorher ein, wenn die Schüler am Schulgebäude eintreffen. Dies ist auch sinnvoll, denn zu dieser Zeit »strömen« sehr viele Schüler unterschiedlicher Altersstufen in die Schule, was die Situation besonders gefahrenträchtig macht. Entsprechendes gilt natürlich auch für die Zeit nach Unterrichtsende, wenn die Schüler das Schulgelände verlassen und oft nach der langen Unterrichtszeit ihren Bewegungsdrang »ausleben« wollen. Im Allgemeinen wird die

Aufsicht in angemessener Zeit, also etwa zehn Minuten vor Unterrichtsbeginn aufzunehmen sein bzw. nach Unterrichtsende eingestellt werden können. Anderes kann gelten, wenn sehr viele »Fahrschüler« die Schule besuchen, die infolge der Verkehrsverbindungen eine erhebliche Zeit vor Unterrichtsbeginn eintreffen bzw. sich nach Unterrichtsende noch in der Schule aufhalten müssen oder die zwischen Vormittags- und Nachmittagsunterricht nicht nach Hause gehen können. Für diese Schüler muss die Schule eine Aufsicht organisieren. So ist z. B. ein Raum zur Verfügung zu stellen, in dem die Schüler sich aufhalten können. Dort muss nicht ständig eine Aufsichtsperson anwesend sein, es können auch z. B. ältere Schüler oder der Hausmeister mit für Aufsichtsaufgaben herangezogen werden. Es muss aber immer auch eine Lehrkraft erreichbar sein, um bei Notfällen eingreifen zu können.

14.2.2 Aufsicht während des Unterrichts

Um seiner Aufsichtspflicht nachkommen zu können, soll der Lehrer während der Unterrichtsstunde den Raum möglichst nicht verlassen. Ist dies ausnahmsweise doch einmal erforderlich, muss er geeignete Vorsichtsmaßnahmen ergreifen, z. B. den Schülern Anweisungen zu ihrem Verhalten geben, sie mit einer Aufgabe beschäftigen, einzelne Schüler mit in die Verantwortung nehmen.

Oft stellt sich auch die Frage, wie es um die Aufsicht bestellt ist, wenn ein Schüler, der den Unterricht gestört hat, aus dem Raum gewiesen (»vor die Tür gestellt«) wird. Grundsätzlich ist dies eine zulässige und oft auch sinnvolle pädagogische Maßnahme, die geeignet ist, ein Fehlverhalten zu unterbrechen, bevor es sich verfestigt, und dem Schüler Gelegenheit gibt, sich zu beruhigen und über sein Verhalten nachzudenken. Zu bedenken ist allerdings neben der Aufsichtsproblematik, dass dem Schüler sein Bildungsanspruch verkürzt wird und er auch den Anschluss in der Unterrichtsstunde verliert und u. U. nicht mehr sinnvoll mitarbeiten kann. Diesem Anspruch des störenden Schülers steht der Anspruch der gestörten Schüler auf einen geordneten Unterricht entgegen. Im Allgemeinen wird nur ein kurzzeitiger Ausschluss (ca. 5-10 Minuten) sinnvoll sein. Zudem müssen dem Schüler Verhaltensmaßregeln »mitgegeben« werden, z. B. dass er sich nicht aus der Türnähe entfernen darf. Zu berücksichtigen ist die mögliche Reaktion des betreffenden Schülers. Der Lehrer muss sich überlegen, wie sich der Schüler voraussichtlich »draußen« verhalten wird. Ist dort mit weiterem Fehlverhalten zu rechnen (z. B. der Störung anderer Klassen, Beschädigung des Gebäudes, Verlassen des Schulhauses), darf der Schüler nicht ohne Aufsicht gelassen werden. Der Lehrer muss dann andere Maßnahmen ergreifen, z. B. den Schüler zum Schulleiter schicken bzw. bringen.

Eine weitere im Alltag häufig vorkommende Situation ist das vorzeitige Entlassen einer Klasse oder einzelner Schüler. Dies kann sich ergeben, wenn Schüler ihre Klassenarbeit schon fertig gestellt haben, sie ein öffentliches Verkehrsmittel erreichen müssen oder wenn die Klasse gut gearbeitet hat und der vorgesehene Stoff schon durchgenommen ist. Im Allgemeinen wird immer eine sinnvolle Beschäftigung der Schüler bis zum regulären Unterrichtsschluss möglich sein. Da die Lehrkraft ihre Unterrichtszeiten einhalten muss (§ 9 Abs. 3 LDO), also nicht selbstständig das Unterrichtsende festlegen kann, verstößt sie zudem gegen eine der allgemeinen Dienstpflichten.

Auch wenn der Lehrer einzelnen Schülern besondere Aufträge erteilt, z. B. eine Landkarte aus dem Kartenzimmer zu holen, kann ein Aufsichtsproblem auftreten. Schwierig wird es, wenn der Schüler durch Unachtsamkeit oder weil er mit der Aufgabe überfordert ist, einen Schaden verursacht. Die Pflicht des Lehrers liegt dabei in erster Linie bei der richtigen Auswahl eines Schülers. Der Lehrer muss abwägen, ob der Schüler hinreichend zuverlässig und der Aufgabe gewachsen ist. Bei der Aufsichtsführung kann sich ein »Zielkonflikt« auftun zwischen dem Aufsichtserfordernis und dem Erziehungsauftrag, denn die Schüler sollen ja zunehmend zu selbstständigem Handeln befähigt werden.

14.2.3 Aufsicht bei außerunterrichtlichen Veranstaltungen

Besonders gefordert wird der Lehrer bei außerunterrichtlichen Veranstaltungen. Handelt es sich um mehrtägige Veranstaltungen, besteht die Aufsichtspflicht »rund um die Uhr«. Das bedeutet allerdings nicht, dass der Lehrer sich in dieser Zeit keinen Schlaf gönnen dürfte. Er kommt seiner Pflicht vielmehr bereits nach, wenn er den Schülern genaue Verhaltensmaßregeln vorgibt und deren Einhaltung stichprobenartig kontrolliert. Zulässig ist es auch, den Schülern während dieser Veranstaltungen Zeiten zur freien Verfügung zu geben. Dabei muss allerdings bedacht werden, dass für derartige »Freizeiten« der Schutz der gesetzlichen Schülerunfallversicherung entfällt. Deshalb und wegen des elterlichen Erziehungsrechts muss die schriftliche Zustimmung der Eltern eingeholt werden. Der Lehrer kommt dann seiner Aufsichtspflicht ausreichend nach, wenn er sich von den Schülern über ihre Vorhaben informieren lässt, sie auf Gefahrensituationen hinweist und ihnen Verhaltensmaßregeln gibt, z. B. nur in Gruppen zu gehen und zu einem festgesetzten Zeitpunkt zurück zu sein, und wenn er für die Schüler jederzeit erreichbar ist.

14.3 Kriterien der Aufsichtsführung

Für die Aufsichtsführung sind insbesondere folgende Gesichtspunkte von Bedeutung:

Alter und Entwicklungsstand des Schülers

Mit zunehmendem Alter sind Kinder immer mehr in der Lage, Gefahrensituationen einschätzen zu können, die Folgen eigener Handlungen zu bedenken und sich an vorgegebene Regeln zu halten. Umgekehrt hat auch die Schule den Auftrag, die Schüler mit zunehmendem Alter immer mehr an eine selbstständige Lebensgestaltung heranzuführen und sie dazu zu befähigen. Daraus ergibt sich, dass die Aufsicht nach dem Voranschreiten in der Schullaufbahn in ihrer Intensität immer weiter zurückgenommen werden kann. Sie wandelt sich von einer unmittelbaren Aufsicht, die die persönliche Anwesenheit erfordert, in eine Aufsicht, die den Schülern Verhaltensmaßregeln vorgibt, deren Einhaltung dann nur noch stichprobenartig kontrolliert wird. Abhängig von Alter und Einsichtsfähigkeit der Schüler kann sich der Lehrer aber nicht darauf verlassen, dass einmal gegebene Anweisungen dauerhaft beachtet werden; vielmehr müssen derartige Anordnungen in Abständen wiederholt werden, und zwar umso häufiger, je jünger die Schüler sind und je größer der Anreiz ist, gegen die Anordnung zu verstoßen.

Auch volljährige Schüler unterliegen noch einer – allerdings stark reduzierten – Aufsicht. Hier spielen weniger der Gesichtspunkt des Schutzes dieser Schüler selbst, sondern der Schutz Dritter, z. B. anderer Schüler oder des Eigentums des Schulträgers, eine Rolle.

Das Alter kann allerdings nicht alleiniges Kriterium sein. Das zeigt sich schon, wenn man bedenkt, dass gleichaltrige Schüler z. B. ein Gymnasium oder eine Förderschule besuchen können. Bedeutsam sind also der individuelle Entwicklungsstand und die Persönlichkeitsmerkmale jedes Schülers. Der Lehrer muss abschätzen, was er seinen Schülern zutrauen und abverlangen kann, wie sie in bestimmten Situationen reagieren werden.

Gefahrensituation, Vorhersehbarkeit eines möglichen Schadenseintritts

Es liegt auf der Hand, dass sich Umfang und Intensität der Aufsicht daran orientieren müssen, welche Gefahren den Schülern drohen können. Der Sport- oder Chemieunterricht wie auch der fachpraktische Unterricht in einer Werkstatt stellen ganz andere Anforderungen als z. B. der Deutsch- oder Mathematikunterricht. In dem wichtigen Urteil zur Aufsichtspflicht, das den tödlichen Unfall einer Schülerin bei einem Ausflug zu einem Baggersee betrifft (»Baggersee-Urteil«, Oberlandesgericht Köln, Urteil vom 29.10.1985), wird das so formuliert: »Wenn die Lehrerin schon mit ihrer Klasse ein ungeeignetes – weil gefährliches – Ausflugsziel aufsuchte, war sie zu erhöhter Sorgfalt verpflichtet.«

> **Beispiele:**
>
> »Eine 13-jährige Schülerin wurde von einem Mitschüler von einer 1,30 m hohen Einfriedungsmauer des Schulgeländes gestoßen. Die die auf den Schulbus wartenden Schüler beaufsichtigende Lehrerin hatte sich mit anderen Schülern unterhalten und den Unfall zunächst nicht bemerkt und sich, als sie von Mitschülern aufmerksam gemacht worden war, nicht um die äußerlich nicht erkennbar verletzte, aber blasse Schülerin gekümmert. Der stellvertretende Schulleiter brachte die Schülerin in den Aufenthaltsraum der Schule und informierte die Mutter. Bei einer späteren Untersuchung in einem Krankenhaus wurden schwerste innere Verletzungen festgestellt. Die Klage auf Schadensersatz und Schmerzensgeld wegen einer Aufsichtspflichtverletzung wird abgewiesen. (Landgericht Erfurt, Az.:6 O 4150/97)«
>
> *Schulrecht – Aufsichtspflicht – Schadensersatz und Schmerzensgeld aus einem Schulwegunfall, SchulRecht 4/2003, S. 82*
>
> »In einer einstündigen Sportstunde, die um 13.15 Uhr begann, sollen Schüler einer 8. Klasse einen 100-Meter-Lauf absolvieren. Es ist warm und schwül, die Ozonwerte sind erhöht. Eine Schülerin bricht am Ende des Laufs zusammen. Zunächst bemüht sich die Lehrerin erfolglos um eine Reanimation, dann mit Erfolg der drei Minuten nach dem Zusammenbruch der Schülerin alarmierte Notarzt. Im Krankenhaus fällt die Schülerin in ein Wachkoma, in dem sie sich noch Jahre später befindet. Die Eltern der Schülerin klagen gegen die Sportlehrerin auf Schadensersatz und Schmerzensgeld. Oberlandesgericht Brandenburg, (Urteil vom 28.04.2009, Az.: – 2 U 40/05) hat die Klage abgewiesen.«
>
> *Unfall im Sportunterricht, SchulRecht 11/2011, S. 11*
>
> »Ein 15-jähriger Schüler, der in der Schule als ‚Problemkind' bekannt war, verließ unerlaubt den Schulhof und tötete durch Brandstiftung ein Pferd. Er hatte bereits früher Brände gelegt. Es kann aber nicht eindeutig festgestellt werden, ob die Schule von den früheren Brandstiftungen wusste. Der Eigentümer des Pferdes verlangt Schadensersatz wegen Verletzung der schulischen Aufsichtspflicht. Das Landgericht und das Oberlandesgericht haben die Klage wegen Aufsichtspflichtverletzung abgewiesen. (Oberlandesgericht Düsseldorf, Az.: 18 U 82/97)«
>
> *SCHULRECHT – AUFSICHTSPFLICHT – Beaufsichtigung eines »pyromanen« Schülers, SchulRecht 6-8/2001, S. 134f*

Zumutbarkeit

Von dem Aufsichtspflichtigen kann nichts Unmögliches verlangt werden. Bei einer Wanderung mit der Klasse, aber auch bei der Pausenaufsicht kann der Aufsichtführende nicht an jeder Stelle zugleich sein. Oft können auch Pflichtenkollisionen auftreten, z.B. wenn ein bei einer Wanderung verunglückter Schüler zu einem Arzt gebracht werden muss und die anderen Schüler zurückbleiben.

Es genügt eine Aufsicht, die bei den Schülern niemals das Gefühl aufkommen lässt, sie seien unbeaufsichtigt und könnten machen, was sie wollten.

> **Beispiel:**
>
> »Eine Sportlehrerin führt die Aufsicht über die Schüler der Klasse 4a während der Sportstunde bzw. der »Bewegungszeit«. Ein Teil der Kinder spielt auf dem Dach der Turnhalle Fußball, andere spielen »Bewegungsspiele« auf dem Schulhof. Durch einen vom Schulgelände geworfenen Stein wird ein parkendes Auto beschädigt. Die Sportlehrerin erklärt, sie habe während des Fußballspiels das Spielfeld im Blick, wobei sie allerdings nicht jeden einzelnen Schüler im Auge haben könne; sie gehe auf dem Dach »hin und her«, damit sie auch den Schulhof einsehen könne, kontrolliere, »wer wo ist« und mache dann auch Stichproben. Das Schulgelände liegt an einem Hang und einer öffentlichen Straße. Die Eigentümerin des beschädigten Pkw fordert vom Land Schadensersatz. Das Oberlandesgericht, Frankfurt/Main, (Urteil vom 18.01.2010, Az.: – 1 U 185/08) hat die Schadensersatzklage abgewiesen.
>
> Eine ständige Beobachtung eines jeden einzelnen Schülers kann von aufsichtführenden Lehrern nicht verlangt werden. Lehrer dürfen sich darauf verlassen, dass Eltern ihren Kindern beibringen, nicht mit Steinen auf Personen oder Sachen zu werfen. Der Schulleitung ist es nicht zuzumuten, allein aufgrund der Lage der Schule so viel Aufsichtspersonal aufzubieten, dass jeder Schüler zu jeder Zeit gesehen und kontrolliert werden kann.«
>
> *Steinwurf vom Schulgelände, SchulRecht 03/2011, S. 36*

Von dem Aufsichtspflichtigen wird erwartet, dass er seine Aufgabe vorausschauend und umsichtig wahrnimmt, d.h. bedenkt, welche Gefahrensituationen auftreten können, und Vorsorge dafür trifft. Bei außerunterrichtlichen Veranstaltungen muss sich der Lehrer vorab über gesundheitliche Beeinträchtigungen der Schüler informieren. In dem o. g. »Baggersee-Urteil« hat das Gericht verlangt, dass sich die Lehrerin zunächst selbst ein Bild von den Schwimmfähigkeiten der Schüler verschafft.

> Schlagwortartig können die Grundsätze der Aufsichtsführung umschrieben werden mit
> - vorausschauender Umsichtigkeit **(präventive Aufsichtsführung)**,
> - ununterbrochener Beständigkeit **(kontinuierliche Aufsichtsführung)** und
> - kontrollierender Nachdrücklichkeit **(aktive Aufsichtsführung)**.

14.4 Aufsichtspflicht – Verkehrssicherungspflicht

Aufsichtspflichtig im Sinne der Verkehrssicherungspflicht ist zunächst der Schulträger, der dafür sorgen muss, dass vom Gebäude und Gelände keine Gefahren ausgehen, z.B. bei winterlichen Verhältnissen, aber auch dafür, dass berechtigterweise in die Schule mitgebrachtes Eigentum der Schüler (z.B. Kleidungsstücke) in angemessenem Umfang vor Verlust und Beschädigung geschützt sind (so ein Urteil des Bundesgerichtshofs vom 20.09.1973). Wenn also z.B. Schüler Mäntel etc. nicht mit in das Klassenzimmer nehmen dürfen, muss dafür gesorgt werden, dass die gebotene Ablagemöglichkeit genügenden Schutz bietet. Ähnliches gilt, wenn der Sportlehrer vor dem Unterricht Uhren, Schmuckstücke oder Brillen in Verwahrung nimmt oder wenn ein Lehrer von Schülern Geld oder Reisedokumente für eine Studienfahrt einsammelt und in Verwahrung nimmt.

14.5 Gesetzliche Unfallversicherung (GUV)

Alle Schüler sind in die gesetzlichen Unfallversicherung einbezogen. Die Träger der gesetzlichen Schülerunfallversicherung ist die Kommunale Unfallversicherung Bayern (KUVB) und die Bayerische Landesunfallkasse. Ferner sind Angestellte im inneren und äußeren Schulbereich versichert (KMBeK vom 11. Dezember 2002).

Die Unfallversicherung schützt den Weg zur Schule bzw. von der Schule sowie alle schulischen Veranstaltungen. Dazu gehören natürlich der Unterricht, aber auch außerunterrichtliche Veranstaltungen, wie z. B. Schullandheimaufenthalte, Studienfahrten oder auch SMV-Veranstaltungen, wenn sie vom Schulleiter als Schulveranstaltungen anerkannt werden oder auf dem Schulgelände stattfinden. Weiterhin wird die Phase der fachpraktischen Ausbildung in der Fachoberschule durch den GUV erfasst.

Beispiel:
»Kommt eine Schülerin oder ein Schüler auf einer Klassenfahrt durch einen Unfall zu Schaden, so ist sie oder er grundsätzlich gesetzlich versichert, wenn der Unfall im inneren Zusammenhang mit der Klassenfahrt stand und Ausdruck eines schülertypischen Verhaltens war... Der Schüler hatte sich – in Abwesenheit der Lehrer – durch das Verhalten seiner Mitschülerinnen und Mitschüler zu einer waghalsigen und gefährlichen Mutprobe provozieren lassen: Er wollte vom Fenster seines im dritten Stock einer Pension gelegenen Zimmers in das 1,20 Meter entfernte Zimmer des Nachbarzimmers springen, stürzte ab und verletzte sich schwer. Obwohl der Siebzehnjährige zu dem Zeitpunkt allein in seinem Zimmer war, wertete das Gericht den Sprung als Folge eines für Jugendliche seines Alters typischen, gruppendynamischen Prozesses und als Folge seiner altersbedingten Unreife. Der Schüler hatte nämlich im Vorfeld vor den Augen einiger Mitschülerinnen ‚eine Schlappe' hinnehmen müssen. Zwei Mitschüler hatten ihn – dem Wunsch einiger Mädchen entsprechend, aber gegen seinen Willen – aus deren Zimmer geschleppt. Bei einer anschließenden verbalen Streiterei mit seinem Zimmernachbar hatte er außerdem noch vor den Augen einer anderen Mitschülerin Nasenbluten bekommen. Als dann noch sein Zimmernachbar drohte, ihn einzusperren und das Zimmer verließ, fragte der Schüler die Mädchen im Nachbarzimmer, ob ihr Fenster offen sei, und als diese bejahten, antwortete er, er komme dann ‚rüber'. Die sich steigernden gruppendynamischen Ereignisse provozierten den Schüler dermaßen, dass er sprang.«

Bibiana Dowerg, Gesetzlicher Unfallversicherungsschutz für Schülerinnen und Schüler auf Klassenfahrten, SchulVerwaltung BY 10/2002, S. 356, Schullinkverlag, 22. Ausgabe

Nicht geschützt sind sog. »eigenwirtschaftliche Tätigkeiten«, also z. B. Freizeiten bei Schullandheimaufenthalten oder auch Einkäufe in der Stadt während der Mittagspause oder der großen Pause.

Die Versicherung ersetzt grundsätzlich nur Schäden, die mit einem Körperschaden in Zusammenhang stehen, also z. B. die Behandlungskosten des Arztes. Nicht ersetzt werden Sachschäden, z. B. beschädigte Kleidungsstücke. Die Unfallversicherung gewährt auch kein

Schmerzensgeld. Liegt eine vorsätzliche oder grob fahrlässige Amtspflichtverletzung der Lehrkraft vor, wird die gesetzliche Unfallversicherung Rückgriff auf die Lehrkraft nehmen.

Die Unfallversicherung ist keine Haftpflichtversicherung, d.h., sie ersetzt nur die eigenen (Personen-)Schäden des Schülers, nicht Schäden, die er einem Dritten zufügt. Hierfür sowie für die von der Unfallversicherung nicht erfassten »Freizeiten« werden aber an den Schulen preisgünstige Zusatzversicherungen durch die Träger der gesetzlichen Unfallversicherung angeboten. Die Schüler und Eltern sind von der Schule rechtzeitig und in geeigneter Weise auf die Zusatzversicherung aufmerksam zu machen.

Bei älteren Schülern stellt sich oft die Frage, ob diese mit ihren eigenen Pkws zu einer schulischen Veranstaltung fahren können. Grundsätzlich ist zwar auch wegen des Gemeinschaftserlebnisses eine gemeinsame Fahrt mit dem Bus oder der Bahn vorzuziehen. Dies ist aber bei den volljährigen Schülern oft nicht durchzusetzen, teilweise ist das Ziel mit dem Pkw auch rascher und preisgünstiger zu erreichen. Deshalb ist es möglich festzulegen, dass die Veranstaltung nicht an der Schule, sondern erst am Veranstaltungsort beginnt. Der Weg der Schüler dorthin ist dann Schulweg. Dieser ist unabhängig vom Beförderungsmittel in der Unfallversicherung versichert. Nimmt ein Schüler in seinem Auto Mitschüler mit, ist dies eine sog. »Teilnahme am allgemeinen Verkehr«, d.h., er haftet diesen gegenüber wie gegenüber jedem anderen Verkehrsteilnehmer, also z.B. auch bei Forderungen nach Schmerzensgeld.

> Im **Fall 14.2** kann also festgelegt werden, dass die schulische Veranstaltung erst am Veranstaltungsort beginnt. Der Weg dorthin ist dann als Schulweg einzuordnen, der nicht der Aufsichtspflicht unterliegt.

Die Aufsichtspflicht des Lehrers beginnt dann erst am Ort der Veranstaltung und bezieht sich nicht auf die Fahrt. Er muss allerdings eingreifen, wenn er eine Gefährdungssituation erkennt. Eine solche kann vorliegen, wenn das Fahrzeug nicht verkehrssicher oder überladen ist oder wenn sich ein Schüler angetrunken ans Steuer setzen will.

Schülerunfälle müssen von der Schule unverzüglich mit den dafür vorgesehenen Vordrucken dem Versicherungsträger gemeldet werden.

14.6 Rechtliche Folgen von Aufsichtspflichtverletzungen

> **Lehrer lassen Schüler sitzen**
> …Weil sie bei einem Schulausflug zwei Schüler in einem Vergnügungspark zurückgelassen haben, drohen Lehrern an der Mittelschule Langweid (Kreis Augsburg) disziplinarische Konsequenzen. Vor zwei Wochen besuchten etwa 80 Schüler und fünf Lehrer der Schule den Allgäu Skyline Park bei Bad Wörishofen. Wegen disziplinarischer Probleme, wie die Schule betont, wurden kurz vor Abfahrt aus dem Vergnügungspark ein 13-jähriges Mädchen und ein 14 Jahre alter Bub im Park zurückgelassen.
> *Augsburger Allgemeine, 17.07.2012*

Verletzt ein Lehrer seine Aufsichtspflicht, kann er dafür strafrechtlich zur Verantwortung gezogen werden, z.B. wegen fahrlässiger Körperverletzung oder Tötung. Darüber entscheidet ein unabhängiges Gericht (i. d. R. das Amtsgericht). Die Schulverwaltung als staatliche Behörde hat hier keine Einflussmöglichkeiten und kann nicht Partei ergreifen. Der Lehrer muss auch selbst für seine Verteidigung sorgen. Unter bestimmten Voraussetzungen kann er vom Dienstherrn eine finanzielle Unterstützung erhalten.

Hinsichtlich der zivilrechtlichen Haftung, d.h. für finanzielle Schäden, tritt zunächst der Dienstherr ein, soweit die gesetzliche Unfallversicherung keine Leistungen erbringt, also z. B. für Sachschäden (Grundsatz der Amtshaftung, Art. 34 GG, § 839 BGB). Das Land oder die Kommune können aber bei dem Lehrer Regress nehmen, wenn er vorsätzlich oder grob fahrlässig gehandelt hat. Einzelheiten werden im Kapitel »Haftung des Lehrers« erläutert.

Außerdem kann ein Lehrer sich noch in einem Disziplinarverfahren verantworten müssen. Bei einem Verstoß gegen die Aufsichtspflicht hat er sich nicht »mit voller Hingabe seinem Beruf gewidmet« und ist auch nicht dem in ihn gesetzten Vertrauen gerecht geworden.

Die Aufzählung dieser möglichen Folgen wirkt bedrohlich, und tatsächlich ist die Aufsichtsproblematik bei Lehrern mit vielen Ängsten besetzt. Obwohl es aber nach der Statistik der gesetzlichen Unfallversicherer zu ca. 1,3 Mio. Schülerunfällen im Jahr kommt, werden nur äußerst selten Lehrkräfte wegen einer Pflichtverletzung in diesem Zusammenhang zur Verantwortung gezogen. Das zeigt zum einen, dass die Lehrer ganz überwiegend ihrer Aufgabe sehr verantwortungsbewusst nachkommen, zum anderen aber auch, dass die Gerichte und Schulaufsichtsbehörden bei ihren Entscheidungen die Schwierigkeiten, vor denen ein Lehrer im Alltag stehen kann, im Auge behalten und insbesondere berücksichtigen, dass dabei oft rasch eine Entscheidung getroffen werden muss. Im Übrigen gilt auch hier wie in anderen Bereichen, dass eine pädagogisch vernünftig begründete Entscheidung im Allgemeinen auch einer juristischen Nachprüfung standhält.

> Im **Fall 14.3** drohen den Lehrkräften wegen Verletzung der Aufsichtspflicht disziplinarische Konsequenzen.
>
> Aus Augsburger Allgemeine vom 17.07.2012:
>
> »Lehrer lassen Schüler sitzen«
>
> …Das Schulamt für den Landkreis und die Regierung von Schwaben untersuchen nun vor allem, inwiefern die Jugendlichen beaufsichtigt wurden, während sie warteten. Die Schule betont, dass dies zu jeder Zeit der Fall war. Wie die Aufsicht aussah, wollte der Rektor nicht sagen. Sollte sich der Verdacht erhärten, dass die Lehrer ihre Aufsichtspflicht verletzt haben, drohen ihnen disziplinarische Konsequenzen.

Wiederholung – Vertiefung

1. Wer ist zuständig für die Abwicklung von Schülerunfällen?
2. Ein Lehrer macht mit einer Abschlussklasse der Realschule eine Studienfahrt. Er möchte, dass eine weibliche Begleitperson mitkommt. Der Schulleiter hält das für überflüssig. Wer hat Recht?
3. Ein Lehrer bleibt mit einer Gruppe von Schülern im Anschluss an einen Schullandheimaufenthalt zurück, um mit ihnen noch eine schwierige Bergtour zu unternehmen. Die übrigen Schüler fahren mit der anderen Begleitperson nach Hause. Bei der Bergwanderung bricht sich ein Schüler beim Abstieg ein Bein. Liegt ein Schülerunfall im Sinne der gesetzlichen Unfallversicherung vor?
4. Gegen welche Dienstpflichten verstößt eine Lehrkraft, die ihre Schüler vorzeitig aus dem Unterricht entlässt?
5. Während einer Gruppenarbeit betreut die Lehrkraft eine einzelne Gruppe. Hinter ihrem Rücken beschädigt ein Schüler die Kleidung eines Mitschülers. Rechtslage?

15 Haftung des Lehrers

Fall 15
Der Lehrer S beschädigt mit untauglichem »Werkzeug« den Fotokopierer der Schule. Wer kommt für den Schaden auf?

15.1 Rechtliche Grundlagen

Eine vermögensrechtliche Haftung des Beamten kann sich dann ergeben, wenn der Beamte einen Dritten oder unmittelbar den Dienstherrn geschädigt hat.

Verletzt der Lehrer in Ausübung seines Amtes schuldhaft die ihm einem Dritten gegenüber obliegende Amtspflicht, so trifft die Verantwortlichkeit den Dienstherrn (Art. 34 GG, § 839 BGB). Ein Geschädigter kann demgemäß nur den Staat (Dienstherrn) auf Schadensersatz in Anspruch nehmen. Der Lehrer braucht also nicht zu befürchten, von einem Geschädigten erfolgreich persönlich zur Kasse gebeten zu werden.

> **Art. 34 GG**
>
> Verletzt jemand in Ausübung eines ihm anvertrauten öffentlichen Amtes die ihm einem Dritten gegenüber obliegende Amtspflicht, so trifft die Verantwortlichkeit grundsätzlich den Staat oder die Körperschaft, in deren Dienst er steht. Bei Vorsatz und grober Fahrlässigkeit bleibt der Rückgriff vorbehalten...

Hat der Dienstherr Schadensersatz leisten müssen, kann er gegen den Lehrer nur dann Rückgriff (Regress) nehmen, wenn dieser vorsätzlich oder grob fahrlässig gehandelt hat.

Bei »leichter« Fahrlässigkeit besteht kein Rückgriffsrecht.

Vorsatz:

Vorsatz ist das Wissen und Wollen der Tatbestandsverwirklichung bei Begehung der Tat.

Grobe Fahrlässigkeit:

Grobe Fahrlässigkeit kann nur dann bejaht werden, wenn ein besonders schwerer Verstoß gegen die Sorgfalts- beziehungsweise Sicherungspflichten vorliegt und der Betreffende dabei selbst einfachste, jedem einleuchtende Überlegungen nicht angestellt hat.[1]

Leichte Fahrlässigkeit:

Leichte (einfache) Fahrlässigkeit liegt vor, wenn die im Verkehr erforderliche Sorgfalt in normalem Maße außer Acht bleibt.

Die Haftung der Lehrkraft

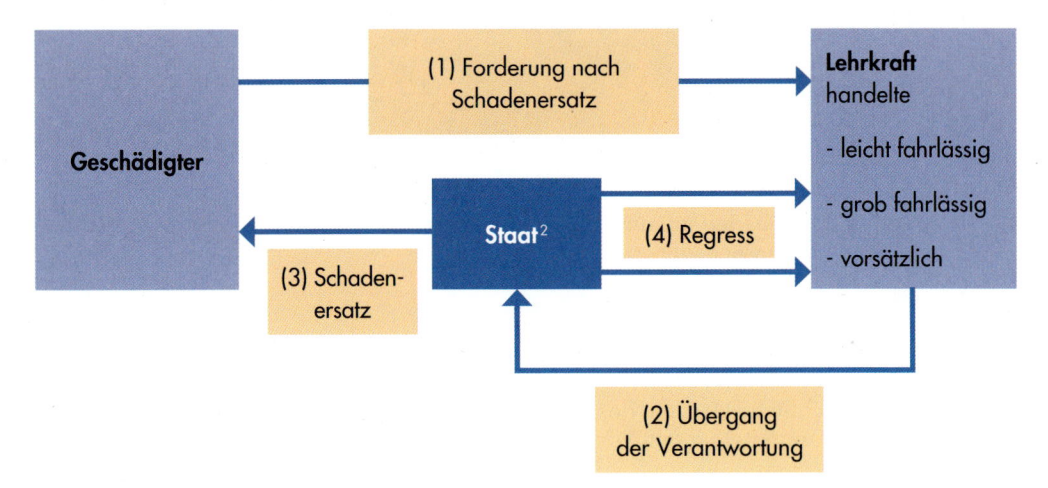

Beteiligte: Geschädigter, Staat[2], Lehrkraft (handelte leicht fahrlässig, grob fahrlässig, vorsätzlich).
(1) Forderung nach Schadenersatz (Geschädigter → Lehrkraft)
(2) Übergang der Verantwortung (Lehrkraft → Staat)
(3) Schadenersatz (Staat → Geschädigter)
(4) Regress (Staat → Lehrkraft)

Der Dienstherr muss ggf. seine Rückgriffsforderung vor einem ordentlichen Gericht geltend machen, so dass letztlich die Entscheidung über die Rückgriffsmöglichkeit unabhängige Richter treffen.

Hat der Dienstherr mit seiner Rückgriffsforderung wegen grober Fahrlässigkeit Erfolg, d.h. der Lehrer muss den Schaden wegen grober Fahrlässigkeit seinem Dienstherrn ersetzen, so tritt für ihn ggf. die persönliche Haftpflichtversicherung ein, falls eine derartige Haftpflichtversicherung (Amtshaftpflichtversicherung) vom Lehrer abgeschlossen wurde. Hat der Lehrer einer staatlichen Schule dem Sachaufwandsträger einen Schaden zugefügt, so haftet er diesem gegenüber in gleichem Umfange wie gegenüber seinem Dienstherrn, also nur bei Vorsatz oder grober Fahrlässigkeit. Hat der Sachaufwandsträger mit seiner Rückgriffsforderung wegen grober Fahrlässigkeit Erfolg, d.h. der Lehrer muss den Schaden wegen grober Fahrlässigkeit dem Sachaufwandsträger ersetzen, so tritt für ihn ggf. die persönliche Haftpflichtversicherung (Diensthaftpflichtversicherung) ein. Bei »leichter« Fahrlässigkeit werden Sachschadensersatzforderungen des Sachaufwandsträgers an den hoheitlich (dienstlich) tätigen Lehrer ins Leere gehen. Bei Vorsatz leistet keine Haftpflichtversicherung Schadenersatz.

---

1 Michael von Farkas: Die gesetzliche Schüler-Unfallversicherung – soziale Absicherung und Haftungsschutz, in: SchulVerwaltung spezial 2000, S. 42

2 Für Körperschäden bei Schülern aufgrund einer Aufsichtspflichtverletzung der Lehrkraft tritt an Stelle des Staates die gesetzliche Unfallversicherung ein.

15.2 Hinweise für die Praxis

Privatrechtliche Haftungsfragen können Lehrkräfte stark beunruhigen. Es empfehlen sich nachfolgende Verhaltensweisen bzw. Vorkehrungen:

▶ An den Lehrer persönlich gerichtete Schadensersatzforderungen Dritter (Eltern, Schüler...) sind unter Verweisung auf Art. 34 GG zurückzuweisen und/oder ggf. an den Dienstherrn (Regierung) weiterzuleiten.

▶ An den Lehrer persönlich gerichtete Schadensersatzforderungen des Sachaufwandsträgers der Schule sind ggf. unter dem Hinweis, dass kein Vorsatz oder grobe Fahrlässigkeit vorliegt zurückzuweisen, bzw. sind sie an eine bestehende Diensthaftpflichtversicherung (ggf. zur Abwehr unberechtigter Forderungen) weiterzuleiten.

▶ Dringend empfohlen wird der Abschluss einer Dienst- u. Amtshaftpflichtversicherung, die nicht nur unberechtigte Schadensersatzforderungen abwehrt, sondern im Falle einer berechtigten Forderung die Erledigung der Schadensersatzforderung übernimmt. Fast alle Lehrerverbände haben für ihre Mitglieder neben der Dienst- und Amtshaftpflicht auch eine Schlüsselhaftpflichtversicherung und eine Privathaftpflichtversicherung eingeschlossen.

Für den Fall des Vorsatzes leistet keine Haftpflichtversicherung Schadenersatz.

> Im **Fall 15** kann angenommen werden, dass der Lehrer keinesfalls vorsätzlich das Kopiergerät beschädigt hat. In jedem Fall ersetzt der Staat den Schaden. Bei grober Fahrlässigkeit könnte der Saat Rückgriff auf den Lehrer nehmen. Falls er eine persönliche Haftpflichtversicherung hat, kann sie in Anspruch genommen werden.

15.3 Übersicht

Grundlage, Kern	Beispiel, Vorschriften	Verfahren, Internetquellen	Hinweise
Haftung für Amtsträger			
Amtshaftung In Ausübung hoheitlicher Tätigkeit wird ein Dritter (weder Dienstherr noch Amtsträger selbst) geschädigt	Lehrer richtet am Schulkopierer, den die Schule geleast hat, einen schweren Schaden an. § 839 BGB, Art. 34 GG	Schule reicht die Forderung formfrei an die jeweilige Regierung weiter. Mittelfranken: http://www.regierung.mittelfranken.bayern.de/aufg_abt/abt5/abt53002.htm	Gilt auch für Verwaltungshelfer (das sind Personen, die vom Lehrer zu Hilfstätigkeiten herangezogen werden)
Leistungen für Lehrer und Schüler bei Körperschäden			
Schülerunfallversicherung Schüler erleidet auf dem Schulweg oder während einer schulischen Veranstaltung einen Körperschaden	Schüler verstaucht sich im Sportunterricht den Knöchel SGB VII	Meldung an die Kommunale Unfallversicherung Bayern http://www.kuvb.de/	- Bei Brillenschäden, wenn Brille getragen wurde - Gilt auch für Ehrenamtliche im Dienst einer Gemeinde oder des Staates (z. B. Lesemütter)
Dienstunfall Unfall eines Beamten, der sich in Ausübung oder infolge des Dienstes ereignet und einen Körperschaden zur Folge hat	Verbeamteter Lehrer bricht sich beim Sturz auf der Schultreppe den Arm BeamtVG	Dienstvorgesetzter leitet Untersuchung ein und erstattet Meldung an Landesamt für Finanzen – Dienststelle Regensburg – http://www.lff.bayern.de/formularcenter/dienstunfall/index.aspx (Rubrik Dienstunfall/Sachschadenersatz)	Brillenschäden über Sachschadenersatz

Arbeitsunfall Unfall eines Beschäftigten, der sich in Ausübung oder infolge der Arbeit ereignet und einen Körperschaden zur Folge hat	Angestellte Lehrerin bricht sich beim Sturz auf der Schultreppe den Arm SGB VII	Meldung an die Kommunale Unfallversicherung Bayern http://www.kuvb.de/	Auch bei Brillenschäden, wenn die Brille getragen wurde
Leistungen für Lehrer bei Sachschäden			
Sachschadenersatz Unfall oder unfallähnliches Ereignis schädigt Lehrereigentum, das man im Dienst üblicherweise mit sich zu führen pflegt oder im Dienst benötigt wird.	Schulleiter/Lehrer kommt mit der Krawatte in den Aktenvernichter; Unfall zwischen Wohnung und Dienststelle; Brillenschaden. Sachschadenersatzrichtlinien (SachSchRL).	Meldung des Geschädigten an das Landesamt für Finanzen – Dienststelle Regensburg – http://www.lff.bayern.de/formularcenter/dienstunfall/index.aspx (Rubrik Dienstunfall/Sachschadenersatz)	Ein unfallähnliches Ereignis liegt vor, wenn es geeignet ist, auch den Körper zu schädigen.
Vollkaskoversicherung Schaden am privaten Kfz des Lehrers bei dienstlich veranlasster Reisetätigkeit	Lehrer besucht Praktikumsplatz; am Parkplatz verkratzt er seinen Pkw	Geschädigter meldet Schaden der Versicherungskammer Bayern, München; Formular dort anfordern oder im Behördennetz unter http://www.bybn.de/RBIS/PW/dffv-schadenmeldung.pdf	Nicht bei Aus- oder Fortbildungsreise Keine Reifenschäden
Gewaltakte Dritter Vorsätzlicher Gewaltakt (bei dienstlich korrektem Verhalten des Lehrers) schädigt Eigentum des Lehrers oder seiner Familie	Schüler beschädigen aus Rache für einen Verweis den Pkw des Lehrers Art. 98 BayBG	Antrag des Geschädigten an das Landesamt für Finanzen – Dienststelle Regensburg – Bahnhofstraße 7, 93047 Regensburg (formlos)	Nachweis für »Racheakt« nur im Rahmen der Glaubhaftmachung möglich; eingeschlossen sind alle im Haushalt des Beamten lebende Personen

Wiederholung – Vertiefung

1. Der Rechtsanwalt eines Schülers wendet sich direkt an die Lehrerin wegen eines Schadens, den sie verursacht haben soll. Wie soll sie sich verhalten?
2. Welche Möglichkeiten haben die Lehrerin und der Lehrer, wenn sie einen Schaden erleiden, der in Zusammenhang mit ihrer dienstlichen Tätigkeit steht?
3. Nach der Schule nehmen Sie die Einladung einiger Schülerinnen zu einem »Feierabendumtrunk« an und haben die Schulschlüssel in ihrer Manteltasche, den Sie unbeaufsichtigt an der Garderobe aufhängen. Am nächsten Morgen stellen Sie fest, dass die Schulschlüssel nicht mehr da sind. Stellen Sie die weitere Vorgehensweise dar und nehmen Sie zu dem Vorfall Stellung.
4. Die Lehrkraft L sammelt von den Schülerinnen und Schülern den Betrag für eine Klassenfahrt ein und bewahrt die Geldtasche in seiner Schulmappe auf. Als er am Nachmittag den Gesamtbetrag von 3 400 EUR in der Verwaltung »einzahlen« will, stellt er fest, dass das Geld sich nicht mehr in der Geldtasche befindet. Haftet die Lehrkraft für das eingesammelte Schülergeld?

16 Unfallschutz in der Schule

»Unfälle« treten unerwartet ein.

16.1 Einführung

Mit den Unfallverhütungsvorschriften ist ein Regelwerk geschaffen worden, das insbesondere die Sicherheit der Schülerinnen und Schüler während ihres Aufenthalts in der Schule, auf dem Schulweg und bei sonstigen schulischen Veranstaltungen gewährleisten soll. Zur Durchführung dieser Regeln überträgt das SGB VII als Gesetz für die gesetzliche Unfallversicherung in erster Linie der Schulleitung die Verantwortung. Zu ihrer Unterstützung sind Lehrkräfte als Sicherheitsbeauftragte vorgesehen, die vom Schulleiter bestellt werden. Kenntnisse zum Unfallschutz sind für Lehrkräfte vordringliches Gebot.

Sicherheit in der Schule betrifft eine Vielzahl am Schulleben beteiligter Personen und Institutionen. Gemeinsam wirken sie darauf hin,

- Schüler zu sicherheitsbewusstem Verhalten zu erziehen,
- einen sicheren Schulbetrieb zu organisieren und
- für eine sichere Schulanlage zu sorgen.

Die Organisation der Sicherheit in der Schule wurde mit der KMBek »Sicherheit in der Schule und gesetzliche Schülerunfallversicherung« vom 11.12.2002, Gz. III/1-54361-6/101 826, beschrieben.

16.2 Die Träger der Schülerunfallversicherung

Träger der gesetzlichen Schüler-Unfallversicherung in Bayern ist die Kommunale Unfallversicherung Bayern (KUVB), welche durch Fusion der kommunalen Unfallversicherungsträger, des Bayerischen Gemeindeunfallversicherungsverbandes (Bayer. GUVV) und der Unfallkasse München (UKM), zum 01. Januar 2012 entstanden ist.

Für Privatschulen ist die Bayerische Landesunfallkasse zuständig.

16.3 Unfallursachen

Unfälle in der Schule entstehen aus unterschiedlichen Gründen.

Menschliche Ursachen:

- Schubsen, Bein stellen
- Stuhl wegziehen
- weggeworfene Obstreste
- Konzentrationsschwächen
- Konditionsschwächen
- Missachtung von Anweisungen der Lehrkraft
- ...

Organisatorische Ursachen:

- fehlende bzw. unzureichende Aufsicht
- unklare Zuständigkeiten bei einem Unfall (Erste Hilfe, Notruf, Fluchtwege…)
- ...

Technische Ursachen:

- defekte Geräte und Einrichtungen
- beschädigte elektrische Einrichtungen
- schlecht erkennbare Stufen
- glatter Fußbodenbelag
- unsachgemäße Treppengeländer
- ...

16.4 Zuständigkeiten

Die Ursachenvielfalt sowie die Regelung zur Finanzierung des Sachaufwandes beeinflussen die Zuständigkeit zur Unfallverhütung.

16.4.1 Äußerer Schulbereich (Gebäude, Anlagen und Einrichtungen)

Das Bayerischen Schulfinanzierungsgesetz unterscheidet Personalaufwand, den der Staat[1] trägt, und Schulaufwand. Zum Schulaufwand gehört auch der Sachaufwand. Die Gemeinden, evtl. auch Zweckverbände und Landkreise sind die Sachaufwandsträger.

Die Sachaufwandsträger haben dafür zu sorgen, dass sich die Schulgebäude, die schulischen Sportstätten und evtl. Schülerheime in verkehrssicherem Zustand befinden. Da der Schulbusbetrieb dem Sachaufwand zugeordnet wird und Gefahren in sich birgt, hat der Sachaufwandsträger für die Sicherheit zu sorgen. Sicherheitsbeauftragte für den äußeren Schulbereich sind im Allgemeinen die Hausmeister.

16.4.2 Innerer Schulbereich

Diese Sphäre betrifft den laufenden Schulbetrieb und die Schulorganisation. Hier trägt die Verantwortung vor allem der Schulleiter. Die Aufgabenstellung enthält u. a.:

- Unverzügliche Anzeige von Mängeln an Schulanlagen beim Sachaufwandsträger
- Einleitung von sofortigen Maßnahmen bei akuten Gefährdungen
- Information der Lehrkräfte über die Unfallverhütungsvorschriften und Kontrolle der Einhaltung
- Ursachenermittlung bei Unfällen
- Sicherstellung der Ersten Hilfe sowie der Ausbildung der Lehrkräfte zu Ersthelfern
- Meldung von Schülerunfällen an den Unfallversicherungsträger
- Bestellung einer Lehrkraft als Sicherheitsbeauftragten unter Beteiligung des Personalrates

> **§ 29 LDO**
>
> (3) Nach § 22 Abs. 1 Siebtes Buch Sozialgesetzbuch (SGB VII) ist an jeder Schule vom Schulleiter eine geeignete Person zum Sicherheitsbeauftragten zu bestellen. Das Nähere ist in der Bekanntmachung des Bayerischen Staatsministeriums für Unterricht und Kultus über die Sicherheit in der Schule und gesetzliche Unfallversicherung vom 11. Dezember 2002 (KWMBl I 2003 S. 4, ber. S. 81) in der jeweils gültigen Fassung geregelt.

Der Sicherheitsbeauftragte unterstützt den Schulleiter bei der Erstellung von Unfallanzeigen, der Multiplikation der Informationen an das Lehrerkollegium, der Erkennung von Gefahrenquellen und der Durchführung der jährlich vorgeschriebenen Probealarme[2].

Der Sicherheitsbeauftragte soll alle für seine Tätigkeit nötigen Informationen besitzen und den Zutritt zu allen Räumen ermöglicht bekommen. Dem Sicherheitsbeauftragten muss die für seine Tätigkeit erforderliche Zeit zur Verfügung stehen. Er sollte Vollzeitkraft sein und bereit sein, die Aufgabe über mehrere Jahre wahrzunehmen.

Die Ausbildung der Sicherheitsbeauftragten erfolgt durch die Träger der gesetzlichen Unfallversicherung.

---

[1] Bei kommunalen Schulen trägt die Kommune auch den Personalaufwand, erhält aber vom Staat einen Lehrpersonalzuschuss.

[2] Detaillierte Handlungsanweisungen finden sich hierzu in der Gemeinsamen Bekanntmachung der Bayerischen Staatsministerien des Innern sowie für Unterricht, Kultus, Wissenschaft und Kunst vom 30. Dezember 1992 Nr. 1 D 1 - 2203.1/11 und Nr. 111/2 0 4166 - 8/83934 (AllMBI 2/1993, Seite 70).

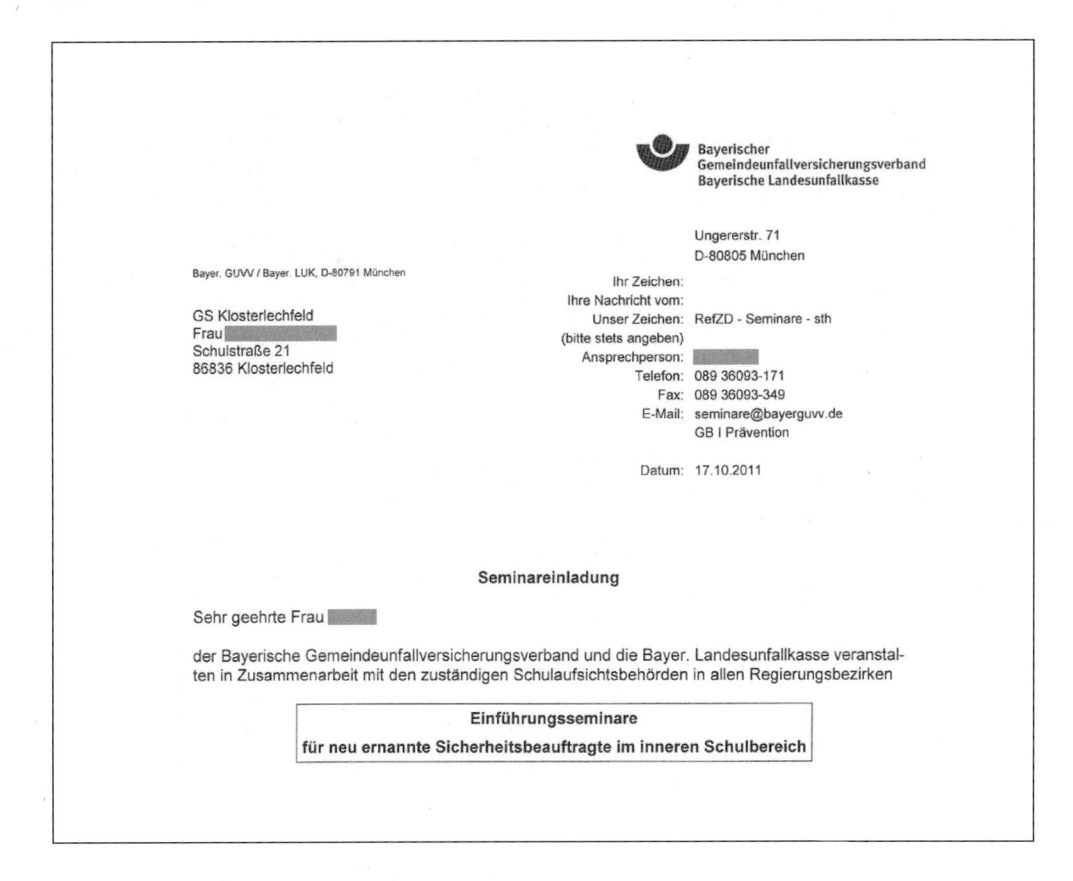

> Bayerischer
> Gemeindeunfallversicherungsverband
> Bayerische Landesunfallkasse
>
> Ungererstr. 71
> D-80805 München
>
> Bayer. GUVV / Bayer. LUK, D-80791 München
>
> GS Klosterlechfeld
> Frau
> Schulstraße 21
> 86836 Klosterlechfeld
>
> Ihr Zeichen:
> Ihre Nachricht vom:
> Unser Zeichen: RefZD - Seminare - sth
> (bitte stets angeben)
> Ansprechperson:
> Telefon: 089 36093-171
> Fax: 089 36093-349
> E-Mail: seminare@bayerguvv.de
> GB I Prävention
>
> Datum: 17.10.2011
>
> **Seminareinladung**
>
> Sehr geehrte Frau
>
> der Bayerische Gemeindeunfallversicherungsverband und die Bayer. Landesunfallkasse veranstalten in Zusammenarbeit mit den zuständigen Schulaufsichtsbehörden in allen Regierungsbezirken
>
> **Einführungsseminare
> für neu ernannte Sicherheitsbeauftragte im inneren Schulbereich**

Insbesondere mit der ordnungsgemäßen Wahrnehmung der Aufsichtspflicht trägt jede Lehrkraft zur Unfallverhütung bei. Darüber hinaus sollte sie Unfallprävention und Sicherheitserziehung als festen Bestandteil des schulischen Erziehungs- und Bildungsauftrages unterrichtlich berücksichtigen. Gefahrenerkennung, ihre Vermeidung und die Information an die Schulleitung sind selbstverständlich. Um bei Schulunfällen fachgerecht Erste-Hilfe-Maßnahmen durchführen zu können, müssen sich die Lehrkräfte regelmäßig fortbilden.

Als Folge der sicherheitstechnischen Entwicklung in den letzten Jahrzehnten haben sich die Arbeitsbedingungen für Lehrer und Schüler in den Schulen sehr gewandelt und die Veränderungen schreiten unaufhaltsam fort. Immer komplexere Arbeitsabläufe im Unterricht machen es erforderlich, die begleitenden Vorsorgemaßnahmen zur Sicherheitserziehung und Unfallverhütung weiterzuentwickeln.

Die von der Kommunalen Unfallversicherung Bayern (KUVB; früher GUVV) herausgegebene Zeitschrift »Unfallversicherung aktuell« (früher »der weiß-blaue Pluspunkt«) erscheint vier mal im Jahr. Sie informiert aktuell über Sicherheit und Gesundheit in den Schulen.

Eine Reihe von Heften kann auf der Homepage des KUVB (*http://www.kuvb.de*) abgerufen werden.

Die Entwicklung des Sicherheitsbewusstseins und die Ausarbeitung konkreter Vorschläge zur Durchführung der Unfallverhütung zählen zu den Aufgaben, zu denen auch die Eltern- und Schülervertretung wesentlich beitragen können.

Die Schulaufsichtsbehörden wirken im Rahmen ihrer Beratungs- und Überwachungsfunktion bei der Unfallverhütung mit.

16.4.3 Fachberater für Verkehrs- und Sicherheitserziehung

Das Seminar Bayern für Verkehrs- und Sicherheitserziehung und die Fachberater des Bereichs Verkehrs- und Sicherheitserziehung sind an allen Schularten explizit für den Bereich der Sicherheit zur Unterstützung der Schulleiter an den Schulen zuständig. Diese werden regelmäßig durch das Seminar Bayern und die Kommunale Unfallversicherung Bayern (KUVB) an der ALP in Dillingen fortgebildet.

Die von diesen Fachberatern betreuten Sicherheitsbeauftragten für den inneren Schulbereich an den jeweiligen Schulen müssen ihre Schulleiter im Bereich Sicherheit und Unfallverhütung beraten und unterstützen (technische Mängel, Probealarme und Brandschutz, Erste Hilfe, Unfallverhütung, Verkehrssicherheitskonzept der Schule, Rettungswege, Multiplikation von Material zur Sicherheitserziehung…).

> Die Fachberater haben je nach Schulart unterschiedliche Bezeichnungen:
>
> - **Grund-/Mittelschulen:** Fachberater für Verkehrs- und Sicherheitserziehung (Verkehrserziehung und Unfallverhütung) bei den Staatlichen Schulämtern
> - **Förderschulen:** Fachberater für Verkehrs- und Sicherheitserziehung (Verkehrserziehung und Unfallverhütung) an den Regierungen
> - **Realschulen:** Fachberater für Verkehrserziehung- und Unfallverhütung bei den Ministerialbeauftragten
> - **Gymnasien:** Fachberater für Verkehrserziehung und Unfallverhütung bei den Ministerialbeauftragten
> - **Berufliche Schulen:** Fachberater für Sicherheitsangelegenheiten an den beruflichen Schulen in Bayern bei den Regierungen sind zudem im Rahmen der allgemeinen Erziehung zur Arbeitssicherheit auch für die Verkehrserziehung zuständig.

16.4.4 Versicherungsumfang

> Wenn ein Schüler während einer Freistunde das Schulgrundstück verlässt, um sich an einem 250 Meter entfernten Kiosk Lebensmittel zu kaufen, sind mögliche Schäden durch die Unfallversicherung der Schule gedeckt.
>
> *Entscheidung des BSG, Urteil vom 19.05.1983*

Versichert sind nach § 2 SGB VII:

- Schüler allgemein bildender und beruflicher Schulen
- Angestellte im inneren und äußeren Schulbereich (z. B. angestellte Lehrkräfte, Verwaltungspersonal, Hausmeister, Reinigungspersonal)
- Personen, die wie die Versicherten für die Schule tätig werden (z. B. Eltern als Aufsichtspersonen bei Schülerfahrten)
- Ehrenamtlich Tätige (Elternbeiräte, Schulwegdienste)

Für alle versicherten Personen gilt bei der Erstattung von Versicherungsleistungen der Kausalitätsgrundsatz: Der Unfall muss im ursächlichen Zusammenhang mit dem Schulbetrieb stehen (schulische Veranstaltung).

Lehrkräfte im Beamtenverhältnis sind im Rahmen der Fürsorgepflicht des Dienstherrn abgesichert.

Versicherungsleistungen:

- Kostenübernahme für umfassende Heilbehandlungen
- Schulisch-berufliche Rehabilitation
- Soziale Rehabilitation und ergänzende Leistungen
- Versichertenrente

Nicht versicherte Ereignisse und Tätigkeiten:

- Eigenwirtschaftliches Handeln (privater Nachhilfeunterricht)
- Unerlaubtes Verlassen des Schulgeländes (beachte Fallbeispiel)
- Anfertigen von Hausaufgaben zu Hause
- Private Unterbrechung des Schulweges (Einkauf, private Aktivitäten auf dem Schulgelände)

16.4.5 Aufgaben der gesetzlichen Unfallversicherung

Die gesetzliche Unfallversicherung hat folgende Aufgaben:

- Mit allen geeigneten Mitteln Schulunfälle sowie Gesundheitsgefahren zu vermeiden
- Nach Eintritt von Unfällen die Gesundheit und Leistungsfähigkeit mit allen geeigneten Mitteln wiederherstellen
- Die Versicherten durch Geldleistungen zu entschädigen

16.4.6 Sicherheitskonzept für Schulen

Nach dem Amoklauf an der Wirtschaftsschule Freising haben alle bayerischen Schulen (gemäß KMS vom 06.05.2002 Nr. III/5 – S4313 – 6/54412 und vom 06.06.02 Nr. III/5 – S4313 – 6/54412) ein individuelles, auf die örtliche Situation abgestimmtes Sicherheitskonzept erarbeitet. Die Erstellung wurde in Kooperation mit den Eltern, den Schulaufwandsträgern und Rettungsdiensten vorgenommen und gibt Handlungsvorgaben für Alarmierung, Notfallkoordination, Evakuierung sowie die Benachrichtigung und Betreuung der Eltern.

Der bei allen Dienststellen hinterlegte Sicherheitsplan klärt auch Fragen der baulichen, technischen und aufsichtlichen Maßnahmen.

Wiederholung – Vertiefung

1. Legen Sie die Zuständigkeiten für den äußeren und inneren Schulbereich hinsichtlich der Unfallverhütung dar.
2. Stellen Sie dar, welche dienstlichen Aufgaben der Lehrkraft auferlegt sind, um die Sicherheit im Schulleben zu gewährleisten.
3. Welche Aufgaben kommen den Sicherheitsbeauftragten zu?
4. Schüler U fährt gewöhnlich mit dem Fahrrad zur Schule. Auf dem Heimweg stürzt er, bricht sich das Handgelenk und sein Fahrrad ist erheblich beschädigt.
   Besteht ein Schulunfallversicherungsschutz, wenn er:
   a) Auf direktem Wege nach Hause fuhr?
   b) Auf dem Nachhauseweg einen Umweg machte?
5. Wie verhält sich die Lehrkraft vorschriftsgemäß bei einem Feueralarm?
6. Wie verhalten Sie sich ordnungsgemäß nach dem Sicherheitsplan Ihrer Schule bei einem Amoklauf?

17 Schülerfahrten

Schülerfahrten erfordern Aufsichtsführung in besonderem Maß.

17.1 Bedeutung und Begriffsklärung

Schülerfahrten sind in fast allen Schulen ein bedeutender Bestandteil des Schullebens und stehen in einem inneren Zusammenhang mit dem Unterricht. »Sie sind keinesfalls touristische Unternehmungen, sondern immer unter unterrichtlichen und pädagogischen Gesichtspunkten zu planen, vorzubereiten und durchzuführen.« [1]

Schul- und Studienfahrten, Fachexkursionen, Schülerwanderungen, Schulskikurse und Schullandaufenthalte gelten als Schülerfahrten und zählen zu den »Sonstigen Schulveranstaltungen« gemäß Art. 30 BayEUG. Schülerfahrten können eintägig und mehrtägig sein. Fahrten im Rahmen des internationalen Schüleraustausches und Unterrichtsgänge sind keine Schülerfahrten. Die Teilnahme an Schülerfahrten gehört für die Lehrkräfte zu den dienstlichen Aufgaben (§ 4 Abs. 1 LDO).

Aufgrund des zur Verfügung stehenden Budgets stellen die Schulen für das jeweilige Schuljahr in einem Fahrtenprogramm alle geplanten Schülerfahrten zusammen. Die Entscheidung trifft die Lehrerkonferenz gemäß Art. 58 Abs. 4 BayEUG mit bindender Wirkung. Der Schülerausschuss ist anzuhören.

17.2 Die Vorbereitung

Neben der unterrichtlichen und organisatorischen Vorbereitung (Unterkunft, Beförderungsfrage) ergibt sich eine Vielzahl an zu berücksichtigenden Planungsschritten mit schulrechtlichem Charakter.

- Die Zustimmung des Elternbeirats ist bei der Zusammenstellung der Schülerfahrten erforderlich (§ 15 Abs. 1 BaySchO).

---

1 Berthold Freytag, Schülerfahrten, Ratgeber A-Z, Datenbank für Schulmanagement, Schul-Link Bayern, 22. Ausgabe

- Für jede Gruppe sind in der Regel mindestens zwei Begleitpersonen, darunter mindestens eine Lehrkraft, nötig. Bei eintägigen Schülerfahrten ab der Jahrgangsstufe 11 ist nur eine Lehrkraft notwendig.
- Minderjährige bedürften für die Teilnahme an einer mehrtägigen Schülerfahrt einer schriftlichen Einverständniserklärung der Erziehungsberechtigten.
- Schüler können vorab mittels einer Ordnungsmaßnahme von einer Schülerfahrt ausgeschlossen werden (Art. 86 Abs. 2 Nr. 4, 5 BayEUG).
- In der Berufsschule ist im Blockunterricht eine Information an die Ausbildungsbetriebe über eine mehrtägige Schülerfahrt empfehlenswert.
- Freiplätze oder Vergünstigungen sollten im Sinne eines Mengenrabatts Kosten mindernd auf alle Teilnehmer umgelegt werden.
- Bei gemischten Gruppen muss in der Unterkunft eine geschlechtsspezifische Trennung gewährleistet sein. Weiterhin müssen eine männliche und weibliche Begleitperson an der Schülerfahrt teilnehmen. Bis einschließlich der Jahrgangsstufe 4 sind ausnahmsweise auch zwei weibliche Begleitpersonen zulässig.
- Ein Erste-Hilfe-Set inklusive Verbandzeug ist mitzuführen. Eine Begleitperson muss mit Maßnahmen der Ersten Hilfe vertraut sein.
- Für Schulskikurse[1] gelten spezielle Vorschriften.
- Die Erziehungsberechtigten müssen eine begleitende Lehrkraft über gesundheitliche Besonderheiten bzw. Beeinträchtigungen ihrer Kinder informieren.
- Die Erziehungsberechtigten bzw. volljährigen Schüler/innen können die Kosten der Schülerfahrt auch auf ein Konto der Schule einzahlen. Haushaltmittel dürfen über dieses Konto nicht abgewickelt werden. In Sonderfällen ist eine Barzahlung möglich (§ 25 Abs. 1 Satz 2 BaySchO).
- Die An- und Rückreise sind grundsätzlich gemeinsam zu planen. Ein Treff- und Endpunkt kann außerhalb der Schule liegen. Er sollte möglichst in der Nähe erreichbarer und zumutbarer Verkehrsmittel liegen (§ 5 Abs. 3 LDO). Für Schüler bis einschließlich der Jahrgangsstufe 4 muss er innerhalb des Schulsprengels liegen. Die Aufsichtspflicht beginnt und endet dementsprechend.
- Die Schüler sollten mit öffentlichen Verkehrsmitteln reisen, gegebenenfalls ist die Benutzung privater Beförderungsmittel (z.B. Reisebus) nötig. Eine Beförderung mit privaten Kraftfahrzeugen ist grundsätzlich nicht gestattet.
- Die Schüler genießen während der Schülerfahrt durch die gesetzliche Schülerunfallversicherung Versicherungsschutz gegen körperliche Schäden. Lehrkräfte sind im Rahmen der beamtenrechtlichen Unfallfürsorge bzw. der gesetzlichen Unfallversicherung versichert. Letztere versichert auch die Begleitpersonen.

Klassenfahrt mit tödlichem Ende

Eigentlich sollten die Realschüler aus Lübeck auf ihrer Reise die türkische Kultur kennen lernen. Doch die Klassenfahrt artete in ein Trinkgelage aus. Für den 21-jährigen Rafael N. endete der Alkoholexzess tödlich.

http://www.stern.de/panorama/tuerkei-urlaub-klassenfahrt-mit-toedlichem-ende-659542.html

---

1 KMBek »Durchführungshinweise zu Schülerfahrten« vom 09. Juli 2010, S. 205

17.3 Die Durchführung

Jede Begleitperson hat während der gesamten Schülerfahrt die Aufsichtspflicht wahrzunehmen. Dies gilt auch gegenüber volljährigen Schülern und Schülerinnen. Der Umfang richtet sich nach der geistigen und charakterlichen Reife. Das Jugendschutzgesetz ist insbesondere im Hinblick auf die Vermeidung des Konsums von Nikotin, alkoholischen Getränken und sonstigen Rauschmitteln zu beachten. Das Verhalten der Begleitpersonen hat Vorbildcharakter. Alkoholisierte Lehrkräfte beschädigen sowohl ihr Ansehen als auch jenes des Lehrberufs.

> **Beispiele:**
>
> Die Lehrkraft einer Grundschule kontrolliert während des Schullandaufenthaltes um 22:00 Uhr, ob die Schüler/innen bereits schlafen. Auch anschließend hält sich die Lehrerin noch einige Zeit in den Gängen der Jugendherberge auf.
>
> Der Lehrer einer Realschule gewährt den Schülern (Jahrgangsstufe 10) Ausgang in kleinen Gruppen. Er weist die Schüler auf Gefahren hin, bespricht das Ziel sowie dessen Erreichbarkeit und ermahnt die Schüler, um 23:00 Uhr wieder in die Jugendherberge zurückzukehren. Es handelt sich um eine disziplinierte Klasse.
>
> Schülern einer Klasse der Fachoberschule wird von der Lehrkraft »Ausgang bis zum Wecken« zugebilligt. Es handelt sich zum Teil um volljährige Schüler/innen.

Das Verhalten der Grundschullehrkraft entspricht der nötigen Aufsichtsführung für Schüler dieser Jahrgangsstufe. Schülern ab der Jahrgangsstufe 10 kann bei entsprechender Reife und Disziplin Ausgang in kleinen Gruppen – gegebenenfalls auch an einzelnen Abenden - gewährt werden. Bei minderjährigen Schülern ist jedoch eine Zustimmung der Erziehungsberechtigten nötig. Die Entscheidung der Lehrkraft der Fachoberschule entspricht nicht einer ausreichenden Aufsichtsführung, dies gilt auch hinsichtlich der volljährigen Schüler/innen.

Schülerinnen und Schüler, die durch Disziplinlosigkeit oder bewusste Nichteinordnung in die Gemeinschaft, Ablauf und Gelingen einer Schülerfahrt in Frage stellen, können durch die Schulleitung nach Rücksprache mit der begleitenden Lehrkraft noch vor deren Beendigung nach Hause geschickt werden. Entweder treten die Schüler/innen die Rückfahrt ohne Begleitung an oder müssen gegebenenfalls von den Erziehungsberechtigten abgeholt werden.

Der Charakter einer Schülerfahrt als Schulveranstaltung bestimmt die Durchführung. Der Bildungscharakter beherrscht die Inhalte und den Ablauf. Häufig werden auch Ziele aufgesucht, die von besonderer Bedeutung für die politische Bildung der Schüler/innen sind. Fächerübergreifendes und situationsbezogenes Lernen mit Phasen der Schüleraktivität bieten sich an.

> **Beispiel:**
>
> Lernort »Staatsregierung«
>
> Der Informationstag findet in der Landeshauptstadt München, dem Sitz der Bayerischen Staatsregierung, statt. Die inhaltliche Vorbereitung der eintägigen Informationsfahrt wird an den Schulen durchgeführt; verbindliche Richtschnur bilden dabei die Lehrplanvorgaben für den Bereich der politischen Bildung. Eine gründliche Vorbereitung der teilnehmenden Schülerinnen und Schüler ist Voraussetzung für die Teilnahme. Die eingeladenen Gruppen erhalten von der Bayerischen Landeszentrale für politische Bildungsarbeit Hinweise und ggf. Materialien zur Vorbereitung. Die Informationstage

selbst werden von der Bayerischen Landeszentrale für politische Bildungsarbeit organisatorisch betreut und inhaltlich gestaltet. Die Kosten für die Verpflegung trägt die Landeszentrale, zu den Fahrtkosten wird ein Zuschuss gezahlt. Anträge auf Fahrtkostenzuschuss sind bei Terminen im ersten Schulhalbjahr bis zum Ende des Schuljahres, bei Terminen im zweiten Schulhalbjahr bis zum Ende des Kalenderjahres

Bekanntmachung des Bayerischen Staatsministeriums für Bildung und Kultus, Wissenschaft und Kunst vom 10. September 2015, Az. LZ 3 B3061/1/15

17.4 Die Nachbereitung

Auch im nachfolgenden Unterricht sollten die Bezüge zu den Inhalten einer Schülerfahrt aufgegriffen werden. Häufig erstellen die Schüler/innen Reiseberichte.

Einer Transparenz der Kosten für die mehrtägige Schülerfahrt kann eine detaillierte Kostenaufstellung dienen, die an die Erziehungsberechtigten bzw. Schüler gegeben werden kann.

Wiederholung – Vertiefung

1. Eine Klasse der Beruflichen Oberschule unternimmt als Schülerfahrt einen Badeurlaub nach Rimini/Italien. Beurteilen Sie diese Schülerfahrt schulrechtlich.
2. Ein Schüler bricht sich bei einer Schülerwanderung das Bein. Wer erstattet die Heilbehandlungskosten?
3. Ein Lehrer lässt die Vorauszahlungen der Schüler für eine Studienfahrt auf sein Privatkonto zahlen. Wie beurteilen Sie diese Zahlungspraxis?
4. Ein 17-jähriger Schüler legt dem Lehrer eine Erklärung der Eltern vor, in der sie die Lehrkraft für die Abende einer mehrtägigen Schülerfahrt von der Aufsichtspflicht entbinden. Auswirkungen?

18 Datenschutz in der Schule

Digitale Daten bedürfen eines besonderen Schutzes.

18.1 Aufgabe des Datenschutzes

Aufgabe des Datenschutzes ist es, die einzelnen davor zu schützen, dass sie bei der Erhebung, Verarbeitung oder Nutzung ihrer personenbezogenen Daten in unzulässiger Weise in ihrem Persönlichkeitsrecht beeinträchtigt werden.

Der Erreichung dieses Ziels an Schulen dienen sowohl allgemeine (subsidiäre) Datenschutzbestimmungen – wie vor allem das Bayerische Datenschutzgesetz (BayDSG), die hierzu erlassene Vollzugsbekanntmachung und die Datenschutzverordnung (DSchV) – als auch bereichsspezifische (vorrangige) Sondervorschriften für den Schulbereich – wie insbesondere das Bayerische Gesetz über das Erziehungs- und Unterrichtswesen (BayEUG), die Verordnung zur Durchführung des Art. 28 Abs. 2 des Bayerischen Datenschutzgesetzes und kultusministerielle Bekanntmachungen[1].

Den bei öffentlichen Stellen beschäftigten Personen ist es untersagt, personenbezogene Daten unbefugt zu erheben, zu verarbeiten oder zu nutzen. Die Verpflichtung zur Wahrung des Datengeheimnisses besteht auch nach Beendigung der Tätigkeit fort.

18.2 Verschwiegenheitspflicht und Auskunftserteilung

Personen, die mit der Erhebung, Verarbeitung oder Nutzung personenbezogener Daten betraut werden, müssen nicht zusätzlich zum Amtseid gesondert verpflichtet werden.

---

1 KMBeK 10. Oktober 2002 Nr. III/4 – III/1 – L 0572 – 1/101 407

Vor Einführung eines automatisierten Verfahrens zur Verarbeitung personenbezogener Daten sind die damit betrauten Personen auf die Wahrung des Datengeheimnisses hinzuweisen, insbesondere auf

- das Gebot der Amtsverschwiegenheit und
- das Verbot der Auskunftserteilung über Schüler an Dritte.

Zu den betroffenen Personen gehören alle Beschäftigten der Schule,

- die auf gespeicherte Daten zugreifen können (z. B. Schulleiter, Lehrer und Sekretariatskräfte),
- die Daten erfassen, ändern, löschen oder auswerten können (speziell also auch Lehrer, die im Rahmen der Zeugniserstellung Noten an einem PC eingeben, bzw. Lehrer, die Schülerdaten auf privaten Rechnern verarbeiten).

§ 14 LDO

(1) Die Lehrkraft hat, auch nach Beendigung des Dienstverhältnisses, über die ihr bei ihrer dienstlichen Tätigkeit bekannt gewordenen Angelegenheiten Verschwiegenheit zu bewahren. Dies gilt nicht für Mitteilungen im dienstlichen Verkehr oder über Tatsachen, die offenkundig sind oder ihrer Bedeutung nach keiner Geheimhaltung bedürfen. Spannungen und Gegensätze innerhalb der Schule erfordern vertrauliche Behandlung.

(2) Auskünfte an Presse, Rundfunk und Fernsehen erteilt nur der Schulleiter oder die von ihm beauftragte Lehrkraft.

(3) Bis zur endgültigen Festlegung der Zeugnisnoten nach den für die einzelnen Schularten geltenden Bestimmungen dürfen Schülern oder Erziehungsberechtigten keine Auskünfte über das Vorrücken oder über Zeugnisnoten erteilt werden. § 6 Abs. 3 bleibt unberührt.

(4) Die Schule ist nicht berechtigt, anderen Personen als den Erziehungsberechtigten Auskunft über Schüler und ihre Leistungen zu geben. Von dieser Regel kann jedoch abgewichen werden, wenn die Erziehungsberechtigten ausdrücklich zustimmen oder wenn anzunehmen ist, dass sich die Auskunft für die Schüler und die Erziehungsberechtigten nur günstig auswirkt und die Zustimmung der Erziehungsberechtigten erwartet werden kann. Die Auskunftspflicht gegenüber den Ausbildenden oder Arbeitgebern nach den schulrechtlichen Bestimmungen für die Berufsschulen bleibt hiervon unberührt. Für Auskünfte an frühere Erziehungsberechtigte volljähriger Schüler gelten Art. 75 Abs. 1 und 88 a BayEUG. Die Erteilung von Auskünften über Schüler an Behörden außerhalb der Schulaufsicht richtet sich nach den dafür ergangenen besonderen Bestimmungen.

Die Schulen sind verpflichtet, wesentliche die Schüler oder Schülerin betreffenden Vorgänge den Erziehungsberechtigten mitzuteilen. Diese Pflicht umfasst eine möglichst frühzeitige Information der Erziehungsberechtigten über ein auffallendes Absinken des Leistungstandes (Art. 75 Abs. 1 BayEUG). Gegenüber früheren Erziehungsberechtigten bei volljährigen Schüler und Schülerinnen, die das 21. Lebensjahr noch nicht vollendet haben, soll gleichermaßen verfahren werden. Diese Regelung hat der Bayerische Verfassungsgerichtshof in seiner Entscheidung vom 30. September 2004 als vereinbar mit dem Recht auf informationelle Selbstbestimmung eingestuft[1]. Verweise jedweder Art gegenüber solchen Schülergruppen müssen den früheren Erziehungsberechtigten nicht mitgeteilt werden.

---

[1] Der betroffene Schüler muss Gelegenheit haben, sich zu äußern, und zwar in der Regel vor der Unterrichtung seiner früheren Erziehungsberechtigten. Dabei können Ausnahmefälle (z. B. häusliche Auseinandersetzungen oder keinerlei Kontakt mit den Eltern) erkenntlich werden.

Über bedeutsame Angelegenheiten der Auszubildenden in der Berufsschule werden die jeweiligen Ausbildungsbetriebe informiert. Sie können bewertete schriftliche Leistungsnachweise zur Einsichtnahme anfordern (§ 12 Abs. 5 BSO).

18.3 Datenschutzstellen

18.3.1 Datenschutzbeauftragter an der Schule

Die Bestellung eines Datenschutzbeauftragten ist an der Schule nicht erforderlich, wenn nur Verfahren eingesetzt werden, die vom Staatsministerium für Unterricht und Kultus generell freigegeben sind.

Der Schulleiter kann jedoch eine Lehrkraft der Schule damit beauftragen, ihn in der Aufgabe des Datenschutzes zu unterstützen und zu beraten (zusätzliche Stundenanrechnung kann hierfür nicht gewährt werden). Diese Lehrkraft soll nicht gleichzeitig für die EDV-mäßige Verwaltung von Lehrer- und Schülerdaten verantwortlich sein.

Die Verantwortung des Schulleiters und jedes Bediensteten, die Vorschriften des Datenschutzes an der Schule gewissenhaft zu beachten, bleibt davon unberührt.

18.3.2 Landesbeauftragter für den Datenschutz

Der Landesbeauftragte für den Datenschutz kontrolliert bei den öffentlichen Stellen die Einhaltung des Bayerischen Datenschutzgesetzes und anderer Vorschriften über den Datenschutz.

Er ist von allen öffentlichen Stellen in der Erfüllung seiner Aufgaben zu unterstützen, insbesondere sind ihm alle notwendigen Auskünfte zu geben und alle relevanten Unterlagen zur Einsicht vorzulegen. Er hat ungehinderten Zutritt zu allen Diensträumen, in denen öffentliche Stellen Daten erheben, verarbeiten oder nutzen.

Jeder (Schüler, Erziehungsberechtigte, Lehrkräfte) kann sich an den Landesbeauftragten für den Datenschutz wenden, wenn er meint, bei der Erhebung, Verarbeitung oder Nutzung seiner personenbezogenen Daten durch öffentliche Stellen in seinen Rechten verletzt worden zu sein. Lehrkräfte sind dabei nicht an den Dienstweg gebunden.

Anschrift: Bayerischer Landesbeauftragter für den Datenschutz,
Wagmüllerstraße 18, 80538 München
Telefon: 089/212672-0, Fax: 089/212672-50,
E-Mail: poststelle@datenschutz-bayern.de

18.3.3 Beratungsstellen für Schulen in Datenschutzfragen

Bei Fragen zum Datenschutz an Schulen sollen sich Schulen in der nachstehenden Reihenfolge an folgende Stellen wenden:

1. in erster Linie – soweit bereits vorhanden – an den Datenschutzbeauftragten der Schule bzw. bei den Grund-/Mittel-/Förderschulen an den Datenschutzbeauftragten am zuständigen Staatlichen Schulamt; falls nach angemessener eigener Auslegung und Bewertung der Datenschutzvorschriften durch den örtlichen Datenschutzbeauftragten noch Fragen offen bleiben, sollte die Schule den jeweils zuständigen Multiplikator für den Daten-

schutz an der Regierung oder bei der Dienststelle des bzw. der Ministerialbeauftragten einbinden;
2. an die Regierung, soweit dieser die Schulaufsicht obliegt;
3. an das Referat für Medienbildung am Staatsinstitut für Schulqualität und Bildungsforschung (ISB), Schellingstraße 155, 80797 München;
4. an das Bayerische Staatsministerium für Bildung und Kultus, Wissenschaft und Kunst.

Erziehungsberechtigte, Schülerinnen und Schüler und Lehrkräfte können sich in Datenschutzfragen an die Schulleitung oder – soweit bereits vorhanden – an den Datenschutzbeauftragten der Schule bzw. bei den Grund-/Mittel-/Förderschulen an den Datenschutzbeauftragten am zuständigen Staatlichen Schulamt wenden.

18.4 Erhebung und Verarbeitung von Daten

Art. 85 BayEUG

(1) Zur Erfüllung der den Schulen durch Rechtsvorschriften jeweils zugewiesenen Aufgaben sind die Erhebung und die Verarbeitung von Daten zulässig. Dazu gehören personenbezogene Daten der Schülerinnen und Schüler und der Erziehungsberechtigten, insbesondere Adressdaten, schulische Daten, Leistungsdaten sowie Daten zur Vorbildung und Berufsausbildung. Der Betroffene ist zur Angabe der Daten verpflichtet; er ist bei der Datenerhebung auf diese Rechtsvorschrift hinzuweisen.

(2) Die Weitergabe von Daten und Unterlagen über Schülerinnen und Schüler und Erziehungsberechtigte an außerschulische Stellen ist im Übrigen untersagt, falls nicht ein rechtlicher Anspruch auf die Herausgabe der Daten nachgewiesen wird. Das Recht, Straftaten oder Ordnungswidrigkeiten anzuzeigen, bleibt unberührt. Wird ein Schulpflichtiger, der nicht Bürger der Europäischen Union ist, erstmals an einer Grundschule angemeldet und stellt die Schule fest, dass der Schulpflichtige nicht über hinreichende Deutschkenntnisse für einen erfolgreichen Schulbesuch verfügt, teilt sie dies der zuständigen Ausländerbehörde mit, damit integrationsfördernde Maßnahmen ergriffen werden können.

(3) Gibt eine Schule für die Schülerinnen und Schüler und Erziehungsberechtigten einen Jahresbericht heraus, so dürfen darin folgende personenbezogene Daten enthalten sein:

Name, Geburtsdatum, Jahrgangsstufe und Klasse der Schülerinnen und Schüler, Name, Fächerverbindung und Verwendung der einzelnen Lehrkräfte, Angaben über besondere schulische Tätigkeiten und Funktionen einzelner Lehrkräfte, Schülerinnen und Schüler und Erziehungsberechtigter.

18.4.1 Datenerhebung, Datenverarbeitung und Datennutzung an Schulen

Mit Hilfe eines vom Staatsministerium für Bildung und Kultus, Wissenschaft und Kunst bereitgestellten Schulverwaltungsprogramms werden in der Schule insbesondere folgende personenbezogene Daten erhoben:

Daten von Schülerinnen und Schülern

Name, Adressdaten, Staatsangehörigkeit, Religionszugehörigkeit (nicht bei den externen Prüfungsteilnehmern), Migrationshintergrund (Geburtsland, Jahr des Zuzugs nach Deutschland, Muttersprache deutsch/nicht deutsch), Leistungsdaten, Daten zur schulischen und beruflichen Vorbildung sowie zur Berufsausbildung

Daten von Lehrkräften

Name, Staatsangehörigkeit, Angaben zur Lehrbefähigung und zum Unterrichtseinsatz

Daten von Erziehungsberechtigten

Name und Adressdaten

18.4.2 Datenverarbeitung auf privaten Rechnern der Lehrkräfte

Immer mehr Lehrerinnen und Lehrer beschaffen sich einen Rechner zur Unterstützung ihrer Unterrichtsvor- und -nachbereitung und versprechen sich dabei auch eine Arbeitserleichterung bei der Verwaltung ihrer Schülerdaten (Erstellung von Klassenlisten, EDV-mäßig geführtes Notenbuch, Unterstützung bei der Bewertung von Klassenarbeiten, Schreiben von Zeugnissen etc.).

Der Einsatz privater Rechner in der Verwaltung zur Erledigung dienstlicher Aufgaben ist im Allgemeinen nicht zulässig und unter Datensicherheitsgesichtspunkten riskant und daher nur in Ausnahmefällen zugelassen. Der Einsatz privater Rechner von Lehrkräften ist wegen der Besonderheit der Aufgabenwahrnehmung als ein solcher Ausnahmefall anzusehen.

Die Schule ist hierbei speichernde Stelle im Sinne des Art. 4 Abs. 9 BayDSG.

Folgende Richtlinien sind zu beachten:

- Es dürfen lediglich Daten jener Schülerinnen und Schüler verarbeitet werden, die die bearbeitende Lehrkraft selbst unterrichtet bzw. deren Klassleiter sie ist.
- Art und Umfang der Daten, die nicht überschritten werden dürfen, sind in Anlage 6 der Verordnung zur Durchführung des Art. 28 Abs. 2 des Bayerischen Datenschutzgesetzes beschrieben.
- Die Schülerdaten dürfen Dritten nicht zugänglich gemacht werden. Eine Datenübermittlung an Dritte ist nicht zugelassen. Selbstverständlich finden auch in diesem Rahmen die Regelungen zum Datenschutz bzw. zur Verschwiegenheitspflicht von Beamtinnen und Beamten nach § 37 BeamtStG oder von Arbeitnehmerinnen und Arbeitnehmern nach § 3 Abs. 2 TV-L Anwendung.
- Die Daten sind passwortgeschützt abzuspeichern. Zudem sind Sicherungsmaßnahmen zu ergreifen, um den Zugriff auf die Daten über das Internet zu verhindern (Firewall auf dem jeweils neuesten Stand und Antiviren-Programm mit stets aktuellen Antivirensignaturen).
- Die Daten dürfen nur für die Dauer des laufenden Schuljahres bzw. für den jeweiligen Zeugnistermin maschinell gespeichert werden und sind dann zu löschen[1].
- Es ist geeignete Vorsorge zu treffen, dass alle gespeicherten Daten beim Ausfall des Rechners trotzdem jederzeit zur Verfügung stehen.

18.4.3 Speicherungsdauer von Daten

Die Daten für die Bearbeitung auf privaten Rechnern der Lehrer dürfen nur für die Dauer des laufenden Schuljahres bzw. für den jeweiligen Zeugnistermin maschinell gespeichert werden und sind dann zu löschen.

- Für Schulen gilt, dass die personenbezogenen Daten nach einem Jahr nach dem die Person (Schüler bzw. Lehrer) die Schule verlassen hat, die Daten unverzüglich zu löschen sind.

---

[1] Aufschreibungen über die Leistungen der Schüler hat die Lehrkraft mindestens zwei Jahre nach Ablauf des Schuljahres aufzubewahren.

- Schriftliche Leistungsnachweise werden von der Schule für die Dauer von zwei Schuljahren nach Ablauf des Schuljahres, in dem sie geschrieben worden sind, aufbewahrt (§ 40 BaySchO i. V. mit § 37 BaySchO).
- In Berufsschulen endet die Aufbewahrungspflicht ein Schuljahr nach Ablauf des Schuljahres, in dem sie geschrieben worden sind (§ 40 Abs. 8 BSO).
- Der Schülerbogen[2] verbleibt mindestens 20 Jahre bei der zuletzt besuchten Schule (§ 40 BaySchO i.V. mit § 37 BaySchO).

18.5 Häufige Datenschutzfragen an Schulen

18.5.1 Videoüberwachung

Es gibt zwei Formen der Videoüberwachung: die Videobeobachtung, bei der keine Speicherung erfolgt, und die Videoaufzeichnung, bei der eine Speicherung der Aufnahme in digitaler oder analoger Form erfolgt.

Allgemeine Voraussetzungen der Videoüberwachung

Vor der Installation einer Videoüberwachungsanlage sind sowohl bei der Videobeobachtung als auch bei der Videoaufzeichnung folgende Voraussetzungen zu beachten:

- **Verhältnismäßigkeit**

   Die Videoüberwachung muss im konkreten Fall zum Schutz von Leben, Gesundheit, Freiheit oder Eigentum von Personen, die sich im Bereich der Schule oder in deren unmittelbarer Nähe aufhalten, oder zum Schutz der schulischen Einrichtung oder der unmittelbar in ihrer Nähe befindlichen Sachen erforderlich sein (vgl. Art. 21a Abs. 1 Satz 1 BayDSG). Davon ist in der Regel nur auszugehen, wenn bereits in der Vergangenheit Vorfälle (z. B. Vandalismus, Einbrüche) aufgetreten sind, die eine Videoüberwachung rechtfertigen können; insoweit ist im Vorfeld der Entscheidung über die Einrichtung einer Videoüberwachungsanlage eine Vorfalldokumentation anzufertigen. Es dürfen zudem keine Anhaltspunkte dafür bestehen, dass überwiegend schutzwürdige Interessen der Betroffenen beeinträchtigt werden.

- **Transparenz**

   Die Videoüberwachung und die erhebende Stelle sind zudem durch geeignete Maßnahmen erkennbar zu machen (Art. 21a Abs. 2 BayDSG). In der Regel müssen Hinweisschilder angebracht werden.

- **Freigabeerfordernis**

   Bloße Videobeobachtungen sowie die Installation von Kameraattrappen unterliegen nicht dem Freigabeerfordernis gemäß Art. 26 BayDSG (vgl. Art. 21a Abs. 1 in Verbindung mit Abs. 6 Satz 1 BayDSG).

---

[2] Der Schülerbogen wird beim Schulwechsel an die aufnehmende öffentliche oder staatlich anerkannte Schule weitergeleitet.

Videoaufzeichnungen an Schulen sind in dem in Anlage 8 der Verordnung zur Durchführung des Art. 28 Abs. 2 des Bayerischen Datenschutzgesetzes genannten Umfang allgemein für alle staatlichen Schulen freigegeben, Stand 05.06.2012, sofern die o.g. allgemeinen Voraussetzungen der Videoüberwachung vorliegen.

Soll eine über den Rahmen der Anlage 8 der genannten Verordnung hinausgehende Videoaufzeichnung realisiert werden, muss ein datenschutzrechtliches Freigabeverfahren durch den örtlich zuständigen Datenschutzbeauftragten durchgeführt werden. Dabei sollte mit Blick auf den erheblichen Eingriff in das Recht auf informationelle Selbstbestimmung die datenschutzrechtliche Freigabe einer über die Regelung in Anlage 8 der genannten Verordnung hinausgehenden Videoaufzeichnung restriktiv gehandhabt werden.

18.5.2 Erhebungen an Schulen

Häufig werden die Schulen direkt oder die Schulverwaltung gebeten, Befragungen von Schülerinnen und Schülern oder auch Eltern und Lehrkräften zu genehmigen.

Nach § 24 BaySchO sind Erhebungen einschließlich Umfragen und wissenschaftliche Untersuchungen nur nach Genehmigung durch der zuständigen Schulaufsichtsbehörde zulässig. In diesem Zusammenhang sind aus datenschutzrechtlicher Sicht folgende Fragen zu klären:

- Handelt es sich um eine anonyme Erhebung (vgl. Art. 4 Abs. 8 BayDSG) oder kann anhand der abgefragten Daten ein Personenbezug hergestellt werden? In den meisten Fällen ist ein Personenbezug herstellbar.
- Ist das Einverständnis der Betroffenen erforderlich und wenn ja, liegen wirksame Einwilligungserklärungen vor?

Soweit es sich nicht um eine Erhebung handelt, an der eine Teilnahmepflicht besteht (Leistungsvergleich gemäß Art. 111 Abs. 4 BayEUG), ist vor der Befragung grundsätzlich eine schriftliche Einwilligungserklärung der Betroffenen einzuholen. Werden minderjährige Schülerinnen/Schüler befragt, ist die schriftliche Einwilligung der Erziehungsberechtigten erforderlich, ab der Vollendung des 14. Lebensjahrs daneben auch die schriftliche Einwilligung der Schülerinnen/Schüler.

Werden Daten über die Erziehungsberechtigten erhoben, ist deren Einwilligung auch einzuholen. Die Einwilligung ist nur wirksam, wenn die Betroffenen vorher in angemessener Weise über die Erhebung, deren Freiwilligkeit, das Fehlen von Nachteilen bei Nichtteilnahme und ihr Widerrufrecht informiert wurden (vgl. Art. 15 Abs. 1 bis 4 und 7 BayDSG).

Grundsätzlich ist davon auszugehen, dass im Rahmen des schulrechtlichen Genehmigungsverfahrens auch die Einhaltung der o. g. datenschutzrechtlichen Vorgaben geprüft wurde. In Zweifelsfällen sollte sich die Schulleitung an die die Erhebung durchführende Stelle wenden und sich das Genehmigungsschreiben vorlegen lassen.

18.5.3 Evaluation an Schulen (Art. 113c BayEUG)

Zur Bewertung der Schul- und Unterrichtsqualität evaluieren sich die Schulen regelmäßig selbst (interne Evaluation) und die Schulaufsichtsbehörden evaluieren in angemessenen zeitlichen Abständen die staatlichen Schulen (externe Evaluation).

Im Rahmen der externen und internen Evaluation werden personenbezogene Daten erhoben, verarbeitet und genutzt (Art. 113c Abs. 3 Satz 1 BayEUG).

Aus datenschutzrechtlicher Sicht ist seitens der Schulen und Schulaufsichtsbehörden insbesondere Folgendes zu beachten:

- **Einschaltung privater Dritter**

  Die Schulaufsichtsbehörde kann unter bestimmten Maßgaben private Dritte (z. B. Vertreter der Wirtschaft, Eltern) an der externen Evaluation beteiligen (Art. 113c Abs. 2 Satz 3 BayEUG). Eine Beteiligung privater Dritter an der internen Evaluation ist nicht möglich.

- **Verhältnismäßigkeit** (Art. 113c Abs. 3 Satz 2 BayDSG)

- **Zweckbindung**

  Die erhobenen Daten dürfen nur für den Zweck der Evaluation verarbeitet werden. Eine Verwertung für andere Zwecke ist unzulässig (Art. 113c Abs. 3 Satz 3 BayEUG). Insbesondere darf die Evaluation daher von Gesetzes wegen keine Auswirkungen auf die dienstliche Beurteilung von Lehrkräften haben.

- **Transparenz/Informationspflicht**

  Die Betroffenen (das sind insbesondere die Schulleitung, die Lehrkräfte, die Schülerinnen/Schüler und die Erziehungsberechtigten) sind vor der Durchführung einer Evaluation über das Ziel des Vorhabens, die Art ihrer Beteiligung an der Untersuchung, die Verarbeitung und Nutzung ihrer Daten sowie über die zur Einsichtnahme in die personenbezogenen Daten Berechtigten schriftlich zu informieren (Art. 113c Abs. 3 Satz 4 BayEUG).

- **Anonymisierungspflicht** (Art. 113c Abs. 3 Satz 5 BayEUG)

- **Veröffentlichung der Ergebnisse**

  Entsprechend dem Zweck der Evaluation, nur Schulen, nicht aber konkrete Personen bewerten zu wollen, dürfen die Ergebnisse der Evaluation nur in einer Form veröffentlicht werden, die den Schluss auf bestimmte oder bestimmbare Personen nicht ermöglicht (Art. 113c Abs. 3 Satz 8 BayEUG). Soweit Ergebnisse betreffend Teile der Schule (z. B. einen bestimmten Fachbereich oder die Schulleitung) veröffentlicht werden sollen, ist darauf zu achten, dass die betroffene Personengruppe groß genug ist, damit ein Rückschluss auf eine bestimmte oder bestimmbare Person sicher ausgeschlossen ist. Davon ist in der Regel erst auszugehen, wenn die betroffene Gruppe mehr als drei Personen umfasst – im Einzelfall kann allerdings die Bildung einer größeren Gruppe geboten sein.

- **Löschungsfrist** (Art. 113c Abs. 3 Satz 9 BayEUG)

18.5.4 Einsatz eines digitalen Whiteboards im Unterricht

Der Einsatz digitaler Whiteboards im Unterricht (teils auch interaktives Whiteboard oder Smart Board), also einer elektronischen Tafel, die an einen Computer angeschlossen wird, ermöglicht es z.B., ein entwickeltes Tafelbild zu speichern und in einer späteren Unterrichtsstunde weiter zu verwenden oder den Schülerinnen und Schülern als Lernunterlagen zur Verfügung zu stellen. Die obigen Hinweise zur zulässigen Datenerhebung, -verarbeitung und -nutzung gelten hierbei entsprechend.

Das bedeutet insbesondere:

- Es sollten nur Dienstrechner bzw. Schulrechner zum Einsatz kommen.
- Auch wenn lediglich nicht personenbezogene Unterrichtsinhalte gespeichert werden, dürfte (über den Lerninhalt oder die Dateibezeichnung) meist ein Personenbezug zur jeweiligen Lehrkraft herstellbar sein. Damit liegen personenbezogene Daten vor. Ein direkter elektronischer Zugriff

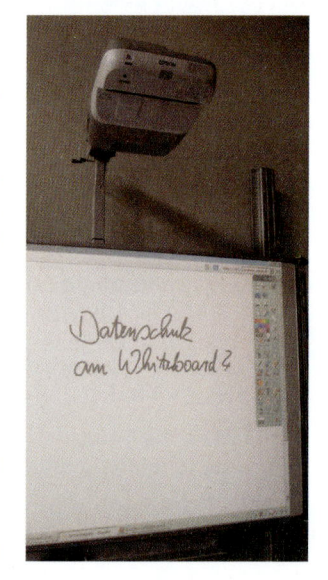

anderer Lehrkräfte, der Schulleitung, der Schülerinnen/Schüler oder deren Erziehungsberechtigten auf eine entsprechende Datei ist weder in der Verordnung zur Durchführung des Art. 28 Abs. 2 des Bayerischen Datenschutzgesetzes noch in der landesweiten Freigabe des staatlichen Schulverwaltungsprogramms ASV vorgesehen und sollte auch vor Ort im Rahmen der datenschutzrechtlichen Freigabe durch den zuständigen Datenschutzbeauftragten mangels Erforderlichkeit nicht datenschutzrechtlich freigegeben werden. Auf Anfrage der Vorgenannten kann die Datei mit dem Unterrichtsinhalt von der Lehrkraft in elektronischer Form oder als Papierausdruck an diese weitergeleitet werden.

- Bei einer Kombination eines Whiteboards mit einer passwortgeschützten Lernplattform sind die Maßgaben von Anlage 10 der genannten Verordnung zu beachten.
- Personalvertretungsrechtliche Vorschriften sind ggf. zu beachten.

18.5.5 Film-/Tonaufnahmen durch außerschulische Stellen

Immer häufiger treten Rundfunk- und Fernsehsender (außerschulische Stellen) an die Schulen mit der Bitte heran, in der Schule/auf dem Schulgelände filmen bzw. Interviews mit Schülerinnen/Schülern bzw. Lehrkräften aufzeichnen zu dürfen. Außerdem erfolgt zuweilen bei Sportwettbewerben, an denen Schulklassen z.B. im Rahmen des Wandertags teilnehmen, (auch) eine filmische Berichterstattung.

Die Erhebung und Verarbeitung dieser Daten durch die außerschulischen Stellen bedarf gemäß Art. 15 Abs. 1 bis 4 und 7 BayDSG der vorherigen freiwilligen, informierten und schriftlichen Einwilligung der Betroffenen (Lehrkräfte, Erziehungsberechtigte minderjähriger Schülerinnen/Schüler sowie bei über 14-jährigen Schülerinnen/Schüler auch diese selbst).

Die Einholung einer pauschalen Einwilligungserklärung (z.B. am Schuljahresbeginn) genügt nicht, da es sich um spezifische Einzelfallanfragen handelt, die einer pauschalen Einwilligung im Vorfeld nicht zugänglich sind. Ebenso wenig genügt die Einräumung eines bloßen Widerspruchsrechts (»wer nicht widerspricht, willigt ein«) den Anforderungen des Art. 15 BayDSG. Wegen des nicht unerheblichen Eingriffs in das Recht auf informationelle Selbstbestimmung sollten solche Erhebungen nur in begründeten Ausnahmefällen genehmigt werden. Im Fall der Genehmigung sind auf den konkreten Fall bezogene Einwilligungserklärungen aller Betroffenen einzuholen.

Die von den Film- und Tonaufnahmen betroffenen Lehrkräfte sollten durch die Schulleitung auf die Einhaltung ihrer Verschwiegenheitspflicht (vgl. § 37 BeamtStG, § 14 LDO) hingewiesen werden.

18.5.6 Schülerfotos

Die Fertigung eines Fotos stellt eine Datenerhebung gemäß Art. 4 Abs. 5 BayDSG dar.

Staatliche Schulen stellen für Schülerinnen und Schüler ab der Jahrgangsstufe 5 Schülerausweise aus. Der Schülerausweis wird von der Schule, welcher die Schülerin/der Schüler angehört, auf Antrag ausgestellt (siehe die KMBek zur Ausstellung von Schülerausweisen vom 27.08.1996 [KWMBl I S. 339]). Die Schule kann sich dabei eines privaten Dritten (z.B. einer Fotofirma) bedienen. In diesem Fall liegt eine Auftragsdatenverarbeitung vor, bei der die Vorgaben des Art. 6 BayDSG zu beachten sind.

Soweit ein entsprechender Antrag gestellt wird, sind die Datenerhebung (Fertigung der Fotografie) und die Datennutzung durch den Auftragnehmer zur Erstellung des Schülerausweises (und nur zu diesem Zweck) zulässig.

Abgesehen von der in der o.g. KMBek geregelten Erstellung von Schülerausweisen ab Jahrgangsstufe 5 sind alle sonstigen Fotoaktionen an der Schule (insbesondere Klassenfotos) oder im Rahmen von schulischen Veranstaltungen nur mit freiwilliger, informierter und schriftlicher Einwilligung der Betroffenen im Sinne des Art. 15 Abs. 1 bis 4 und 7 BayDSG möglich (bei minderjährigen Schülerinnen und Schülern müssen die Erziehungsberechtigten schriftlich einwilligen, bei über 14-jährigen Schülerinnen/Schülern zusätzlich auch diese – allerdings genügt hier aus Praktikabilitätsgründen betreffend die Schülerinnen/Schüler ausnahmsweise deren sog. konkludente Einwilligung durch Teilnahme an der Fotoaktion, wenn die Freiwilligkeit sichergestellt ist).

18.6 Wichtige Datenschutzbestimmungen für Schulen

- Art. 31 Abs. 1 Satz 2, 75, 85, 85a, 88a, 111, 113a, 113b und 113c des Bayerischen Gesetzes über das Erziehungs- und Unterrichtswesen (BayEUG)
- Bestimmungen der jeweiligen Schulordnungen über personenbezogene Daten an Schulen (beispielsweise zum Anmeldeverfahren, zu den Aufnahmevoraussetzungen, zum Schülerbogen, zu Erhebungen)
- Bayerisches Datenschutzgesetz (BayDSG)
- Datenschutzverordnung (DSchV)
- Verordnung zur Durchführung des Art. 28 Abs. 2 des Bayerischen Datenschutzgesetzes
- Bekanntmachung zum Vollzug des Bayerischen Datenschutzgesetzes (VollzBekBayDSG)
- Bundesdatenschutzgesetz (BDSG)
- Datenschutzrechtliche Freigabe des bayerischen Schulverwaltungsprogramms ASV vom 5. Juli 2011
- Dienstvereinbarung über die Einführung und Anwendung des bayerischen Schulverwaltungsprogramms ASV vom 14. Juli 2011, veröffentlicht mit Bekanntmachung vom 2. August 2011 (KWMBl S. 248, ber. S. 364)
- Bekanntmachung über erläuternde Hinweise zum Vollzug der datenschutzrechtlichen Bestimmungen für die Schulen (11. Januar 2013 Az.: I.5-5 L 0572.2-1a.54 865)

18.7 Fälle zum Datenschutz für die Lehrkräfte

18.7.1 Bekanntgabe von Noten im Unterricht

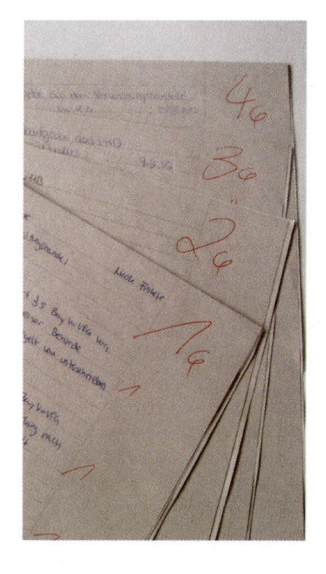

Schulnoten sind personenbezogene Daten im Sinne des Art. 4 Abs. 1 BayDSG. Das Verlesen der Noten aller Schülerinnen und Schüler durch die Lehrkraft vor versammelter Klasse stellt eine Datenverarbeitung in Form der Datenübermittlung an die Schülerinnen und Schüler gemäß Art. 85 Abs. 1 Satz 1 BayEUG dar. Nach Art. 85 Abs. 1 Satz 1 BayEUG darf eine Datenübermittlung nur erfolgen, soweit sie zur Erfüllung der den Schulen durch Rechtsvorschriften zugewiesenen Aufgaben erforderlich ist. Zur Umsetzung des Bildungs- und Erziehungsauftrags (Art. 131 Bayerische Verfassung, Art. 1 und 2 BayEUG) ist eine solche Maßnahme pädagogisch in der Regel weder sinnvoll noch erforderlich. Noten können ggf. unter vier Augen mitgeteilt und besprochen werden. Soll der Klasse aus pädagogischen Gründen ein Gesamtbild der Ergebnisse einer Schulaufgabe o. Ä. vermittelt werden, kann dies auch mittels eines Notenspiegels (zahlenmäßiger Überblick ohne Namensnennung) einschließlich Notendurchschnitt erfolgen. Es sind zwar Einzelfälle denkbar, in denen die Frage der pädagogischen Erforderlichkeit einmal anders zu beurteilen sein kann (z. B. wenn sich einzelne Schülerinnen/Schüler besonders verbessert haben im Sinne einer Vorbildwirkung). Aus pädagogischer Sicht sollte ein Vorlesen aller Noten aber in den meisten Fällen unterbleiben.

18.7.2 Datentransport auf einem USB-Stick

Ein Lehrer speichert Noten und Beurteilungen von Schülern auf einem USB-Stick. Den USB-Stick schließt er zu Hause, im Lehrerzimmer oder im Klassenzimmer an einen beliebigen Computer an und hat somit immer Zugriff auf seine Daten. Der Lehrer möchte wissen, ob dies so in Ordnung ist.

Mögliche Probleme

- Der USB-Stick kann kaputt gehen.
- Der USB-Stick kann verloren gehen.
- Der USB-Stick kann durch Unachtsamkeit in falsche Hände gelangen.
- Auf dem Computer, an dem gearbeitet wird, können Kopien der vertraulichen Dokumente zurückbleiben.
- Der USB-Stick kann Viren enthalten.
- Der Computer, an dem der USB-Stick betrieben wird, kann Viren enthalten.

Lösungsansätze

- **Datensicherung**

  Wenn man eine Datensicherung hat oder wenn der USB-Stick nur eine Kopie der Daten enthält, kann der Verlust der Daten hinnehmbar sein.

- **Datenverschlüsselung**

  Wenn die Daten auf dem USB-Stick verschlüsselt sind, können die Daten ohne Passwort nicht gelesen werden.

- **Arbeit nur an vertrauenswürdigen Computern**

  Wenn nach der Arbeit versehentlich Dokumente geöffnet bleiben oder temporäre Dateien nicht automatisch gelöscht wurden, können die Dokumente einsehbar sein. Ähnliches gilt, wenn der Computer vorher so manipuliert wurde, dass er z. B. alles mit protokolliert oder automatisch kopiert.

- **Virenschutz**

  Wird der USB-Stick an einem virusinfizierten Computer betrieben, kann davon ausgegangen werden, dass der USB-Stick anschließend den Virus enthält und der Virus so verbreitet werden kann.

Wiederholung – Vertiefung

1. Was sind personenbezogene Daten?
2. Dürfen öffentliche Schulen und ihre Fördervereine zusammenarbeiten, indem sie personenbezogene Daten austauschen?
3. Dürfen personenbezogene Daten (Privatanschrift und Telefonnummer) von allen Lehrkräften, ohne deren Einwilligung, von der Schulleitung in das Schulintranet eingestellt werden?
4. Welche Angaben von Schülerinnen, Schülern und Lehrkräften dürfen in einem schulischen Jahresbericht veröffentlicht werden?
5. Die Schulleitung möchte die Schulhomepage durch Portraitfotos der Lehrkräfte aufwerten. Dazu will sie die in den Personalakten befindlichen Fotos einscannen und in die Website einbinden.
Müssen die Lehrkräfte einwilligen? Wie wird bei einer Entscheidung das Ermessen ausgeübt?
6. Dürfen einzelne Schulnoten vor der gesamten Klasse bekannt gegeben werden?
7. Welche Vorgaben hat die Schule/die Lehrkraft zu treffen, wenn das Internet an der Schule durch die Schülerinnen und Schüler im Unterricht genutzt werden soll?
8. Lehrer M nutzt einen »Notenmanager« auf seinem Notebook zur Eingabe der Leistungsnachweise und zur Berechnung der Zeugnisnoten. Unter welchen Voraussetzungen wäre dies zulässig?
9. Ein Schüler kommt zu Ihnen mit der Bitte, dass Sie ihm die Adressen seiner Mitschüler für eine Einladung mailen. Wie verhalten Sie sich? Begründen Sie Ihre Antwort.
10. Der Sozialkundelehrer möchte dem Klassenleiter die Jahresnoten per E-Mail schicken. Ist dieses Vorgehen zulässig? Begründen Sie Ihre Antwort.
11. Lehrer M hat auf seinem Rechner die Noten der vergangenen 20 Schuljahre gespeichert. Jetzt möchte er den PC seinem Neffen schenken. Nehmen Sie dazu Stellung.
12. Welche Informationen/Daten dürfen bekannt gegeben werden?

    a) Die Schüler wollen von der Lehrkraft wissen, welche Note sie ins Zeugnis bekommen.

    b) Der Ausbilder möchte im Rahmen des Ausbildersprechtages die Noten seines Auszubildenden erfahren.

    c) Die Schule gibt Informationen über einen straffällig gewordenen Schüler an die Polizei weiter.

    d) Die Lehrkraft gibt die Noten ihres Faches an den Klassenleiter der Klasse weiter.

    e) Die Schule teilt den früheren Erziehungsberichtigten eines FOS-Schülers (19 Jahre alt) mit, dass er für zwei Wochen vom Unterricht ausgeschlossen (Ordnungsmaßnahme) wurde.

13. Sind folgende Maßnahmen der Datenverwaltung zulässig?

    a) Studienreferendar X (jetzt im Zweigschuleinsatz) hat passwortgeschützt die Noten einer Klasse aus dem ersten Ausbildungsjahr auf seinem Rechner.

    b) Studienreferendar X (jetzt im Zweigschuleinsatz) führt eine Notenliste seiner Schüler aus dem ersten Ausbildungsjahr in einem Ordner »Schule«.

    c) Nach drei Jahren vernichtet der Studienrat X die Notenliste, indem er sie zerreißt.

19 Lehr- und Lernmittel

Schulbücher, Arbeitshefte und Arbeitsblätter sind Lernmittel.

19.1 Begriffsklärung

Grundsätzlich wird zwischen Lehrmitteln und Lernmitteln unterschieden. Lehrmittel sind Hilfsmittel des Unterrichts für den Lehrer. Die Lehrkraft hat dafür zu sorgen, dass die für die jeweilige Unterrichtsstunde benötigten Lehrmittel rechtzeitig bereitstehen[1]. Audiovisuelle Medien wie etwa CDs, DVDs, Computerprogramme und Multimedia-Medien stellen Lehrmittel dar. Aufwendungen einer Schule für Lehrmittel gehören zum Sachaufwand.

Lernmittel sind für den Gebrauch durch den Schüler bestimmt. Hierzu zählen u. a. Schulbücher[2], Arbeitshefte und Arbeitsblätter im Sinne des Art. 51 Abs. 1 BayEUG, aber auch übrige Lernmittel wie etwa Lektüren oder Zeichengeräte. Arbeitsblätter, die von der Lehrkraft entwickelt wurden, gelten nicht als Lernmittel im Sinne des Art. 51 BayEUG.

19.2 Die Zulassungspflicht

Art. 51 BayEUG

(1) Schulbücher, Arbeitshefte und Arbeitsblätter dürfen in der Schule nur verwendet werden, wenn sie für den Gebrauch in der betreffenden Schulart und Jahrgangsstufe sowie in dem betreffenden Unterrichtsfach schulaufsichtlich zugelassen sind. Die Zulassung setzt voraus, dass diese Lernmittel die Anforderungen der Lehrpläne, Stundentafeln und sonstigen Richtlinien (Art. 45 Abs. 1) erfüllen und den pädagogischen und

---

1 § 3 Abs. 2 Satz 2 LDO
2 Definition hierzu § 1 Zulassungsverordnung (ZLV)

> fachlichen Erkenntnissen für die betreffende Schulart und Jahrgangsstufe entsprechen. Sätze 1 und 2 gelten nicht für die Lernmittel der Fächer des fachlichen Unterrichts an beruflichen Schulen; auch bei diesen Lernmitteln ist auf die alters- und lehrplanmäße Verwendung in der Schule zu achten.

Insbesondere die Anbindung der Inhalte eines Lernmittels an den Lehrplan sowie der notwendige Einklang mit dem geltenden Recht, also zum Beispiel mit dem Grundgesetz, der Bayerischen Verfassung und dem Bildungs- und Erziehungsauftrag gemäß Art. 1 BayEUG, machen es notwendig, dass Schulbücher, Arbeitshefte und Arbeitsblätter von Schulbuchverlagen schulaufsichtlich zugelassen werden müssen. Die Zulassungspflicht gilt ausnahmslos für Lernmittel in allgemein bildenden Schulen.

Für berufliche Schulen sind Lernmittel der Fächer des fachlichen Unterrichts nicht zulassungspflichtig. Es ist allerdings die alters- und lehrplanmäße Verwendung zu beachten. Somit sind an allen beruflichen Schulen weiterhin die Lernmittel der nachfolgenden allgemein bildenden Fächer zulassungspflichtig: Deutsch, Sozialkunde, Religion, Ethik. An der Beruflichen Oberschule und an der Wirtschaftsschule sind darüber hinaus unter anderem die fremdsprachlichen Fächer, Mathematik und Geschichte von einer Zulassungspflicht der Lernmittel betroffen.

Eine Übersicht der aktuell zugelassenen Lernmittel ist online verfügbar.

> **§ 8 Zulassungsverordnung**
>
> (1) Die Zulassung eines Lernmittels im Geschäftsbereich des Staatsministeriums für Unterricht und Kultus wird im Gesamtverzeichnis der Lernmittel auf der Homepage des Staatsministeriums für Unterricht und Kultus unter der Adresse www.stmuk.bayern.de mit dem Datum der Zulassung regelmäßig veröffentlicht.

19.3 Die Lernmittelfreiheit

Die Lernmittelfreiheit muss als sozial- und bildungspolitische Errungenschaft gewertet werden. Sie besteht in Bayern an allen öffentlichen Schulen. Die Aufwendungen für Lernmittel gehören zum Sachaufwand und werden von den kommunalen Trägern der Schulen finanziert. Der Freistaat Bayern unterstützt sie durch zweckgebundene Zuweisungen[1].

> **§ 21 Schulfinanzierungsgesetz**
>
> (1) An den öffentlichen Schulen wird Lernmittelfreiheit nach Maßgabe dieses Gesetzes gewährt.
>
> (2) Die Träger des Schulaufwands versorgen die Schülerinnen und Schüler mit Schulbüchern. Die von den Trägern des Schulaufwands beschafften Schulbücher verbleiben in deren Eigentum und werden an die Schülerinnen und Schüler ausgeliehen.
>
> (3) Die Atlanten für den Erdkundeunterricht und Formelsammlungen für den Mathematik- und Physikunterricht sowie die übrigen Lernmittel (z. B. Arbeitshefte, Lektüren,

---

[1] Für Schüler/innen im Teilzeitunterricht an Berufsschulen werden 12 Euro/Schuljahr gezahlt, für Schüler/innen an der FOS bzw. BOS leistet der Freistaat Bayern 26,67 Euro/Schuljahr (Stand 2016).

> Arbeitsblätter, Schreib- und Zeichengeräte, Taschenrechner) haben die nach dem Bürgerlichen Recht Unterhaltspflichtigen und die volljährigen Schülerinnen und Schüler zu beschaffen. Von der Pflicht, die Atlanten für den Erdkundeunterricht und Formelsammlungen für den Mathematik- und Physikunterricht zu beschaffen, werden auf Antrag[1] befreit…

Damit die Kosten der Lernmittelfreiheit nicht auf die Erziehungsberechtigten beziehungsweise volljährigen Schüler/innen übertragen werden können, dürfen Gegenstände nicht als »übrige Lernmittel« verwendet werden, welche die Aufgaben eines Schulbuchs ganz oder teilweise erfüllen sollen, den äußeren oder inhaltlichen Anforderungen, die für die Zulassung bestehen, aber nicht genügen[2].

19.4 Die Einführung der Lernmittel an den Schulen

> **Art. 51 BayEUG**
> (3) Über die Einführung zugelassener oder nach Abs. 1 Satz 3 nicht zulassungspflichtiger Lernmittel an der Schule entscheidet die Lehrerkonferenz oder der zuständige Ausschuss im Rahmen der zur Verfügung stehenden Haushaltsmittel in Abstimmung mit dem Elternbeirat und bei Berufsschulen mit dem Berufsschulbeirat.

Wiederholung – Vertiefung

1. Welche Lernmittel sind zulassungspflichtig, aber nicht lernmittelfrei?
2. Welche Lernmittel sind lernmittelfrei, aber nicht zulassungspflichtig?
3. Welche Lernmittel sind zulassungspflichtig und bedingt lernmittelfrei?
4. Worin liegt die Begründung, dass der Elternbeirat bzw. der Berufsschulbeirat bei der Einführung von Lernmitteln einbezogen wird?
5. Welche(s) der oben dargestellten Lernmittel sind zulassungspflichtig, welche sind nicht lernmittelfrei?

---

[1] Anträge können zum Beispiel bei Unterhaltspflichtigen für drei oder mehr Kinder, Bezieher von Arbeitslosengeld II, Sozialhilfe und Wohngeld genehmigt werden.
[2] KMBek vom 01. September 2009, Az.: II.1-5 S 1320-5.52 750

20 Urheberrecht

Fall 20.1

Die Lehrerin C scannt aus einem Fachbuch eines Schulbuchverlages eine Grafik, fügt diese in ein Arbeitsblatt ein und fertigt am nächsten Tag für ihre Klasse die entsprechende Anzahl Kopien an.

- Ist das vom Urheberrecht gestattet?

Fall 20.2

Schüler U erstellt eine Seminararbeit. Schülerin V schreibt eine Hausarbeit im Rahmen des Deutschunterrichts. Schüler W erstellt im Rahmen der Projektarbeit im IT-Unterricht ein Schullogo. Schüler X zeichnet im Kunstunterricht ein Bild der Schule. Darf die Schule die Arbeiten auf der Homepage im Internet oder auf Ausstellungen in der Schule veröffentlichen?

- Wer hat die Rechte an diesen Werken?

Fall 20.3

Lehrerin K kopiert aus einem Fachbuch während des Schuljahres regelmäßig einzelne Seiten aus Büchern und verteilt diese im Rahmen des Unterrichts an ihre Schüler.

- Ist das zulässig? Verstößt sie dabei gegen das UrhG?

Fall 20.4

Studienreferendar S legt einen Podcast des Bayerischen Rundfunks mit einer Gesamtlänge von drei Minuten im schuleigenen Intranet ab. Die Schüler können die Sendung abrufen. Ist dies erlaubt?

20.1 Grundsätzliches

> **§ 1 UrhG**
>
> Die Urheber von Werken der Literatur, Wissenschaft und Kunst genießen für ihre Werke Schutz nach Maßgabe dieses Gesetzes.

Mit dem Urheberrecht werden die rechtlichen Beziehungen zwischen dem Urheber und den Nutzern eines Werkes geregelt.

Der Urheber eines Werkes kann nur eine natürliche Person sein (§ 7 UrhG). Haben mehrere Personen ein Werk geschaffen, liegt eine Miturheberschaft vor (§ 8 UrhG).

Urheberschutz wird in Deutschland formfrei erlangt, d. h. es ist für die Geltendmachung von urheberrechtlichen Ansprüchen keinerlei Anmeldung oder Registrierung erforderlich.

> **§ 11 UrhG**
>
> Das Urhebergesetz schützt den Urheber in seinen geistigen und persönlichen Beziehungen zum Werk und in der Nutzung des Werkes.

Das Urheberrecht schützt die Rechte, die ein Autor an seinem Buch, ein Programmierer an dem von ihm geschriebenen Computer-Programm, ein Komponist an seiner Partitur, ein Maler an seinem Bild hat.

Der Urheber kann gerichtlich die Beziehung zu seinem Werk klären lassen (Urheberpersönlichkeitsrecht) und anderen die Nutzung verbieten, bzw. diese an bestimmte Bedingungen knüpfen.

Der Urheberrechtsschutz gilt in Deutschland 70 Jahre (§ 64 UrhG) und beginnt am 01.01. des auf den Tod des Urhebers folgenden Jahres.

> **§ 5 Amtliche Werke**
>
> (1) Gesetze, Verordnungen, amtliche Erlasse und Bekanntmachungen sowie Entscheidungen und amtlich verfasste Leitsätze zu Entscheidungen genießen keinen urheberrechtlichen Schutz.
>
> (2) Das gleiche gilt für andere amtliche Werke, die im amtlichen Interesse zur allgemeinen Kenntnisnahme veröffentlicht worden sind, mit der Einschränkung, dass die Bestimmungen über Änderungsverbot und Quellenangabe in § 62 Abs. 1 bis 3 und § 63 Abs. 1 und 2 entsprechend anzuwenden sind.
>
> (3) Das Urheberrecht an privaten Normwerken wird durch die Absätze 1 und 2 nicht berührt, wenn Gesetze, Verordnungen, Erlasse oder amtliche Bekanntmachungen auf sie verweisen, ohne ihren Wortlaut wiederzugeben.
>
> In diesem Fall ist der Urheber verpflichtet, jedem Verleger zu angemessenen Bedingungen ein Recht zur Vervielfältigung und Verbreitung einzuräumen. Ist ein Dritter Inhaber des ausschließlichen Rechts zur Vervielfältigung und Verbreitung, so ist dieser zur Einräumung des Nutzungsrechts nach Satz 2 verpflichtet.

Unabhängig von urheberrechtlichen Überlegungen dürfen im Unterricht nur Werke verwendet werden, die nicht dem Bildungs- und Erziehungsauftrag sowie den geltenden Lehrplänen widersprechen.

20.2 Welche Werke sind geschützt?

Werke im Sinne des UrhG sind nur persönliche geistige Schöpfungen.

Folgende Werke sind nach § 2 UrhG insbesondere geschützt:

- Sprachwerke, wie Schriftwerke, Reden und Computerprogramme;
- Werke der Musik;
- pantomimische Werke einschließlich der Werke der Tanzkunst;
- Werke der bildenden Künste einschließlich der Werke der Baukunst und der angewandten Kunst und Entwürfe solcher Werke;
- Lichtbildwerke einschließlich der Werke, die ähnlich wie Lichtbildwerke geschaffen werden;
- Filmwerke einschließlich der Werke, die ähnlich wie Filmwerke geschaffen werden;
- Darstellungen wissenschaftlicher oder technischer Art, wie Zeichnungen, Pläne, Karten, Skizzen, Tabellen und plastische Darstellungen.

Im **Fall 20.2** darf die Schule die Werke der Schülerinnen und Schüler nur veröffentlichen, wenn die »Urheber« dies gestatten.

Zulässig ist die Vervielfältigung und Verbreitung von Reden über Tagesfragen.

20.3 Fotokopieren und Digitalisieren in der Schule

Lehrkräfte erstellen für ihren Unterricht häufig Arbeitsblätter. Dabei werden auch Textstücke aus Schulbüchern und Zeitungen verwendet. In der Regel besitzen die Lehrkräfte eine Datei zu diesen selbst erstellten Arbeitsblättern.

Häufig werden auch Fotokopien und digitale Kopien/Scans direkt aus Lehrbüchern erstellt. Damit werden die Rechte der Schulbuchverlage und deren Autoren berührt.

Folgende Grundsätze gelten:
- Lehrkräfte können kleine Teile eines Printwerkes kopieren und bei Werken, die ab 2005 erschienen sind, einscannen.
- Lehrerinnen und Lehrer können diese Kopien und Scans für ihren eigenen Unterrichtsgebrauch nutzen.
- Ein Zugriff Dritter muss mit effektiven Mitteln ausgeschlossen werden.
- Die Scans können auf verschiedenen Rechnern der Lehrkraft gespeichert werden.
- Bei Werken, die digital angeboten werden, gelten die Lizenzbedingungen des Verlages.

Die Fotokopie:

Aus Printmedien können analog in Klassenstärke fotokopiert werden:
- **bis zu 10 %, jedoch nicht mehr als 20 Seiten**

  Das gilt für alle Werke, d.h. auch für Schulbücher, Arbeitshefte, Sachbücher, Musikeditionen und belletristische Werke.
- **kleine Werke sogar vollständig**

  Vollständig fotokopiert werden können:
    - Musikeditionen mit maximal 6 Seiten,
    - sonstige Druckwerke (**außer** Schulbüchern und Unterrichtsmaterialien!) mit maximal 25 Seiten sowie
    - alle Bilder, Fotos und sonstige Abbildungen.

Dazu gilt:
1. Auf den Kopien ist stets die Quelle anzugeben (Autor, Buchtitel, Verlag, Erscheinungsjahr und Seite).
2. Aus einem Werk darf pro Schuljahr und Klasse nur einmal im genannten Umfang (10 %, max. 20 Seiten) kopiert werden.
3. Zulässig sind Kopien für den Schulunterricht (Pflicht-, Wahlpflicht- oder Wahlunterricht) und für Prüfungszwecke. Fotokopien für den Schulchor, das Schulorchester oder -bands usf. sind nicht erlaubt (es sei denn, im Rahmen des Unterrichts).

Wenn es größeren Bedarf an Fotokopien gibt:

Schulen, die aus Schulbüchern und Unterrichtsmaterialien mehr kopieren möchten als nach den vorstehenden Regeln, können sich direkt an die Verlage wenden. Diese können ergänzende Kopierlizenzen erteilen. Bitte nennen Sie bei Ihrer Anfrage an den Verlag:

- das Buch bzw. sonstige Medium, aus dem Sie vervielfältigen wollen, mit ISBN- oder Bestellnummer
- den genauen Umfang, den Sie kopieren wollen (Kapitel- bzw. Seitenangaben)
- die Anzahl der beabsichtigten Kopien
- den Rechnungsempfänger mit genauer Anschrift.

Die digitale Kopie:

Viele Lehrkräfte wollen digitale Materialien in ihrem Unterricht einsetzen: Die Bildungsmedienverlage bieten hierfür seit langem eine Vielzahl curriculumbezogener Medien an. Und im Projekt »Digitale Schulbücher« erscheinen seit Herbst 2012 fast alle neuen Lehrwerke auch digital.

Alle diese digitalen Medienangebote bieten zentrale Vorteile für Lehrkräfte wie für Schülerinnen und Schüler:

- Sie können auf verschiedenen Endgeräten und auf Whiteboards genutzt werden.
- Sie bieten Möglichkeiten für Annotationen, Textmarkierungen und vieles andere mehr.
- Bei diesen digitalen Medien sind alle urheberrechtlichen Fragen beantwortet; Lehrkräfte wie Schülerinnen und Schüler haben folglich volle Rechtssicherheit bei der Nutzung.

Für den **eigenen** Unterrichtsgebrauch können aus Printmedien, die ab **2005** erschienen sind, eingescannt werden:

- bis zu 10 %, jedoch nicht mehr als 20 Seiten Das gilt für alle Printmedien, d.h. auch für Schulbücher, Arbeitshefte, Sachbücher, Musikeditionen und belletristische Werke.
- kleine Werke sogar vollständig. Vollständig eingescannt werden können:
  - Musikeditionen mit maximal 6 Seiten,
  - sonstige Druckwerke (**außer** Schulbüchern und Unterrichtsmaterialien!) mit maximal 25 Seiten sowie
  - alle Bilder, Fotos und sonstige Abbildungen.

Dazu gilt:

1. Zu den Digitalisaten ist stets die Quelle anzugeben (Autor, Buchtitel, Verlag, Erscheinungsjahr und Seite).
2. Aus einem Werk kann pro Schuljahr und Klasse nur einmal in dem dargestellten Umfang eingescannt werden.
3. Die Lehrkräfte können die Scans für ihren **eigenen** Unterrichtsgebrauch verwenden und diese auch
   - digital an ihre Schüler für den Unterrichtsgebrauch (einschließlich der Unterrichtsvor- und -nachbereitung) weitergeben;
   - ausdrucken und die Ausdrucke an die Schüler ihrer Klasse verteilen;
   - für ihre Schüler über PCs, Whiteboards und/oder Beamer wiedergeben und
   - im jeweils erforderlichen Umfang abspeichern, wobei auch ein Abspeichern auf mehreren Speichermedien gestattet ist (PC, Whiteboard, iPad, Laptop etc.), solange Zugriffe Dritter jeweils durch effektive Schutzmaßnahmen (Passwortschutz z.B.) ausgeschlossen sind.

Im **Fall 20.1** dürfte die Lehrerin C von dem Arbeitsblatt für die Klasse die entsprechende Anzahl von Kopien anfertigen, da die Herstellung in Klassensatzstärke von den Bildungs- und Schulbuchverlagen gestattet ist.

Die Kopien dürfen Schulbücher und sonstige Unterrichtsmaterialien nicht ersetzen. Die Lehrkräfte sollen Kopien aber in einem sinnvollen Umfang nutzen dürfen.

Urheberrecht setzt Grenzen

Bildungseinrichtungen dürfen ihren Teilnehmern „kleine Teile" eines urheberrechtlich geschützten Werkes zugänglich machen (§ 52a Urheberrechts-gesetz). Wo die Grenze liegt, hat jetzt der Bundesgerichtshof mit Urteil vom 28.11.2013 entschieden: Bei 12 Prozent ist Schluss — darüber hinaus wird eine Lizenzgebühr fällig. Geklagt hatte ein Fachverlag, der das Lehrbuch „Meilensteine der Psychologie" herausgebracht hat. Die Fernuniversität Hagen hatte mehr als 4 000 Studenten im Bachelor-Studiengang Psychologie 91 von 528 Seiten dieses Buchs auf einer elektronischen Lernplattform zur Verfügung gestellt. Das waren 28 Seiten zu viel, befanden die obersten Zivilrichter. Darüber hinaus legten sie eine absolute Höchstgrenze von 100 Seiten fest (Az.:1 ZR 76/12).

Im **Fall 20.3** liegt erst ein Verstoß gegen das Urheberrecht vor, wenn die Gesamtsumme der kopierten Seiten mehr als 10 % bzw. die Höchstgrenze von 20 Seiten eines Buches übersteigt.

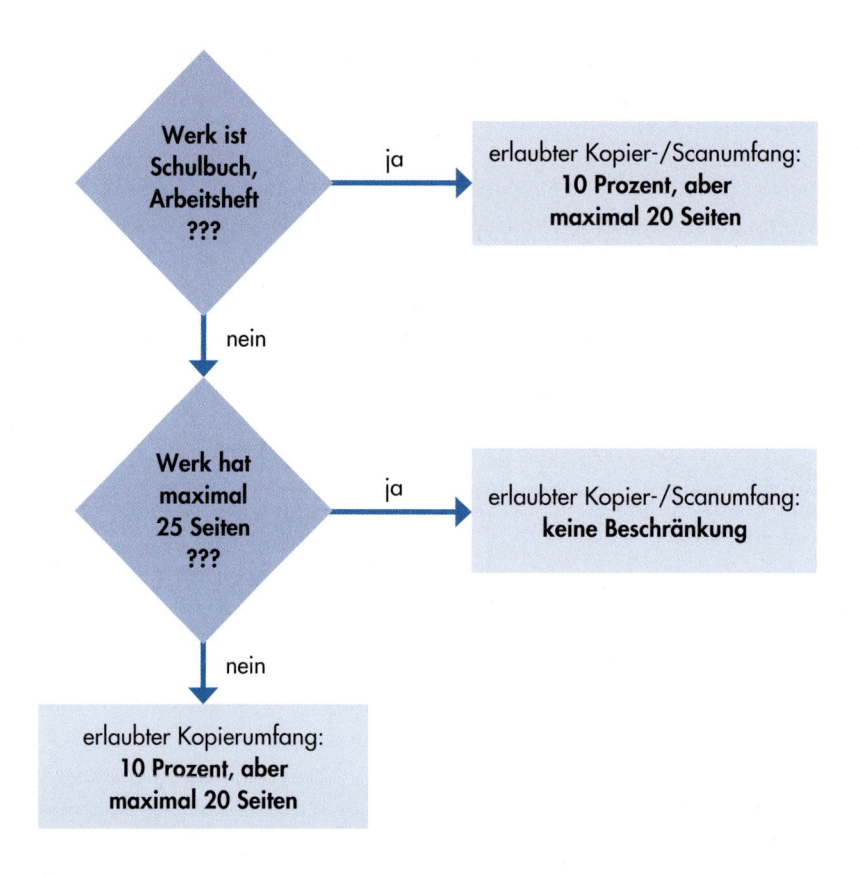

```
Werk ist Schulbuch, Arbeitsheft ???
  ja → erlaubter Kopier-/Scanumfang: 10 Prozent, aber maximal 20 Seiten
  nein ↓
Werk hat maximal 25 Seiten ???
  ja → erlaubter Kopier-/Scanumfang: keine Beschränkung
  nein ↓
erlaubter Kopierumfang: 10 Prozent, aber maximal 20 Seiten
```

- Es muss auf den Kopien stets die Quelle angegeben werden (Buchtitel, Verlag und Autor).
- Aus jedem Werk darf pro Schuljahr und Klasse nur höchstens in dem oben beschriebenen Umfang kopiert werden.

Keiner Beschränkung unterliegt das Kopieren von Gesetzestexten, amtlichen Erlassen und Bekanntmachungen.

20.4 Schul-Intranet

Schulen können es den Lehrkräften ermöglichen, Material zur Veranschaulichung des Unterrichts ins Schul-Intranet einzustellen. Urheberrechtliche Bestimmungen müssen hier beachtet werden. Es können kleine Teile von Werken sowie einzelne Beiträge aus Zeitschriften und Zeitungen sowie Werke geringen Umfangs eingestellt werden.

kleine Teile	Werke geringen Umfangs
25 Prozent des Druckwerkes (max. 100 Seiten), bei anderen Werken 10 Prozent, bei Filmen max. fünf Minuten	Druckwerk mit 25 Seiten, Film mit fünf Minuten Länge, alle Bilder, Fotos, sonstige Abbildungen

Ausgenommen von obiger Regelung sind Unterrichtswerke für Schulen und Filme, die vor weniger als zwei Jahren in die Kinos kamen.

> Im **Fall 20.4** dürfte der Studienreferendar die Sendung als Podcast einstellen, da es sich um ein Werk geringen Umfangs handelt.

20.5 Softwarenutzung in Schulen

Computerprogramme sind urheberrechtlich geschützt (§ 69a UrhG). Daraus folgt, dass auch für jeden Rechner (auch den PC des Lehrers), der in einer Schule betrieben wird, eine eigene Software bzw. eine entsprechende Softwarelizenz erworben werden muss.

Es ist also nicht zulässig, eine Lizenz nur für einen Rechner zu erwerben und das Programm für die verbleibenden Rechner zu kopieren. Das betrifft sowohl die Betriebs- als auch die Anwendungssoftware. Wenn von einer Software nur eine Einzelplatzlizenz erworben wurde, ist eine Anwendung auf mehreren Arbeitsplätzen nicht gestattet.

In vielen Bereichen gibt es günstige Lehrer-/Schülerlizenzen. Diese Lizenzen dürfen aber nicht im Verwaltungsbereich der Schule genutzt werden.

Sicherungskopien

Gemäß § 69d Abs. 2 UrhG ist die Erstellung einer Sicherungskopie erlaubt, sofern diese für die Sicherung künftiger Benutzung erforderlich ist.

Das Recht zur privaten Kopie für Musikaufnahmen oder Zeitungsartikel, welches sich aus § 53 UrhG ableiten lässt, erstreckt sich nicht auf Computerprogramme.

20.6 Wiedergabe von Werken bei Schulveranstaltungen[1]

Auch die Werknutzungen bei Schulveranstaltungen sind genehmigungs- und vergütungsfrei, sofern die betreffende Veranstaltung direkt einem erzieherischen oder sozialen Zweck dient. Schulfunksendungen dürfen kopiert werden. Sie sind spätestens am Ende des auf die Übertragung der Schulfunksendung folgenden Schuljahrs zu löschen.

Für die Schule als Veranstalter ist es hinsichtlich der Vergütungsfreiheit wichtig zu unterscheiden, ob die Schule oder die Schüler im Rahmen der schulischen Aufgabe Werke öffentlich darbieten oder ob der erzieherische Zweck der Veranstaltung keine dominante Bedeutung hat. Die Lehrkraft kann in ihrer Klasse eine eigene rechtmäßig[2] erworbene DVD oder CD nutzen. Die Klasse ist kein öffentlicher Raum.

Folglich sind Schulfeste, Discos oder Wohltätigkeitsveranstaltungen der Schule, die Selbstdarstellungszwecken dienen, stets vergütungspflichtig, sofern dort geschützte Werke öffentlich wiedergegeben werden. Im Zweifelsfall sollte daher schon bei den Planungen einer Schulveranstaltung überlegt werden, ob der erzieherische Zweck oder der allgemeine Unterhaltungscharakter überwiegt.

Folgende Anhaltspunkte sollen helfen, die Schulveranstaltung als genehmigungs- und vergütungsfrei einzustufen:

- Es muss sichergestellt werden, dass der erzieherische Zweck der Veranstaltung im Vordergrund steht und innerhalb der Veranstaltung zum Ausdruck kommt.
- Die Werknutzung muss ein veröffentlichtes Werk betreffen.
- Es darf weder Eintritt noch ein Unkostenbeitrag in anderer Form eingenommen werden.
- Die Entgegennahme von Spenden, die nicht zur Deckung der Veranstaltungskosten beitragen, ist ohne Bedenken zulässig.
- Die Akteure dürfen keine besondere Vergütung für ihre Aufführung erhalten. Eine Kostenerstattung ist allerdings möglich.
- Im Bereich von § 52 Abs. 1 UrhG sind aber folgende Werknutzungen generell ausgenommen: öffentliche bühnenmäßige Darstellungen, öffentliche Wiedergaben von Rundfunksendungen, öffentliche Vorführungen eines Filmwerkes, öffentliche Zugänglichmachungen im Internet.

20.7 Internet

Auch die Nutzung von Werken im Internet unterliegt dem Urheberrecht.

Werden beispielsweise Texte oder Fotografien von anderen Internetauftritten für eigene Zwecke kopiert, kann das rechtliche Folgen haben, da dem Verfasser der Texte oder auch dem Hersteller von Bildern und Fotografien die Rechte an seinen Werken zustehen.

Allein die Tatsache, dass er diese im Internet eingestellt hat, bedeutet nicht, dass er einer Nutzung durch jedermann zugestimmt hat. Auch wenn oftmals vom Internet als einem »rechtsfreien« Raum gesprochen wird, ist das nicht zutreffend. Zwar gibt es kein eigenes »Internetrecht«, trotzdem wird durch die jeweilige nationale Rechtsordnung eine Grundlage gesetzt. Deshalb ist bei der Internetnutzung auf die allgemeinen urheberrechtlichen Grundsätze zurückzugreifen.

---

1 www.urheberrecht.th.schule.de 31.12.2012
2 Die Lehrkraft darf keinesfalls selbst auf DVD oder CD usw. aufgenommene Inhalte von Radio- oder Fernsehsendungen zeigen. Davon ausgenommen sind Sendungen mit Aktualitätsgehalt, z. B. Nachrichtensendungen.

Download

Die allgemein verbreitete Annahme, dass Urheber, die ihre Werke im Netz veröffentlichen, automatisch von ihren Urheberrechten zurücktreten, ist falsch. Schon im § 29 UrhG ist festgelegt, dass das Urheberrecht nicht übertragbar ist. Allenfalls können Nutzungsrechte in Form von Lizenzen eingeräumt werden, was aber die Genehmigung des Rechteinhabers voraussetzt. Dementsprechend genießen alle Werke innerhalb des Internets urheberrechtlichen Schutz.

Das Herunterladen von Inhalten aus dem world wide web ist urheberrechtlich nur zulässig, solange die Verwendung und Speicherung im Rahmen des § 53 UrhG (Vervielfältigungen zum privaten und sonstigen eigenen Gebrauch) geschieht.

Auch Downloads stellen nach dem UrhG eine Vervielfältigung der Inhalte dar.

Internetseiten, welche ausdrücklich auf Verwertungsrechte verzichten, dürfen uneingeschränkt verwendet werden (z. B. Wikipedia, YouTube, Medien mit »Creative Commons (CC)«-Label).

20.8 Rechtliche Konsequenzen bei Verstößen gegen das Urheberrecht

Wer das Urheberrecht oder ein anderes nach diesem Gesetz geschütztes Recht widerrechtlich verletzt, kann von dem Verletzten auf Beseitigung der Beeinträchtigung, bei Wiederholungsgefahr auf Unterlassung in Anspruch genommen werden.

Wer die Handlung vorsätzlich oder fahrlässig vornimmt, ist dem Verletzten zum Ersatz des daraus entstehenden Schadens verpflichtet.

Der Verletzte soll den Verletzer vor Einleitung eines gerichtlichen Verfahrens auf Unterlassung abmahnen und ihm Gelegenheit geben, den Streit durch Abgabe einer mit einer angemessenen Vertragsstrafe bewehrten Unterlassungsverpflichtung beizulegen. Soweit die Abmahnung berechtigt ist, kann der Ersatz der erforderlichen Aufwendungen verlangt werden.

Wiederholung – Vertiefung

1. Ist es erlaubt, eine selbst gesprochene MP3-Datei (eigenes Hörbuch) im Internet zu veröffentlichen, welche auf einem urheberrechtlich geschützten Werk (Buch) beruht?
2. Ist die Wiedergabe eines urheberrechtlich geschützten Werkes im Rahmen des Schulunterrichts eine öffentliche Wiedergabe?
3. Lehrer S kopiert während des Schuljahres regelmäßig einzelne Seiten aus Büchern und verteilt diese im Rahmen des Unterrichts an seine Schüler. In welchem Fall verstößt er dabei gegen das UrhG?
4. Darf der Lehrer ein Bild aus einem Schulbuch kopieren und an die Schüler verteilen?
5. Darf die Lehrkraft ein Bild aus einem Schulbuch einscannen, in ein eigenes Arbeitsblatt integrieren und dieses dann vervielfältigen?
6. Aus einem Arbeitsheft mit 24 Seiten muss ich acht Seiten für meinen Unterricht kopieren. Darf ich das?
7. Darf der Lehrer einen privat aufgenommenen Fernsehbeitrag auch im Unterricht zeigen?
8. Lehrerin U besitzt in ihrer privaten CD-Sammlung eine CD der Beatles. In ihrem Englischunterricht möchte sie einige der Songtexte übersetzen. Dazu spielt sie den Schülern die Lieder zuerst vor. Darf sie das?

21 Leistungsfeststellung und Benotung

> **Ungerechte Noten**
>
> Das Gefühl, von Lehrern ungerecht benotet zu werden, kennen viele Schüler. Eigen- und Fremdwahrnehmung liegen oft überkreuz. Aus der Schulforschung weiß man zudem, dass Lehrer sich bei der Notenvergabe gern am Leistungsniveau einer Klasse orientieren. Die Folge: Je besser die Mitschüler sind, desto schwerer wird es, gute Noten zu bekommen. Im Auftrag der Vodafone-Stiftung haben die Bildungsforscher Kai Maaz (Potsdam), Ulrich Trautwein (Tübingen) und Franz Baeriswyl (Fribourg) eine umfassende Studie vorgelegt, die zeigt, wie die soziale Herkunft der Kinder die Benotung beeinflusst.
>
> *Süddeutsche Zeitung*
>
> »Eigen- und Fremdwahrnehmung liegen oft überkreuz.« – Diskutieren Sie diese Aussage aus der Sicht der Beteiligten am Prozess der Benotung im öffentlichen Schulsystem.

21.1 Bedeutung

»Leistungsnachweise dienen der Leistungsbewertung und als Beratungsgrundlage.« Art. 52 Abs. 1 Satz 4 BayEUG drückt ein klares Bekenntnis des bayerischen Schulsystems zum Leistungsgrundsatz aus. Darüber hinaus haben Leistungsnachweise noch weitere Funktionen. So beeinflussen sie die Motivation der Schüler und Schülerinnen, sie stellen Grundlagen für die Unterrichtsplanung der Lehrkraft dar und tragen als Aggregate zur Bewertung eines Bildungssystems[1] bei.

Wenn man Rolf Dahrendorfs Schrift »Bildung ist Bürgerrecht« als eine Forderung des Einzelnen nach Bildungsabschlüssen versteht und zugleich die verwaltungsrechtlichen Anforderungen an die Leistungsfeststellung und Benotung erkennt, wird deren Bedeutung in einem demokratischen Rechtsstaat deutlich.

21.2 Exkurs: Die Gütekriterien eines Tests

Den schulrechtlichen Aspekten der Leistungsbewertung und Benotung vorgelagert sind die Qualitätsaspekte bei der Konstruktion von Aufgaben zur Leistungsmessung. In der pädagogischen Literatur soll eine Leistungsbewertung nachfolgende Kriterien erfüllen:

- **Validität**: Es wird durch die Aufgabe das geprüft, was auch gemessen oder geprüft werden soll. Dies wäre zum Beispiel nicht gegeben, wenn die Schüler in der Leistungsmessung im Fach Recht nur den Text zu einer Rechtsvorschrift memorieren müssten.
- **Reliabilität**: Die Leistungsbewertung führt zeitversetzt zu denselben Ergebnissen.
- **Objektivität**: Die Lernleistung zu einer Aufgabe wird von verschiedenen Lehrkräften in gleicher Weise beurteilt.

---

1 Die OECD hat mehrfach Bildungsabschlüsse wie z. B. die Abiturientenquote zur Bewertung der Schulsysteme herangezogen.

Diese drei Kriterien gelten idealtypisch vor allem bei Tests und Vergleichsarbeiten. Das Kriterium der Objektivität darf im Unterrichtsalltag mit Bezug auf den erteilten lehrplanmäßen Unterricht gesehen werden. Die Festlegung der Leistungsanforderungen und Leistungsbewertung für alle Schüler einer Klasse stellt eine originäre Aufgabe der Lehrkraft dar, die sie in pädagogischer Verantwortung (Art. 59 Abs. 1 BayEUG) ausübt.

21.3 Art der Leistungsnachweise

»Art, Zahl, Umfang, Schwierigkeit und Gewichtung der Leistungsnachweise richten sich nach den Erfordernissen der jeweiligen Schulart.« (Art. 52 Abs. 1 Satz 2 BayEUG)

Berufsschule	Berufliche Oberschule	Wirtschaftsschule	Berufsfachschule[1]
Schulaufgaben	Schulaufgaben	Schulaufgaben	Schulaufgaben
mündliche Leistungsnachweise incl. Stegreifaufgaben	Seminararbeit	Kurzarbeiten	Stegreifaufgaben
praktische Leistungsnachweise	sonstige Leistungsnachweise:	Stegreifaufgaben	Kurzarbeiten
	- Stegreifaufgaben	mündliche Leistungen	Berichte
	- Kurzarbeiten	praktische Leistungen	mündliche Leistungen
	- mündliche Leistungen:	fachliche Leistungstests	praktische Leistungen
	· Rechenschaftsablage		
	· Unterrichtsbeitrag		
	· Referat		
	- praktische Leistungen		
	- individuelle Leistungen		
	- Fachreferat		

Hausaufgaben im Allgemeinen werden nicht erwähnt. Man geht daher davon aus, dass sie nicht zu den Leistungsnachweisen gehören. Dies rechtfertigt sich wohl in erster Linie damit, dass Leistungsnachweise unter Aufsicht und Kontrolle der Schule erbracht werden müssen[2]. Überdies wäre der Gleichbehandlungsgrundsatz aufgrund der unterschiedlichen häuslichen Lernbedingungen verletzt. Denkbar wäre eine häusliche Vorbereitung, die sich dann in einer mündlichen Note niederschlägt.

Die Zahl der schriftlichen Leistungsnachweise muss für alle Schüler einer Klasse im Grundsatz gleich sein. Eine Ersatzprüfung kann mehrere Schulaufgaben kompensieren.

21.4 Die Leistungsfeststellung

Letztendlich gliedert sich eine Leistungsfeststellung in drei Abschnitte. Die Lehrkraft wird vorbereitende Maßnahmen treffen, dazu gehört natürlich der Unterricht. Sodann erfolgt die eigentliche Leistungsfeststellung, der sich dann die Leistungsbewertung anschließt.

---

[1] Es wurde die Berufsfachschule für Hauswirtschaft, für Kinderpflege und für Sozialpflege gewählt.
[2] Dürfen Hausaufgaben bewertet werden? *http://www.km.bayern.de/eltern/was-tun-bei/rechte-und-pflichten.html* 04.01.2013

21.4.1 Vorbereitungen

Wenngleich Unterricht nicht vorrangig der Leistungsfeststellung dient, ist er doch ihre unabdingbare Voraussetzung. »Etwas, was der Lehrer nicht durchgenommen hat, darf er nicht prüfen.«[1] Stellt der Schulleiter nach Rücksprache mit der Lehrkraft oder gegebenenfalls mit dem Fachbetreuer fest, dass der Lehrstoff nicht genügend vorbereitet war, so kann der Schulleiter die Leistungserhebung für ungültig erklären (§ 27 Abs. 4 LDO, § 44 Abs. 4 FOBOSO, § 22 Abs. 7 GSO, § 18 Abs. 8 RSO).

Die Leistungen werden in angemessenen Zeitabständen erhoben (Art. 52 Abs. 1 BayEUG). Hierfür sollte der Schulleiter gemäß § 27 Abs. 4 LDO sorgen. Die absolut gleichmäßige Verteilung der Leistungsfeststellungen wäre natürlich unpädagogisch. Eine Überlastung der Schüler wird an weiterführenden Schulen vermieden, indem an einem Tag nur eine Schulaufgabe und in einer Woche nicht mehr als zwei Schulaufgaben angesetzt werden können (§ 45 FOBOSO, § 47 Abs. 1 WSO, § 18 Abs. 5 RSO, § 22 Abs. 4 GSO). Schulaufgaben und Kurzarbeiten werden spätestens eine Woche vorher angekündigt. (§§ 45, 47 Abs. 2 FOBOSO, § 12 Abs. 3 BSO, § 47 Abs. 1 WSO, § 22 Abs. 4 GSO, §§ 18 Abs. 5, 19 Abs. 1 RSO). Stegreifaufgaben werden nicht angekündigt. (§ 12 Abs. 3 BSO, § 47 Abs. 1 FOBOSO, § 48 Abs. 1 WSO, § 19 Abs. 2 RSO, § 23 Abs. 2 Nr. 2 GSO). Sie beschränken sich inhaltlich auf Grundkenntnisse und auf die vorangegangenen Stunden, in der Beruflichen Oberschule sind dies zwei Stunden. An weiterführenden Schulen sind in der Regel Stegreifaufgaben und Kurzarbeiten dann nicht möglich, wenn eine Schulaufgabe anberaumt wurde.

Für mündliche Leistungen fehlt eine Verpflichtung zur Ankündigung. Der Lehrer ist nicht gezwungen, vor der Befragung eines Schülers ausdrücklich darauf hinzuweisen, dass eine Bewertung der Antwort beabsichtigt sei.[2]

Den Schülerinnen und Schülern ist vorher bekannt zu geben, in welcher Art und Weise die Leistungsnachweise erhoben werden (Art. 52 Abs. 1 Satz 3 Halbsatz 1 BayEUG). Die Lehrkraft teilt dies den Schülerinnen und Schüler häufig am Schuljahresanfang mit. Dies gilt auch für mündliche Leistungen.

Einzelne Schülerinnen und Schüler können nicht nur vorübergehend bei der Leistungserhebung beeinträchtigt sein. Hierfür wurde der Nachteilsausgleich und evtl. der Notenschutz geschaffen.

Nachteilsausgleich (§ 33 BaySchO) erhalten Schülerinnen und Schüler, die lang andauernd und erheblich beeinträchtigt sind, ihr vorhandenes Leistungsvermögen darzustellen. Die Leistungsanforderung an diese Schülerklientel bleibt jedoch gleich. Es ändert sich allerdings die Art der Leistungsfeststellung. Möglich wären z. B.:

- eine Arbeitszeitverlängerung bis maximal zur Hälfte der normalen Arbeitszeit
- einzelne mündliche durch schriftliche Leistungsfeststellungen und umgekehrt zu ersetzen
- zusätzliche Pausen zu gewähren
- Leistungsnachweise und Prüfungen in gesonderten Räumen abzuhalten
- spezielle Arbeitsmittel zuzulassen
- methodisch-didaktische Hilfen einschließlich Strukturierungshilfen einzusetzen
- größere Exaktheitstoleranz zu gewähren

Die Gewährung eines Nachteilsausgleichs wird nicht im Zeugnis vermerkt.

---

1 Ivo Moll, Schulische Leistungsbewertung, Kurzvortrag am 30. Juni 2006, S.10 (unveröffentlichtes Skriptum)
2 Kommentar zum BayEUG, Randnummer 11.52; Erläuterung 2

Notenschutz (§ 34 BaySchO) verringert die Leistungsanforderungen an die Schülerinnen und Schüler, oder es wird gänzlich auf eine Benotung in einzelnen Fächern verzichtet. Notenschutz kann unter folgenden Voraussetzungen gewährt werden:

- eine körperlich-motorische Beeinträchtigung, eine Beeinträchtigungen beim Sprechen, Sinnesschädigung, Autismus oder eine Lese-Rechtschreib-Störung liegt vor
- die Leistung kann auch bei Nachteilsausgleich nicht erbracht werden
- eine einheitliche Anwendung eines Bewertungsmaßstabes zum Nachweis eines Bildungsstandes ist nicht erforderlich
- Notenschutz wurde beantragt

Notenschutz wird im Zeugnis vermerkt.

> **§ 35 BaySchO**
>
> (2) Nachteilsausgleich oder Notenschutz bei Lese-Rechtschreib-Störung gewähren die Schulleiterinnen und Schulleiter. In den übrigen Fällen sind zuständig:
>
> 1. bei Grundschulen und Mittelschulen, Förderzentren sowie Berufsschulen zur sonderpädagogischen Förderung die Schulleiterin oder der Schulleiter bzw. die für die Prüfung eingesetzte Kommission,
>
> 2. bei Realschulen und Gymnasien, sonstigen beruflichen Schulen sowie in den entsprechenden Schulen zur sonderpädagogischen Förderung die Schulaufsicht für die jeweilige Schulart.

21.4.2 Die Durchführung

Der erkrankte Schüler

Am Tag der Leistungsfeststellung kann ein Schüler aus zwingenden Gründen verhindert sein, am Unterricht teilzunehmen. Dann ist die Schule unverzüglich unter Angabe des Grundes zu benachrichtigen. Handelt es sich um einen angekündigten Leistungsnachweis, kann die Schule die Vorlage eines ärztlichen Zeugnisses verlangen. Wer einen angekündigten Leistungsnachweis mit ausreichender Entschuldigung versäumt, erhält einen Nachtermin. Liegt keine ausreichende Entschuldigung vor, wird die Note 6 erteilt (§ 49 Abs. 4 FOBOSO, § 50 Abs. 4 WSO, § 26 Abs. 4 GSO, § 21 Abs. 4 RSO, § 12 Abs. 6 BSO).

Hat ein Schüler den Unterricht, der einer Stegreifaufgabe vorausging, versäumt, so muss er in der Regel nicht an der Leistungsfeststellung teilnehmen. Die Lehrkraft kann evtl. Inhalte überprüfen, die behandelt wurden, aber von den Schülern nicht dokumentiert wurden. Vereinzelt stellen Lehrkräfte die Teilnahme an der Leistungsfeststellung ins Belieben jener Schüler, die den zugrundeliegenden Unterricht versäumt haben. Manchmal dürfen diese Schüler die Entscheidung zur Bewertung sogar nach Beendigung der Stegreifaufgabe treffen. Diese Vorgehensweise stellt einen Verstoß gegen den Gleichbehandlungsgrundsatz dar. Lediglich die Lehrkraft entscheidet darüber, ob der Schülerin oder dem Schüler die Bearbeitung zugemutet werden kann (§ 47 Abs. 1 FOBOSO).

Gelegentlich reklamieren Schüler vor oder während einer Leistungserhebung schwerwiegende gesundheitliche Beeinträchtigungen. Dann sollte die Lehrkraft diese Schüler von der Teilnahme an der Leistungserhebung befreien und unverzüglich ein ärztliches oder schulärztliches Attest verlangen. Das bedeutet natürlich, dass der Schüler sofort einen Arzt aufsuchen muss. Nachträglich können gesundheitliche Beeinträchtigungen nicht mehr geltend gemacht werden (§ 49 Abs. 6 i. V. m. § 70 Abs. 2 FOBOSO, § 50 Abs. 3 WSO, § 26 Abs. 3 GSO, § 21 Abs. 4 RSO). Keinerlei Berücksichtigung finden auch persönlichkeitsbedingte Beeinträchtigungen wie Prüfungsangst oder Nervosität.

Störungen

Eine ordnungsgemäße Leistungserhebung muss frei von Störungen sein. Untragbare äußere Bedingungen wären z. B. Baulärm oder eine defekte Heizung. Auch ein Schüler, der z. B. bei der Lehrkraft seine Übelkeit meldet, kann für die anderen Schüler eine Störung darstellen. Eine Störung müssen die Schüler aber sofort rügen. Evtl. kann die Lehrkraft mit einer Arbeitszeitverlängerung Abhilfe schaffen. Fehler im Ablauf einer Leistungsfeststellung können ohnehin nur zu deren Wiederholung führen, nicht zu einer Neubewertung. Manchmal fragen einzelne Schüler während einer Leistungsfeststellung die aufsichtsführende Lehrkraft nach zusätzlichen Erläuterungen, weil sie die Aufgabe nicht verstanden haben oder weil ihnen Begriffe unklar erschienen. Wenn die Lehrkraft nur diesen einzelnen Schülern weitere unterstützende Erläuterungen mitteilt, ist dies ein Verstoß gegen den Gleichbehandlungsgrundsatz. Das Gleiche gilt, wenn Schüler ohne jede Aufsicht oder während des Unterrichts Leistungsnachweise nachschreiben.

21.4.3 Die mündliche Note

Mündliche Leistungen entstehen durch mündliche Beiträge der Schüler im Unterricht. In der Berufsschulordnung werden Stegreifaufgaben den mündlichen Noten zugeordnet. Ohne rechtliche Probleme lassen sich mündliche Noten durch eine gezielte Einzelbefragung am Anfang einer Unterrichtsstunde, also durch eine Rechenschaftsablage, und durch ein Referat erheben. Als mündliche Leistungen gelten auch Unterrichtsbeiträge. Die reine Beteiligung am Unterricht ist eine Verpflichtung des Schülers und schlägt sich primär in der Bemerkung zur Mitarbeit nieder. Entscheidend ist für die mündliche Leistung die Qualität der Unterrichtsbeiträge. Natürlich ist dabei auch die Quantität der qualitativen Unterrichtsbeiträge von Bedeutung. »Beteiligt sich ein Schüler von sich aus überhaupt nicht aktiv am Unterricht, so rechtfertigt dies nicht automatisch die Erteilung der Note Sechs. Denn die Nicht-Mitarbeit gibt zwar über die quantitative, nicht aber über die qualitative Leistung des Schülers Aufschluss. Es gehört deshalb zu den pädagogischen Pflichten des Lehrers, sich in einem solchen Fall durch gezieltes Befragen des Schülers ein Bild über dessen mündliche Fähigkeiten zu machen.«[1] Unterrichtsbeiträge werden häufig über einen bestimmten Zeitraum erfasst. Das heißt aber nicht, dass bloße Eindrucksnoten gegeben werden können. Die Lehrkraft muss eine Bewertung mit Fakten begründen können. Eine datumsbezogene Dokumentation ist unerlässlich. Das Thema lässt sich gegebenenfalls aus dem Klassentagebuch rekonstruieren. »Der Lehrer ist jedoch nicht verpflichtet, für jeden mündlichen Beitrag eine Note zu geben und diese festzuhalten. Es kann jedoch vorteilhaft sein, wenn er gelegentlich eine interne Zwischenbilanz vornimmt und diese festhält.«[2]

21.5 Die Korrektur und Benotung

Die Bewertung schulischer Leistung ist eine originär pädagogische Aufgabe, die in pädagogischer Verantwortung zu erfüllen ist. Der Maßstab ist grundsätzlich nicht der Leistungsstand einer Klasse oder eines bestimmten Schülers, sondern die üblicherweise in der betreffenden Schulart und Jahrgangsstufe zu stellenden Anforderungen. Für alle Schüler

---

1 Gesine Walz, Mündliche Leistungen rechtssicher bewerten, SchVw Baden-Württemberg 6/2001, S.128
2 Werner Elser, Feststellung und Bewertung von Schülerleistungen aus rechtlicher Sicht, SchVw Baden-Württemberg 3/1999, S.52

müssen die gleichen Bewertungsgrundsätze gelten.[1] Grundlage der Korrektur ist die tatsächlich gezeigte Leistung.

Sehr bedeutsam ist für die Bewertung von Schülerlösungen, die nicht dem Erwartungshorizont der Lehrkraft entsprechen, ein Urteil des Bundesverfassungsgerichtes.

> »Eine vom Prüfling vorgetragene und mit gewichtigen Argumenten versehene, fachlich vertretbare Antwort darf nach der höchstrichterlichen Rechtsprechung nicht deshalb als falsch gewertet werden, weil die Prüfer fachlich anderer Ansicht sind als der Prüfling (vgl. BVerfG vom 17.04.1991 BVerfGE 84, 34/55 und BVerfGE 84, 59/79; BVerwG vom 09.12.1992 BVerwGE 91, 262/266).«[2]

»Die Bewertung der Leistungen ist den Schülerinnen und Schüler mit Notenstufe und der Begründung für die Benotung zu eröffnen« (Art. 52 Abs. 1 Satz 3 Halbsatz 2 BayEUG). Die Korrektur muss transparent und nachvollziehbar sein. Für die Ermittlung der Noten ist ein Schlüssel denkbar. Zwischennoten sind nicht vorgesehen. In der Beruflichen Oberschule und in den Jahrgangsstufen 11 und 12 des Gymnasiums ist ein Punktesystem eingerichtet worden. Notentendenzen können angebracht werden, dürfen aber nicht mit Dezimalziffern erfasst werden. Bei der Bewertung einer schriftlichen Arbeit können die äußere Form und die Darstellung berücksichtigt werden (§ 26 Abs. 1 GSO, § 21 Abs. 1 RSO, § 49 Abs. 1, 3 FOBOSO). Manchmal bringen Lehrkräfte an den Schülerarbeiten Korrekturanmerkungen (z. B. Unsinn!) an. Nur sehr kritische Anmerkungen werden als Voreingenommenheit eingestuft.

Gericht stärkt Lehrer

Braunschweig – Lehrer dürfen nach einem Gerichtsurteil bei der Vergabe von Zeugnisnoten vom Durchschnitt der Klassenarbeiten und der mündlichen Mitarbeit abweichen. Gerade bei Versetzungszeugnissen könnten Lehrer schlechtere Noten geben, wenn die Leistungen des Schülers zum Jahresende abgesunken seien und Lücken im Grundwissen bestehen, entschied das Verwaltungsgericht Braunschweig in einem am Montag bekannt gewordenen Eilentscheid. Es wies damit die Klage eines Gymnasiasten ab, der in Französisch trotz des rechnerischen Durchschnitts von 4,41 eine 5 erhalten hatte und dadurch nicht versetzt wurde.

Süddeutsche Zeitung

Das obige Urteil macht deutlich, dass bei der Bildung der Gesamtnote keine Bindung an eine rechnerische Gesamtnote[3] besteht. Es erfolgt eine Bewertung der gesamten Leistungen des Schülers in pädagogischer Verantwortung (Art. 52 Abs. 3 Satz 2 BayEUG). Der Gleichbehandlungsgrundsatz ist allerdings unbedingt zu wahren, und die Entscheidung muss sachbezogen gefällt werden.

Der Unterschleif führt in allen bayerischen Schulordnungen zwangsläufig zur Abnahme der Arbeit und zu einer Bewertung mit der Note 6 bzw. 0 Punkten. Die Lehrkraft hat kein Ermessen, es handelt sich um eine so genannte Muss-Vorschrift. Wird der Unterschleif erst nach Abgabe der Schülerarbeit bekannt, so wird die Arbeit ebenfalls mit der Note 6 bewertet. Gelegentlich wird ein Unterschleif durch eine Identität fehlerhafter Schülerantworten

---

1 Kommentar zum BayEUG, Randnummer 11.52; Erläuterung 12
2 Udo Dirnaichner, Bewertungsmängel einer schriftlichen Prüfungsarbeit, SchulVerwaltung BY 2010, S. 115
3 Vgl. Udo Dirnaichner, Grundsätze für die Ausübung des pädagogischen Beurteilungsspielraums der Schule bei der Notengebung, SchulVerwaltung BY 2004, S. 354

erkenntlich. Hier kann der Unterschleif mit einem Anscheinsbeweis geleistet werden.[1] Abschreiben lassen ist kein Täuschungsversuch und darf nicht in die Bewertung einfließen. Das Verhalten könnte evtl. mit einer Erziehungsmaßnahme geahndet werden.

»Leistungen in einer Gruppenarbeit können als mündliche Leistungen gewertet werden.« (§ 48 Abs. 2 WSO). Diese Regelung sollte nicht missverstanden werden. Eine Gruppenarbeit als Grundlage für die Beurteilung von Schülerleistungen ist nur dann geeignet, wenn die individuellen Beiträge deutlich abgrenzbar und bewertbar sind.[2]

Schriftliche Leistungsnachweise sollten fristgerecht bewertet und an die Schüler zurückgegeben und besprochen werden. An den weiterführenden Schulen wird dieser Zeitraum präzisiert (§ 48 Abs. 1 FOBOSO, § 20 Abs. 1 RSO, § 25 Abs. 1 GSO, § 49 Abs. 1 WSO).

21.6 Die Kontrolle

Die Kontrolle der Korrektur, Bewertung und Notenbildung durch die Lehrkraft unterliegt im Regelfall einer Kontrolle durch die Schüler und Eltern. Eine weitere Kontrolle ergibt sich in einem möglichen Widerspruchsverfahren und in einem evtl. Klageverfahren.

21.6.1 Außergerichtliche Kontrolle

Die Situation ist vielen Lehrern bekannt, die auf der Grundlage des erteilten Unterrichts bemüht sind, eine die Leistungen der Schüler differenzierende Leistungserhebung zu besprechen: Es finden sich immer wieder Schüler, die berechtigt oder unberechtigt, die Korrektur und die Bewertung beanstanden. Diese Schüler legen damit den formlosen Rechtsbehelf einer Gegenvorstellung ein. Eher selten ist der formlose Rechtsbehelf einer Aufsichtsbeschwerde, die die Schüler der Beruflichen Oberschule und des Gymnasiums an den Ministerialbeauftragten richten müssten, bei den meisten anderen Schulen an die zuständige Regierung. Sowohl die Gegenvorstellung als auch die Aufsichtsbeschwerde verlangen keine spezielle Form oder bestimmte Frist. Die Schüler haben einen Anspruch auf eine Reaktion.

Schriftliche Leistungsnachweise können auch nach der Herausgabe nochmals überprüft werden, entweder durch die Lehrkraft selbst oder im Rahmen einer Respizienz.

> **Ist es möglich, dass die Note einer Leistungserhebung nachträglich verändert wird?**
>
> In der Regel besteht kein rechtlicher Anspruch auf Beibehaltung einer Note, die ersichtlich dem erbrachten Leistungsnachweis nicht entspricht.
>
> Vielmehr dürfen Noten von schriftlichen Prüfungen grundsätzlich nachträglich nicht nur verbessert, sondern auch verschlechtert werden, sofern für eine entsprechende Änderung ein sachlicher Grund gegeben ist. Dies ergibt sich indirekt z.B. aus § 27 Abs. 4 Satz 2 LDO, wonach die Schulleiterin bzw. der Schulleiter im Einvernehmen mit der betreffenden Lehrkraft (oder bei entsprechendem Beschluss der Lehrerkonferenz) die Note einer schriftlichen Aufgabe ändern kann. Inwiefern von dieser – rechtlich bestehenden – Möglichkeit Gebrauch gemacht wird, steht allerdings im pädagogischen Ermessen.
>
> Die verantwortliche Lehrkraft kann mithin die Note auch nach Herausgabe einer schriftlichen Arbeit an die Erziehungsberechtigten ändern; denn sie ist als für die Leistungsbewertung Verantwortliche zur korrekten, der tatsächlich erbrachten Leistung entsprechen-

---

[1] Günther Hoegg, Schulrecht: kurz und bündig, 2010, 2. Auflage, S. 105f
[2] Vgl. Thomas Böhm: Grundkurs Schulrecht III – Zentrale Fragen zur Leistungsbeurteilung und zum Prüfungsrecht, 2008, S. 35

> den Bewertung und gegebenenfalls Notenänderung berechtigt. Sie ist insofern lediglich durch die bei der Leistungsbewertung zu beachtenden Grundsätze der Vollständigkeit, der Gleichbehandlung und der pädagogischen Verantwortung gebunden. Die Erziehungsberechtigten bestätigen durch ihre Unterschrift die reine Kenntnisnahme.
>
> Für den Fall einer nachträglichen Notenveränderung erscheint eine neuerliche Herausgabe der Arbeit zur neuerlichen Kenntnisnahme der Erziehungsberechtigten des betroffenen Schülers bzw. der Schülerin geboten.
>
> *http://www.km.bayern.de/eltern/was-tun-bei/rechte-und-pflichten.html* 05.01.2012

Die Verschlechterung der Bewertung ist allerdings nur sehr bedingt möglich, wenn der Schüler auf seinen verfassungsrechtlich geschützten Anspruch auf Überprüfung Gebrauch gemacht hat, also die Bewertung beanstandet hat. Prinzipiell zwingt der Grundsatz der Gleichbehandlung die Lehrkraft dazu, in der Nachkontrolle den gewählten Bewertungsmodus beizubehalten. Das heißt auch, dass Korrekturfehler in jeder Hinsicht berücksichtigt werden müssen. Beanstandete Fehler können mit bisher unentdeckten Fehlern verrechnet werden.[1] Der Vertrauensschutz des Schülers nach einer Beanstandung auf Beibehaltung der bisherigen Note verbietet es allerdings, die Note zu verschlechtern. Dies trifft jedoch dann nicht zu, wenn dem Schüler einen Unterschleif nachgewiesen werden kann bzw. es sich um eine sehr offensichtliche Fehlleistung des Korrektors handelte. Dies läge zum Beispiel bei einer Fehladdition vor.

21.6.2 Kontrolle durch das Verwaltungsgericht

Einzelne Noten, wenngleich sie fehlerhaft sind, regeln noch nicht den rechtlichen Status des betroffenen Schülers. Erst die Zeugnisnote kann evtl. die Erlaubnis zum Vorrücken verhindern. In diesem Fall ist eine verwaltungsgerichtliche Klage zulässig. Im Klageverfahren wird dann natürlich die einzelne fehlerhafte Note entscheidend. Da in Bayern Zeugnisse keine Rechtsbehelfsbelehrung enthalten, ist die Klage binnen eines Jahres nach Herausgabe des Zeugnisses an den Schüler möglich.

Die verwaltungsgerichtliche Kontrolle ist allerdings beschränkt. Rein fachliche Fragen werden jedoch unbeschränkt überprüft. Dies geschieht gegebenenfalls unter Heranziehung eines Sachverständigen.

Die Kontrolle einer Note durch das Gericht ist allerdings beschränkt, wenn es um die reine Bewertung der Schülerleistung geht. Das Bundesverfassungsgericht begründet dies »mit der Erwägung, dass Prüfungsnoten[2] nicht isoliert gesehen werden dürfen, sondern in einem Bezugssystem zu finden sind, das durch die persönlichen Erfahrungen und Vorstellungen der Prüfer beeinflusst wird; es widerspräche dem Grundsatz der Chancengleichheit (Art. 3 Abs. 1 GG), wenn einzelne Kandidaten in einem Verwaltungsgerichtsprozess die Chance einer vom Vergleichsrahmen unabhängigen Bewertung erhielten.[3] Dieser pädagogische Beurteilungsspielraum hat aber Grenzen[4]:

➤ Ist das Verfahren ordnungsgemäß durchgeführt worden?

Ein Verfahrensfehler läge zum Beispiel vor, wenn die Art der Leistungserhebung nicht bekannt gemacht worden wäre. Mangelhaft kopierte Aufgabenblätter oder unlösbare Mathematikaufgaben gelten ebenso als Verfahrensfehler.

---

1 Vgl. Josef Franz Lindner: Verschlechterungsverbot bei der Neubewertung einer Prüfungsleistung?, SchulVerwaltung BY 2000, S. 114
2 Leistungsbewertungen können mit Prüfungsnoten gleichgesetzt werden.
3 Avenarius/Heckel: Schulrechtskunde, 7. Auflage, S. 499
4 Birgit Zuchowski: Der pädagogische Beurteilungsspielraum als Teil des pädagogischen Freiraums, SchulVerwaltung Brandenburg, Mecklenburg-Vorpommern, Sachsen, Sachsen-Anhalt, Thüringen und Berlin 5/1997, S. 131

▶ Ist der Prüfer/Lehrer von falschen Tatsachen ausgegangen?

Beispiel: Die Lehrkraft übersieht eine Seite der Schülerarbeit. Dies wird vermutlich aber schon in der außergerichtlichen Kontrolle offensichtlich.

▶ Wurden allgemein anerkannte Bewertungsmaßstäbe beachtet?

Hierzu zählt zum Beispiel die Verpflichtung, fachlich vertretbare Lösungen des Schülers zu bewerten. Es stellt sich aber die Frage, wann eine fachlich vertretbare Lösung vorliegt.

▶ Sind in die Bewertung sachfremde Erwägungen eingeflossen?

Es darf nur die objektiv erbrachte Leistung bewertet werden. Die Bewertung darf nicht zum Zweck einer Disziplinierung oder Belohnung für gutes Verhalten missbraucht werden. Eine Note darf nicht aus fürsorglich-sozialen Gesichtspunkten erteilt werden.

Das Verwaltungsgericht wird evtl. in seinem Urteil eine beanstandete Bewertung als rechtswidrig einstufen, mangels Sachkompetenz wird es keine Note erteilen. Die Schule wird aufgefordert werden, unter Beachtung der Rechtsauffassung des Gerichts neu zu bewerten.

Wiederholung – Vertiefung

1. Ein Lehrer erteilt den Schülern Noten für ihre Unterrichtsbeiträge. Am Jahresanfang hat er bekannt gegeben, dass sich die Zeugnisnote aus den Schulaufgaben und Stegreifaufgaben zusammensetze.
2. Die Lehrkraft verlangt in einer Stegreifaufgabe im Fach Erdkunde von den Schülern ausgewählte Gebiete auf einer schlecht leserlichen Karte Deutschlands zu platzieren[1].
3. Mehrere Schülerinnen teilen der Lehrkraft mit, dass der Schüler X nachweislich bei der Schulaufgabe unerlaubte Hilfsmittel verwendete. Der Lehrer verändert die Bewertung auf die Note 6. Der Schüler beruft sich auf einen Vertrauensschutz.
4. Schüler X besucht die Fachoberschule. Er fehlt unentschuldigt, als eine Stegreifaufgabe geschrieben wird. Die Lehrkraft erteilt mangels Entschuldigung die Note 6.
5. Die Lehrerin Gütlich erteilt dem Schüler X die Note 4 (rechnerischer Durchschnitt 4,66), weil sie dem Schüler »den Lebensweg nicht erschweren will«.
6. Eine Lehrkraft an der Berufsschule erhebt an einem Unterrichtstag in einem Fach eine Schulaufgabe und eine Stegreifaufgabe.

---

[1] Dieser Sachverhalt lehnt sich an ein Urteil des VG Augsburg an.

22 Zeugnisse

Zeugnisse finden sich in allen modernen Bildungssystemen, die Leistungsnachweise erheben. So regelt Artikel 52 Abs. 3 BayEUG: »Unter Berücksichtigung der einzelnen schriftlichen, mündlichen und praktischen Leistungen werden Zeugnisse erteilt.« Die Beendigung des Schulbesuchs erfolgt in den meisten Fällen durch die Erteilung eines Abschluss- oder Entlassungszeugnisses (Art. 55 Abs. 1 Nr. 3 BayEUG). Die besondere Bedeutung von Zeugnissen spiegelt sich in der Festlegung der Zeugnismuster durch das Kultusministerium wider.

22.1 Die Rechtsnatur von Zeugnissen

Mit vielen Zeugnissen erhalten die Schüler die Erlaubnis zum Vorrücken[1] in die nächste Jahrgangsstufe. Diese Erlaubnis bzw. deren Versagung stellen einen Verwaltungsakt dar. Gleiches gilt für Zeugnisse, die einen Schulabschluss vermitteln. Einzelne Noten sind in der Regel keine Verwaltungsakte. Eine einzelne Note ist jedoch dann als Verwaltungsakt einzustufen, wenn sie für die weitere Laufbahn des Schülers bedeutsam ist und seine Rechtsstellung gestaltet.

Jene Noten, die dazu geführt haben, dass ein Vorrücken nicht erteilt wurde, erlangen in einem Widerspruchsverfahren bzw. in einem verwaltungsgerichtlichen Rechtsstreit durchaus an Relevanz. Bis zum Abschluss eines verwaltungsgerichtlichen Verfahrens vergeht Zeit. Jener Schüler, dem keine Vorrückungsentscheidung gewährt wurde, kann sich seine Rechte im Wege einer einstweiligen Anordnung sichern lassen. Damit ist jedoch über den endgültigen Ausgang des Verfahrens nichts entschieden.

---

1 Zeugnisse der Berufsschule enthalten keine Vorrückensregelung.

22.2 Zeugnisarten an allgemein bildende Schulen

Schulart / Zeugnisart	Grundschule und Mittelschule	Realschule	Gymnasium
Zwischenzeugnis	Jahrgangsstufen 1-3, 5-10	Jahrgangsstufen 5-10	Jahrgangsstufen 5-10
Übertrittszeugnis	Jahrgangsstufe 4	–	–
Jahreszeugnis	Jahrgangsstufen 1-8, evtl. 9 und 10 *(falls nicht Abschlusszeugnis)*	Jahrgangsstufen 5-9, evtl. 10 *(falls nicht Abschlusszeugnis)*	Jahrgangsstufen 5-10
Zeugnis über den Ausbildungsabschnitt	–	–	Jahrgangsstufen 11 und 12/1, evtl. 12/2 *(falls nicht Abschlusszeugnis)*
Abschlusszeugnis	Jahrgangsstufe 9: erfolgreicher oder qualifizierender Mittelschulabschluss Jahrgangsstufe 10: mittlerer Schulabschluss der Mittelschule	Jahrgangsstufe 10: Realschulabschluss	Jahrgangsstufe 12: Allgemeine Hochschulreife

Verlassen Schülerinnen und Schüler eines Gymnasiums oder einer Realschule während des Schuljahres die Schule oder werden sie entlassen, so erhalten sie auf schriftlichen Antrag für das laufende Schuljahr eine Bescheinigung über die Dauer des Schulbesuchs, über die bis zum Ausscheiden erzielten Leistungen und ggf. über den erworbenen mittleren Schulabschluss.

22.3 Zeugnisarten an beruflichen Schulen

Die nachfolgende Übersicht erfasst ausgewählte berufliche Schulen.

Schulart / Zeugnisart	Berufliche Oberschule	Berufsschule	Berufsfachschule (hier Wirtschaftsschule)
Zwischenzeugnis	Vorklasse Fachoberschule *(alle Jahrgangsstufen)* Berufsoberschule *(alle Jahrgangsstufen)*	nur im Berufsgrundschuljahr und Berufsvorbereitungsjahr	alle Jahrgangsstufen
Jahreszeugnis	Vorklasse und Vorkurs *(evtl. Erwerb des mittleren Schulabschlusses)* Fachoberschule *(Jahrgangsstufe 11; 12 und 13, falls erfolglose Abschlussprüfung)* Berufsoberschule *(Jahrgangsstufe 12; 13, falls erfolglose Abschlussprüfung)*	Berufsgrundschuljahr: *(evtl. erfolgreicher Mittelschulabschluss)* Berufsvorbereitungsjahr *(evtl. erfolgreicher Mittelschulabschluss)* in der Regel in allen Jahrgangsstufen vor Erreichen der letzten Jahrgangsstufe	Jahrgangsstufen 7-9 bzw. 8 und 9 der vier- bzw. dreistufigen Wirtschaftsschule Jahrgangsstufe 10 der zweistufigen Wirtschaftsschule Jahrgangsstufen 10 und 11 *(falls erfolglose Abschlussprüfung)*

Abschluss-zeugnis	Fachoberschule und evtl. Berufsoberschule *(Jahrgangsstufe 12)*: - Fachhochschulreife Berufsoberschule und Fachoberschule *(Jahrgangsstufe 13)*: - fachgebundene Hochschulreife - evtl. allgemeine Hochschulreife	letzte Jahrgangsstufe: - erfolgreicher Berufsschulabschluss falls nicht einmal Note 6 oder zweimal Note 5 –Notenausgleich möglich *(evtl. erfolgreicher Mittelschulabschluss)* - evtl. mittlerer Schulabschluss der Berufsschule	Jahrgangsstufen 10 oder 11: Wirtschaftsschulabschluss
Entlassungs-zeugnis	–	letzte Jahrgangsstufe: *(falls nicht Abschlusszeugnis)*	–

In Abschlusszeugnissen ist es möglich, dass einzelne Noten vorangegangener Jahrgangsstufen übernommen werden.

Verlassen Schülerinnen oder Schüler in der Beruflichen Oberschule oder der Wirtschaftsschule während des Schuljahres die Schule oder werden sie entlassen, so erhalten sie auf Antrag oder von Amts wegen für das laufende Schuljahr eine Bescheinigung über die Dauer des Schulbesuchs sowie über die bis zum Ausscheiden erzielten Leistungen. Dies gilt auch für Berufsschüler, wenn sie nicht in eine andere bayerische Schule übertreten. Der erfolgreiche Berufsschulabschluss beendet nicht zwingend die Berufsschulpflicht. Sie endet mit dem Abschluss einer staatlich anerkannten Berufsausbildung (Art. 39 Abs. 2 Satz 2 BayEUG). Abschluss- und Entlassungszeugnisse der Berufsschule werden am letzten Unterrichtstag des Schuljahres ausgestellt und an diesem Tag ausgehändigt. Der letzte Unterrichtstag bestimmt sich nach dem Zeitpunkt der Berufsabschlussprüfung.

Wiederholung – Vertiefung

1. Welche allgemein bildende Schule vermittelt die größte Anzahl unterschiedlicher Abschlüsse?
2. Welche Schule des beruflichen Schulwesens vermittelt die größte Anzahl unterschiedlicher Abschlüsse?
3. Eine Lehrkraft vergibt in einer Leistungsfeststellung die Note 6. Ein Schüler möchte sich sofort gegen diese Note gerichtlich wehren. Wie sind seine Chancen?
4. In welchen Schularten bzw. welcher Jahrgangsstufe gibt es kein Zwischenzeugnis? Worin sehen Sie die Begründung?

23 Erziehungs-, Ordnungs- und Sicherungsmaßnahmen

> **Klage gegen Schulausschluss scheitert**
>
> Bub durfte drei Tage nicht ins Gymnasium
>
> Er störte den Unterricht und legte sich mit Mitschülern an: Der dreitägige Schulausschluss eines Augsburger Gymnasiasten ist rechtmäßig. Das hat gestern die dritte Kammer des Verwaltungsgerichts entschieden. Die Richter wiesen eine Klage des elfjährigen Buben und seiner Eltern ab. Die Schule, so die Begründung, habe mit dem Ausschluss vom Unterricht keine unverhältnismäßig harte Entscheidung getroffen. Der Schüler des Fugger-Gymnasiums kassierte im vorigen Schuljahr mehrere Verweise – unter anderem, weil er mit einer Plastikflasche geworfen, einem Mitschüler den Stuhl weggezogen und ein Mädchen beleidigt haben soll. Als er im Unterricht einen Laptop einschaltete, obwohl der Lehrer es zuvor verboten hatte, war die Geduld der Pädagogen erschöpft. Der Fünftklässler musste drei Tage daheimbleiben. Die Eltern waren nicht einverstanden und klagten. Sie wollten damit auch, wie ihr Anwalt sagt, einen möglichen Rausschmiss des Sohnes verhindern. Der droht dem Buben inzwischen, weil er erneut aufgefallen ist. Er soll einen Mitschüler mit einem »Laserpointer« geblendet und am Auge verletzt haben. Die Eltern führten ins Feld, ihr Kind, inzwischen in der sechsten Klasse, leide am Aufmerksamkeitsdefizit-Syndrom – kurz ADHS. Die Richter entgegneten, trotz ADHS müsse eine Schule aber Erziehungsmaßnahmen verhängen dürfen. Der Kammervorsitzende Ivo Moll empfahl den Eltern, gemeinsam mit der Schule nach einer Lösung für das Kind zu suchen. Sich auf seitenlangen Schreiben auszutauschen, diene sicherlich niemandem.
>
> *Augsburger Allgemeine, 17.11.2010*

Der Unterrichtsalltag verlangt von der Lehrkraft immer wieder pädagogische Interventionen, um den Bildungs- und Erziehungsauftrag zu gewährleisten: Schüler/innen sind unaufmerksam und stören oder beteiligen sich nicht hinreichend am Unterricht, deshalb ermahnt sie die Lehrkraft.

Der Schutz von Personen oder Sachen erfordert ebenfalls, dass die Lehrkraft eingreift: Einige Schüler verunreinigen das Klassenzimmer. Die Lehrkraft kann nicht erkennen, welche Schüler den Schaden angerichtet haben und ordnet an, dass die gesamte Klasse die Verunreinigung beseitigt. Eine Schülerin wird von einem Mitschüler massiv bedroht. Der Schulleiter verhängt einen verschärften Verweis.

> **Art. 86 BayEUG**
>
> (1) Sicherung des Bildungs- und Erziehungsauftrags oder zum Schutz von Personen und Sachen können Erziehungsmaßnahmen gegenüber Schülerinnen und Schülern getroffen werden. Dazu zählt bei nicht hinreichender Beteiligung der Schülerin oder des Schülers am Unterricht auch eine Nacharbeit unter Aufsicht einer Lehrkraft. Soweit Erziehungsmaßnahmen nicht ausreichen, können Ordnungs- und Sicherungsmaßnahmen ergriffen werden. Maßnahmen des Hausrechts bleiben stets unberührt. Alle Maßnahmen werden nach dem Grundsatz der Verhältnismäßigkeit ausgewählt.

Ordnungsmaßnahmen und Sicherungsmaßnahmen sind Erziehungsmaßnahmen, die intensiver in die Rechte der Schüler eingreifen.

23.1 Andere Erziehungsmaßnahmen

Andere Erziehungsmaßnahmen sind nicht an besondere Verfahrensvorschriften gebunden. So muss ein Schüler, der im Klassenzimmer versetzt wird, vorher nicht angehört werden. Die »anderen« erzieherischen Maßnahmen sind auch einer Kontrolle durch ein Verwaltungsgericht entzogen. Es handelt sich nicht um Verwaltungsakte, weil die Rechte und Pflichten des Schülers nicht berührt sind. Der Maßnahmenkatalog dieser Erziehungsmaßnahmen ist nicht abgeschlossen. So könnten je nach Unterrichtssituation folgende Instrumente erzieherisch wirken:

- Gespräch mit der Klasse
- Einzelgespräch mit den Schülern
- Ermahnungen
- Änderung der Sitzordnung
- Eintrag des Fehlverhaltens ins Klassentagebuch
- Gespräch mit den Erziehungsberechtigten bzw. dem Ausbildungsbetrieb
- Schriftlicher Hinweis an die Erziehungsberechtigten bzw. an den Ausbildungsbetrieb
- Reinigung des Klassenzimmers wegen einer vorheriger Verunreinigung durch die Schüler
- Ausschluss von einer schulisch nicht verbindlichen Veranstaltung (z. B. Theaterbesuch)

Als andere Erziehungsmaßnahmen nennt das Schulrecht ausdrücklich die Nacharbeit.

Art. 86 Abs. 1 Satz 2 BayEUG erwähnt die Nacharbeit, wenn der Schüler oder die Schülerin sich nicht hinreichend am Unterricht beteiligt. Die Nacharbeit muss jedoch unter Aufsicht einer Lehrkraft erfolgen. Überdies sind die Erziehungsberechtigten bei der Nacharbeit schriftlich unter Angabe des zugrunde liegenden Sachverhalts zu unterrichten (Art. 88 Abs. 4 Satz 2 Halbsatz 2 BayEUG).

Die Grundlage für die Anwendung »anderer« Erziehungsmaßnahmen stellt auch der Pflichtenkatalog des Art. 56 Abs. 4 BayEUG dar.

Art. 56 BayEUG

(4) Alle Schülerinnen und Schüler haben sich so zu verhalten, dass die Aufgabe der Schule erfüllt und das Bildungsziel erreicht werden kann. Sie haben insbesondere die Pflicht, am Unterricht regelmäßig teilzunehmen und die sonstigen verbindlichen Schulveranstaltungen zu besuchen. Die Schülerinnen und Schüler haben alles zu unterlassen, was den Schulbetrieb oder die Ordnung der von ihnen besuchten Schule oder einer anderen Schule stören könnte…

23.1.1 Das Hinausweisen störender Schüler und Schülerinnen[1]

Bei nachhaltigen und intensiven Unterrichtsstörungen können Schüler oder Schülerinnen aus dem Klassenzimmer verwiesen werden.[2] Immerhin wird der Anspruch der anderen Schüler auf einen ordnungsgemäßen Unterricht damit wieder gewährleistet, und die Lehrkraft kann die ihr übertragenen Unterrichts- und Erziehungsaufgabe ordnungsgemäß erfüllen. Das Hinausweisen kann auch kraft Hausrecht des Lehrers im Klassenzimmer begründet werden. Natürlich muss die Aufsichtspflicht über den störenden Schüler berücksichtigt werden. Die Lehrkraft müsste den Schüler anweisen, sich nicht zu entfernen[3] und die Anwesenheit des Schülers gelegentlich kontrollieren. Denkbar wäre es auch, einen jugendlichen Schüler nach Hause zu schicken[4]. Ein Berufsschüler könnte auch in den Ausbildungsbetrieb entlassen werden, der natürlich vorher benachrichtigt werden müsste. Bei der Lehrkraft bereits als verhaltensauffällig bekannten Schüler/innen sollte die Verweisung aus dem laufenden Unterricht jedoch vermieden werden. Solche Schüler/innen sollte die Lehrkraft zur Schulleitung bringen lassen. Neuartige Erziehungskonzepte sehen auch einen Aufenthalt in einem Trainingsraum vor, in dem der verhaltensauffällige Schüler von einer Lehrkraft betreut wird.[5]

23.1.2 Das Nutzungsverbot für Mobilfunktelefone und digitale Speichermedien

Technische Neuerungen bei digitalen Speichermedien und im Mobilfunksektor können sich negativ auf die Schule auswirken. Nicht nur Unterrichtsstörungen durch Mobilfunktelefone, sondern insbesondere unerlaubte Aufnahmen während schulischer Veranstaltungen müssen vermieden werden. Es kann nicht zugelassen werden, dass anstößige und beschämende Aufnahmen von Schüler, Schülerinnen und Lehrkräften, aufgenommen im Schulgebäude und auf dem Schulgelände, ins Internet gestellt werden. Daher wurde durch Art. 56 Abs. 5 BayEUG als weitere Pflicht der Schüler und Schülerinnen ein dementsprechendes Verbot formuliert. Das Nutzungsverbot für Mobilfunktelefone gilt natürlich nicht für die Lehrkräfte und den Hausmeister.

»Für den Fall, dass Schülerinnen oder Schüler der Aufforderung, ihr Mobilfunktelefon auszuschalten, nicht Folge leisten, ist es den Lehrkräften neben den weiterhin anwendbaren schulischen Erziehungs- und Ordnungsmaßnahmen möglich, Schülermobilfunktelefone vorübergehend abzunehmen. Die Dauer des Einbehaltens liegt im pädagogischen Ermessen der Lehrkraft, die unter Beachtung des Verhältnismäßigkeitsgrundsatzes nach den Umständen des Einzelfalls entscheiden wird.«[6]

Die Bayerische Schulordnung untersagt es, den Schülern gefährliche Gegenstände bzw. Gegenstände, die den Unterricht stören können, mitzuführen (§ 23 Abs. 2 BaySchO). Auch hier kann die Schule diese Gegenstände einziehen.

---

1 Diese Maßnahme wird auch gelegentlich als Maßnahme des Hausrechts (Siehe hierzu auch Art. 16 Abs. 7 FOBOSO und Art. 15 Abs. 1 WSO) eingestuft.
2 Vgl. Thomas Böhm, Aufsicht und Haftung in der Schule, S. 52
3 Vgl. auch: Avenarius/Heckel, Schulrechtskunde, 7. Auflage, S. 388
4 Vgl. Günther Hoegg, Schulrecht: kurz und bündig, 2.Auflage 2010, S. 124
5 Vgl. Thomas Böhm a. a. O., S. 11
  http://www.augsburger-allgemeine.de/landsberg/Ein-Trainingsraum-statt-Strafarbeit-id3082186.html
  (Zugriff 08.11.2011)
6 http://www.km.bayern.de/eltern/was-tun-bei/rechte-und-pflichten.html (03.11.2011)

23.1.3 Unzulässige andere Erziehungsmaßnahmen

Im Schulbetrieb des vergangenen Jahrhunderts waren Schläge verschiedenster Art alltägliche Praxis. Auch entwürdigende Maßnahmen wie etwa das Aufsetzen einer Eselsmütze wurden eingesetzt. Immer wieder mussten Schüler auf einem Holzscheit knien.

»Körperliche Züchtigung ist unzulässig«, damit schließt das BayEUG ausdrücklich auch grundgesetzwidrige Erziehungsmaßnahmen aus. Das Aufsetzen einer Eselsmütze würde gegen das Grundgesetz verstoßen. Es gibt allerdings noch weitere unzulässige erzieherische Maßnahmen wie z. B.:

- Die Festsetzung von Geldzahlungen in eine Klassenkasse, z. B. für Zuspätkommen
- Die Streichung eines verpflichtenden Unterrichtsangebots, z. B. des Sportunterrichts
- Strafarbeiten ohne Bezug zur Verfehlung und in unverhältnismäßigem Umfang
- Vergabe von Noten zur Disziplinierung und ohne Bezug zu einer Leistung

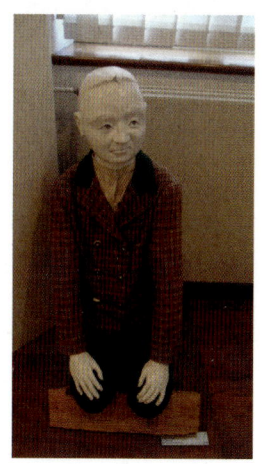

© Schulmuseum Ichenhausen

23.2 Ordnungsmaßnahmen und Sicherungsmaßnahmen

Als Ordnungsmaßnahmen und Sicherungsmaßnahmen werden jene Erziehungsmaßnahmen bezeichnet, die schwerwiegendere Gründe haben und in ihren Auswirkungen erheblicher sind. Im Gegensatz zu den anderen Erziehungsmaßnahmen handelt es sich hier nicht um rein pädagogische Maßnahmen.

23.2.1 Grundsätze des Verwaltungshandeln und des Verwaltungsverfahren

Diese Maßnahmen stellen in fast allen Fällen einen Eingriff in die Rechtssphäre des Schülers dar. Ein Ausschluss vom Unterricht beeinträchtigt seine Lernchancen. In einem Rechtsstaat unterliegen solche Eingriffe bestimmten Bedingungen.

Bevor Maßnahmen dieser Art erteilt werden, muss der betroffene Schüler angehört werden (Art. 88 Abs. 3 Nr. 1 BayEUG). Die Pflicht zur Anhörung wird aus dem Anspruch auf rechtliches Gehör des Grundgesetzes (Art. 103 Abs. 1 Grundgesetz) abgeleitet. Die Verpflichtung zur Anhörung wird von den Lehrkräften bei einem Verweis verschiedentlich vergessen. Dennoch handelt es sich um eine wirksame Ordnungsmaßnahme. Indem die Anhörung nachgeholt würde, kann der Mangel geheilt werden (Art. 45 Abs. 1 Nr. 3 BayVwVfG).

Die Schriftform als Verfahrensvorschrift wird ausdrücklich beim Verweis vorgeschrieben. Bei schwerwiegenderen Ordnungsmaßnahmen ergibt sich diese Formvorschrift aus Gründen der Nachweisbarkeit und des Rechtschutzes (Art. 39 Abs. 1 BayVwVfG). Der betroffene Schüler muss in einer möglichen Gegenwehr die Gelegenheit haben, auf die Begründung für die Ordnungsmaßnahme einzugehen. Dies fällt ihm bei einer schriftlich formulierten Ordnungsmaßnahme leichter.

Ordnungsmaßnahmen und Sicherungsmaßnahmen werden nach dem Grundsatz der Verhältnismäßigkeit getroffen. Das bedeutet, dass die Maßnahme geeignet, erforderlich und angemessen ist. Dadurch wird auch deutlich, dass die Schule die Ordnungsmaßnahmen nicht in einer bestimmten Reihenfolge verhängen darf.

Ein schriftlicher Verweis wäre wohl nicht geeignet, einen Schüler zu disziplinieren, der eine Lehrkraft massiv tätlich angegriffen hat.

Wenn eine erforderliche Ordnungsmaßnahme zu treffen ist, muss abgewogen werden, ob nicht eine mildere Maßnahme die gleiche Wirkung erzielen könnte. Dies könnte zum Beispiel bei einer einmaligen und erstmaligen Entgleisung der Fall sein.

Eine Ordnungsmaßnahme wäre nicht mehr angemessen, wenn ihre Wirkung außer Verhältnis zum Fehlverhalten des Schülers stünde.

> **Beispiel:**
> Ein Schüler kann krankheitsbedingt seine Hausaufgabe nicht anfertigen, deshalb erteilt ihm die Lehrkraft einen Verweis. Die damit verbundene Nachrangigkeit dieser Ordnungsmaßnahme ergibt sich auch insoweit »andere Erziehungsmaßnahmen nicht ausreichen« (Art. 86 Abs. 1 Satz 3 letzter Halbsatz BayEUG).

Art. 86 Abs. 1 BayEUG ermöglicht es, Ordnungsmaßnahmen zu verhängen. Es wird keine Verpflichtung ausgesprochen. Wenn der Gesetzgeber von »können« spricht, bedeutet dies jedoch nicht die Möglichkeit zu willkürlichen, insbesondere sachlich nicht begründeten Entscheidungen. Es muss der Grundsatz des pflichtgemäßen Ermessens berücksichtigt werden. Dies bedeutet, dass die Ordnungsmaßnahmen nur aufgrund der tatbestandlichen Voraussetzungen getroffen werden dürfen. Sachfremde Einwirkungen dürfen keine Bedeutung haben. Dies läge zum Beispiel vor, wenn eine Lehrkraft die soziale Herkunft eines Schülers zur Grundlage für eine Ordnungsmaßnahme heranzöge.

Außerschulisches Verhalten darf nur dann Anlass für Ordnungsmaßnahmen sein, wenn es die Verwirklichung der Aufgaben der Schule gefährdet (Art. 86 Abs. 3 Nr. 5 BayEUG). So hat das Verwaltungsgericht Düsseldorf die Androhung der Entlassung eines Schülers aufgrund von entwürdigenden Äußerungen über eine Lehrerin im Internet als rechtmäßig eingestuft.[1]

Insbesondere der belastende Charakter von Ordnungsmaßnahmen auf den Schüler verlangt in einem Rechtsstaat, dass die Maßnahmen eine gesetzliche Grundlage haben müssen. Dieser so genannte Gesetzesvorbehalt wird durch Art. 86 Abs. 3 BayEUG verdeutlicht.

Die Mehrzahl der Ordnungsmaßnahmen und der Sicherungsmaßnahmen hat den Charakter eines Verwaltungsaktes. Ausschlaggebend für die Einordnung einer Ordnungsmaßnahme ist die Frage, ob durch die Maßnahme die Rechte bzw. Pflichten des Schülers verändert wurden. Dies liegt nicht beim schriftlichen Verweis und beim verschärften Verweis vor. Die rechtliche Position des Schülers an der Schule wird nicht geändert. Ein Verwaltungsakt liegt dagegen z.B. bei einem Ausschluss aus der Schule vor.

Die Schüler haben natürlich in einem Rechtsstaat die Möglichkeit, sich gegen Erziehungsmaßnahmen und gegen Ordnungsmaßnahmen zu wehren. Bei den anderen Erziehungsmaßnahmen und dem schriftlichen Verweis können sich die Schüler beim betreffenden Lehrer beschweren. Es handelt sich dann um eine Gegenvorstellung. Darüber hinaus wäre eine Aufsichtsbeschwerde bei der zuständigen Aufsichtsbehörde möglich. Bei Maßnahmen, die Verwaltungsakte darstellen, wären **zusätzlich** der Widerspruch oder die Anfechtungsklage als Rechtsbehelfe die geeignete Gegenwehr. Damit ergibt sich jedoch nicht eine aufschiebende Wirkung, also den vorläufigen Nichtvollzug der verhängten Ordnungsmaßnahme.

Gegen den Ausschluss aus dem Unterricht für zwei bis vier Wochen könnte beispielsweise ein betroffener Schüler einer Fachoberschule entweder eine Gegenvorstellung beim Schul-

---

1 Schulverwaltung Landesausgabe Bayern: Verletzung von Persönlichkeitsrechten von Lehrkräften im Internet, 12/2008

leiter oder eine Aufsichtsbeschwerde beim Ministerialbeauftragten einlegen. Darüber hinaus kann der Schüler entweder Widerspruch einlegen oder eine Anfechtungsklage erheben. Damit wäre der Ausschluss vom Unterricht allerdings noch nicht unwirksam. Dies könnte sich erst durch die Gerichtsentscheidung ergeben. Das Verwaltungsgericht wird dabei nicht pädagogische Werturteile, die einen Beurteilungsspielraum beinhalten, aufheben.

Ordnungsmaßnahmen und andere Erziehungsmaßnahmen sind nebeneinander denkbar. Einem Schüler kann ein Verweis erteilt werden und zugleich kann ihm ein anderer Sitzplatz zugewiesen werden.

23.2.2 Einzelne Ordnungsmaßnahmen

Die in Art. 86 Abs. 2 BayEUG vorgegebenen Ordnungsmaßnahmen unterscheiden sich insbesondere in der Intensität, also der Wirkung und der Zuständigkeit. Weiterhin sind bestimmte Verfahrensvorschriften und Tatbestandsvoraussetzungen zu berücksichtigen. Die mildeste Ordnungsmaßnahme ist der schriftliche Verweis der Lehrkraft. Bereits bei dieser Ordnungsmaßnahme muss der Schüler Gelegenheit zur Äußerung zu geben.

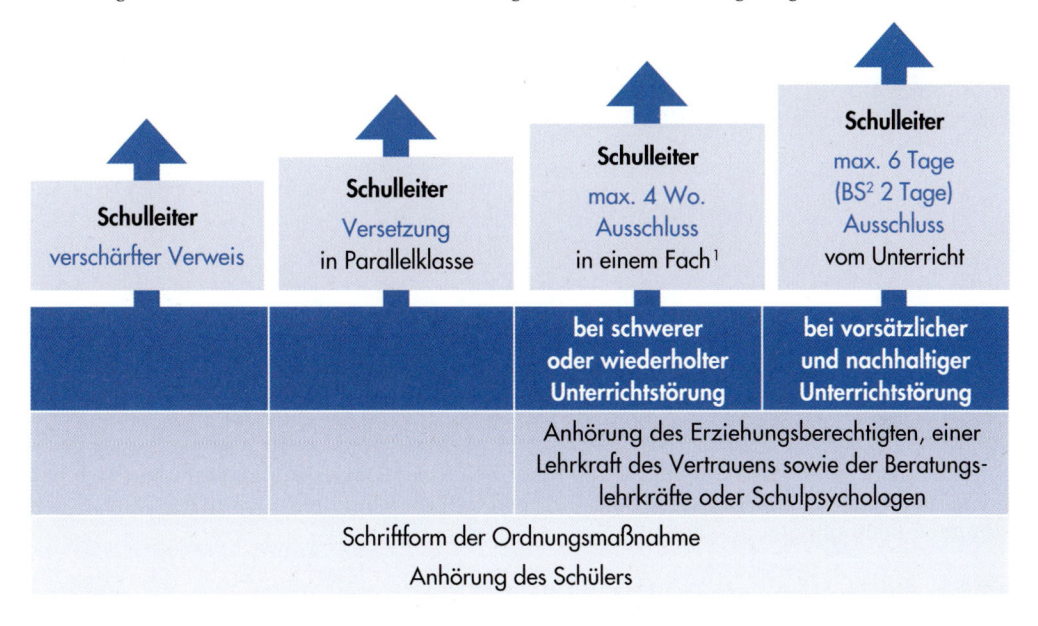

Schulleiter verschärfter Verweis	Schulleiter Versetzung in Parallelklasse	Schulleiter max. 4 Wo. Ausschluss in einem Fach[1]	Schulleiter max. 6 Tage (BS[2] 2 Tage) Ausschluss vom Unterricht
		bei schwerer oder wiederholter Unterrichtstörung	bei vorsätzlicher und nachhaltiger Unterrichtstörung
		Anhörung des Erziehungsberechtigten, einer Lehrkraft des Vertrauens sowie der Beratungslehrkräfte oder Schulpsychologen	
Schriftform der Ordnungsmaßnahme			
Anhörung des Schülers			

Ein berufsschulpflichtiger Auszubildender kann nicht über mehrere Wochen hinweg vom Unterricht ausgeschlossen werden. Auch eine Entlassung von der Schule ist bei diesem Personenkreis nicht möglich. Berufsschulpflichtige Personen ohne Ausbildungsverhältnis können dagegen durchaus von der Schule entlassen werden.

Statt der Lehrerkonferenz kann auch ein Disziplinarausschuss handeln. Ordnungsmaßnahmen gegen Heranwachsende sollen ab einer Versetzung in die Parallelklasse auch den früheren Erziehungsberechtigten mitgeteilt werden (Art. 88 Abs. 4 Nr. 3 BayEUG). Das Gebot zur vertrauensvollen Zusammenarbeit zwischen den Berufsschulen und den Ausbildenden (§ 24 Abs. 1 BSO) gebietet es den Berufsschulen Ordnungsmaßnahmen gegen Berufsschülern auch dem Ausbildungsbetrieb mitzuteilen (Art. 25 Abs. 1 BSO).

---

1 Es ist auch ein entsprechender Ausschluss von einer sonstigen Schulveranstaltung möglich.
2 Berufsschule

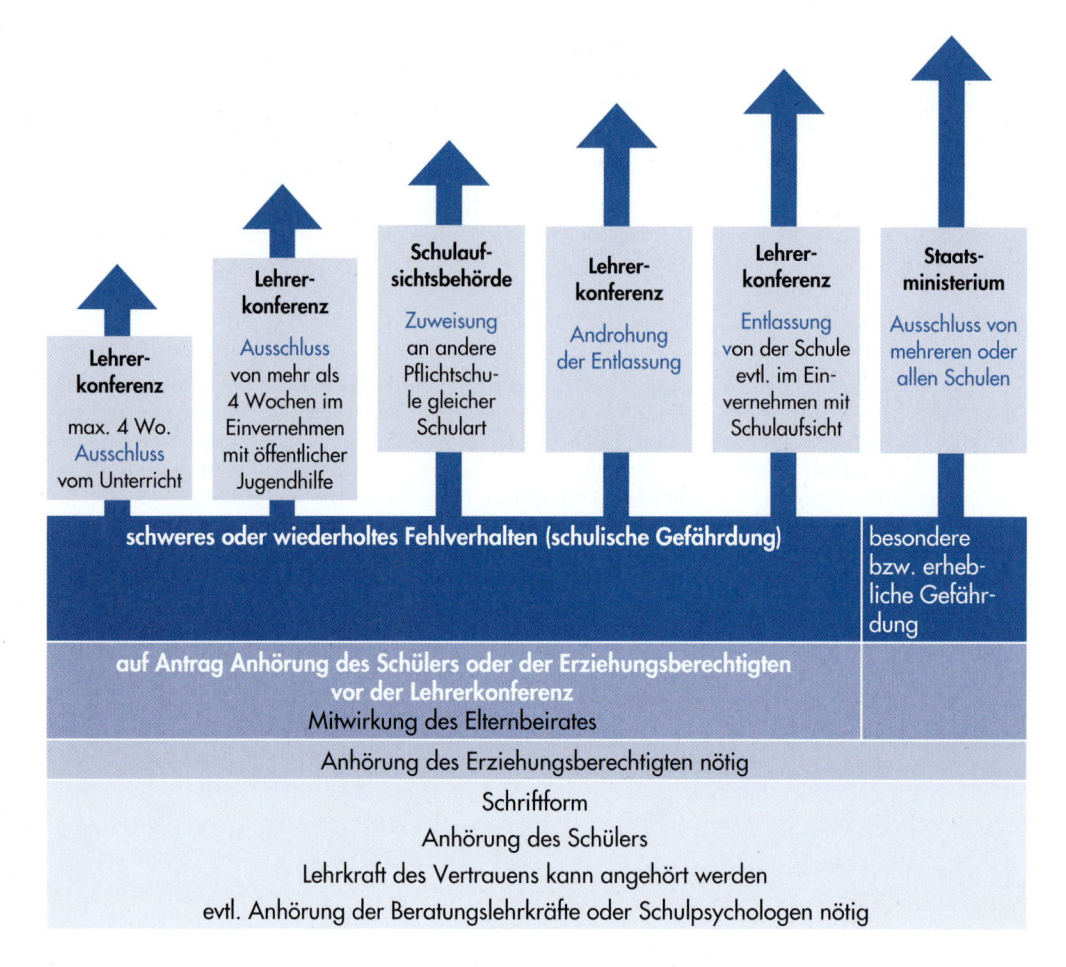

Erziehungs-, Ordnungs- und Sicherungsmaßnahmen

Lehrer-konferenz	Lehrer-konferenz	Schulauf-sichtsbehörde	Lehrer-konferenz	Lehrer-konferenz	Staats-ministerium
max. 4 Wo. Ausschluss vom Unterricht	Ausschluss von mehr als 4 Wochen im Einvernehmen mit öffentlicher Jugendhilfe	Zuweisung an andere Pflichtschule gleicher Schulart	Androhung der Entlassung	Entlassung von der Schule evtl. im Einvernehmen mit Schulaufsicht	Ausschluss von mehreren oder allen Schulen

schweres oder wiederholtes Fehlverhalten (schulische Gefährdung)	besondere bzw. erhebliche Gefährdung

auf Antrag Anhörung des Schülers oder der Erziehungsberechtigten vor der Lehrerkonferenz
Mitwirkung des Elternbeirates

Anhörung des Erziehungsberechtigten nötig

Schriftform
Anhörung des Schülers
Lehrkraft des Vertrauens kann angehört werden
evtl. Anhörung der Beratungslehrkräfte oder Schulpsychologen nötig

Eine Schülerin bzw. ein Schüler, der von einer Schule entlassen wurde, kann von anderen Schulen aufgenommen werden. In der früheren Schule kann die Aufnahme nur unter bestimmten Bedingungen geschehen.

23.2.3 Sicherungsmaßnahmen (Art. 87 BayEUG)

Wenn in erheblicher Weise das Leben und die Gesundheit der im Schulbereich befindlichen Personen gefährdet ist und die Gefahr nicht anders abwendbar ist, können Schülerinnen und Schüler auch bei bestehender Schulpflicht **vorläufig** vom Besuch der Schule ausgeschlossen werden. Die Entscheidung trifft der Schulleiter bzw. die Schulleiterin.

Sollte die Lehrerkonferenz z. B. einen Ausschluss gem. Art. 86 Abs. 7 Nr. 7 BayEUG aussprechen, endet der vorläufige Ausschluss des Schulleiters bzw. der Schulleiterin. Der Zeitraum des vorläufigen Ausschlusses wird angerechnet.

15-Jähriger verklagt Gymnasium

... Ein 15-jähriger Schüler aus dem Oberallgäu hat vor dem Verwaltungsgericht Augsburg das Gymnasium in Sonthofen verklagt – und Recht bekommen. Der damals 13-Jährige hatte den Schulbetrieb offenbar erheblich gestört, weshalb er in den Pausen vor dem Sekretariat zu sitzen hatte. Außerdem war er vier Wochen vom Unterricht ausgeschlossen worden und die Schule hatte ihm zudem angedroht, dass er das Gymnasium endgültig verlassen müsse. ... Der Schüler sei »sicher kein Lämmchen«, sagte Ivo Moll, Präsident des Verwaltungsgerichts, in der Verhandlung. ... Trotzdem seien die Sanktionen der Schule nicht rechtens, urteilte das Verwaltungsgericht. Das Sitzen vor dem Sekretariat sei soziale Isolation, ein Eingriff ins Persönlichkeitsrecht. Der Junge sei der Gefahr ausgesetzt gewesen, gehänselt zu werden. Der zweite Fall, die Androhung, dass er die Schule verlassen muss, sei wiederum hinfällig. Denn der Bub hat das Gymnasium verlassen und besucht inzwischen eine andere Schule. Und der dritte Punkt, der vierwöchige Ausschluss vom Unterricht, sei nicht statthaft. Denn diese Sanktion war zeitgleich mit der Androhung auf Schulverweis ausgesprochen worden – was nicht rechtens ist. ...

Augsburger Allgemeine

Wiederholung – Vertiefung

1. Welche Grundsätze müssen bei der Erteilung von Ordnungsmaßnahmen auf jeden Fall berücksichtigt werden?
2. Wie kann sich ein Schüler gegen einen Verweis wehren?
3. Muss ein Schulleiter, bevor er einen verschärften Verweis erteilt, den betroffenen Schüler persönlich anhören?
4. Ein Schüler initiiert in einem öffentlich zugänglichen Internetforum eine »Meinungsumfrage« zu einem namentlich genannten Lehrer. Es werden zum Teil negative Äußerungen über die Person und den Unterricht abgegeben. Der Schulleiter verhängt einen verschärften Verweis. Zulässig?
5. Eine Studienreferendarin in einer Realschule wird von einem Schüler der 10. Jahrgangsstufe in übelster Art und Weise beschimpft (obszöne Beleidigungen). Dem Schüler wurden bereits mehrere Ordnungsmaßnahmen erteilt. Der Disziplinarausschuss verhängt den Ausschluss vom Unterricht für knapp drei Wochen. Zulässig?
6. Der Sohn des örtlichen Sparkassendirektors stößt den Studienrat X mit Wucht an die Heizung. Der Schulleiter möchte keine Ordnungsmaßnahme verhängen. Rechtslage?

24 Schulentwicklung – Evaluation (Art. 113c BayEUG)

> Schule und Unterricht, aber auch dessen Ergebnisse müssen kontinuierlich analysiert, geprüft und weiterentwickelt werden. Diesem Ziel dienen sowohl die Instrumente der Qualitätssicherung als auch der Prozess der Schulentwicklung, von dem alle, Schüler, Lehrer und Eltern profitieren. Zu den Instrumenten der Qualitätssicherung gehören im Bereich der Schule die interne und externe Evaluation.
>
> *http://www.km.bayern.de/ministerium/schule-und-ausbildung/qualitaetssicherung-und-schulentwicklung.html* 23.07.2012

24.1 Das Konzept der Schulentwicklung

Die Rahmenbedingungen der Schule sind einer ständigen Veränderung unterworfen. Gesellschaft, Wirtschaft und Umwelt entwickeln sich, die Wissenschaft gewinnt neue Erkenntnisse. Auch die Schule muss Impulse an ihre Bezugssysteme geben. Somit kann es keinen Stillstand für die Schule geben. Aus dieser Einsicht hat sich das Konzept der Schulentwicklung ergeben.

Schulentwicklung bewegt sich in drei untereinander verbundenen Handlungsfeldern.

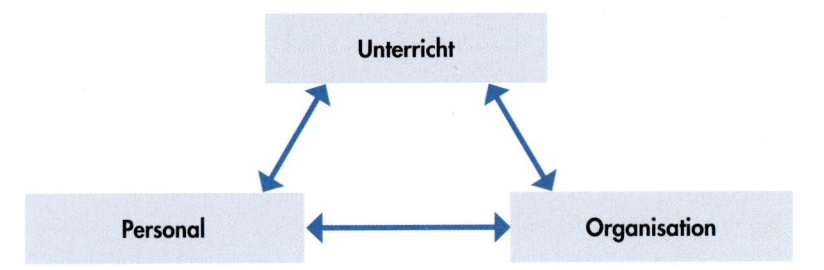

```
            Unterricht
           ↙        ↘
          ↗          ↖
    Personal  ←→  Organisation
```

Ihnen können ausgewählte Programmpunkte[1] des Schulentwicklungsprozesses seit dem Jahr 2000 zugeordnet werden:

- Im Schulforum kooperieren alle am Schulleben beteiligten Gruppen.
- Die Lehrkräfte verfügen über eine erweiterte Methodenkompetenz.
- Bayerns Schulen können bei der Auswahl der Lehrkräfte mitwirken.
- Die individuelle Förderung wird zur Kernaufgabe der Schule.
- Qualitätssicherung ist eine zentrale Aufgabe.

Mit der Forderung einer Qualitätssicherung ergab sich das Konzept der Evaluation, das an Bayerns Schulen seit dem Schuljahr 2005/2006 flächendeckend umgesetzt wird.

---

[1] Die nachfolgenden Programmpunkte entstammen den 12 Augsburger Thesen zur inneren Schulentwicklung aus dem Jahr 2000, den Leitlinien bayerischer Schulpolitik des Jahres 2003 und den fünf Thesen zur Qualitätsentwicklung aus dem Jahr 2005.

24.2 Evaluation

> Nur eine lernende Schule, d. h. eine Schule, die die Qualität ihrer Arbeit regelmäßig überprüft, die ihre Stärken und Schwächen kennt und die sich zum Wohle der ihr anvertrauten Schülerinnen und Schüler ständig weiterentwickelt, kann heutigen gesellschaftlichen Ansprüchen an eine gute Bildungseinrichtung gerecht werden. Evaluation ist daher für eine zeitgemäße Schule eine Notwendigkeit.
>
> *http://www.isb.bayern.de/isb/index.asp?MNav=8&QNav=17&TNav=0&INav=0*
> 27.07.2012

Die Forderung nach Qualitätskontrolle und Qualitätssicherung im bayerischen Schulwesen führte dazu, dass in Art. 113c BayEUG die Evaluation verpflichtend festgelegt wurde. Sie erfolgt in folgenden Formen:

- interne Evaluation
- externe Evaluation

Die interne Evaluation erfolgt durch die Schulen selbst und ist in ihrem Verfahren, den Inhalten und Kriterien nicht festgelegt. Externe Evaluation geschieht bei staatlichen Schulen durch die Schulaufsichtsbehörden, die dabei mit der Qualitätsagentur im Staatsinstitut für Schulpädagogik und Bildungsforschung (ISB) zusammenwirken. Die Schulaufsichtsbehörden setzen zur externen Evaluation Evaluationsgruppen ein, in denen auch externe Experten vertreten sind. Der Schulbesuch der Evaluationsgruppen dauert drei Tage. Kommunale Schulen können diese Form der externen Evaluation in Anspruch nehmen. Sie dürfen auch alternative Evaluationsformen wählen. Evaluation erfolgt wiederkehrend.

Eine externe Evaluation mündet in einen Evaluationsbericht der Evaluationsgruppe. Er enthält Empfehlungen, wenn ein Verbesserungsbedarf festgestellt wurde. Anschließend schließen die Schule und die Schulaufsichtsbehörde Zielvereinbarungen.

**Ziel- und Handlungsvereinbarungen
auf der Grundlage der externen Evaluation**

an der _____ Vierstellige Schulnummer

Zielvereinbarungssitzung am _____

Teilnehmer   Schule:_____   Schulaufsicht:_____

1. Ziel- und Handlungsvereinbarung

Auszug aus dem Formular des ISB zu den Zielvereinbarungen

Interne und externe Evaluation betrifft auch den Datenschutz. Personenbezogene Daten können ohne die Einwilligung der Betroffenen erhoben, verarbeitet und genutzt werden. Art. 113c Abs. 3 BayEUG enthält Regelungen, die die Interessen der Betroffenen berücksichtigen und schützen.

Schulentwicklung – Evaluation (Art. 113c BayEUG)

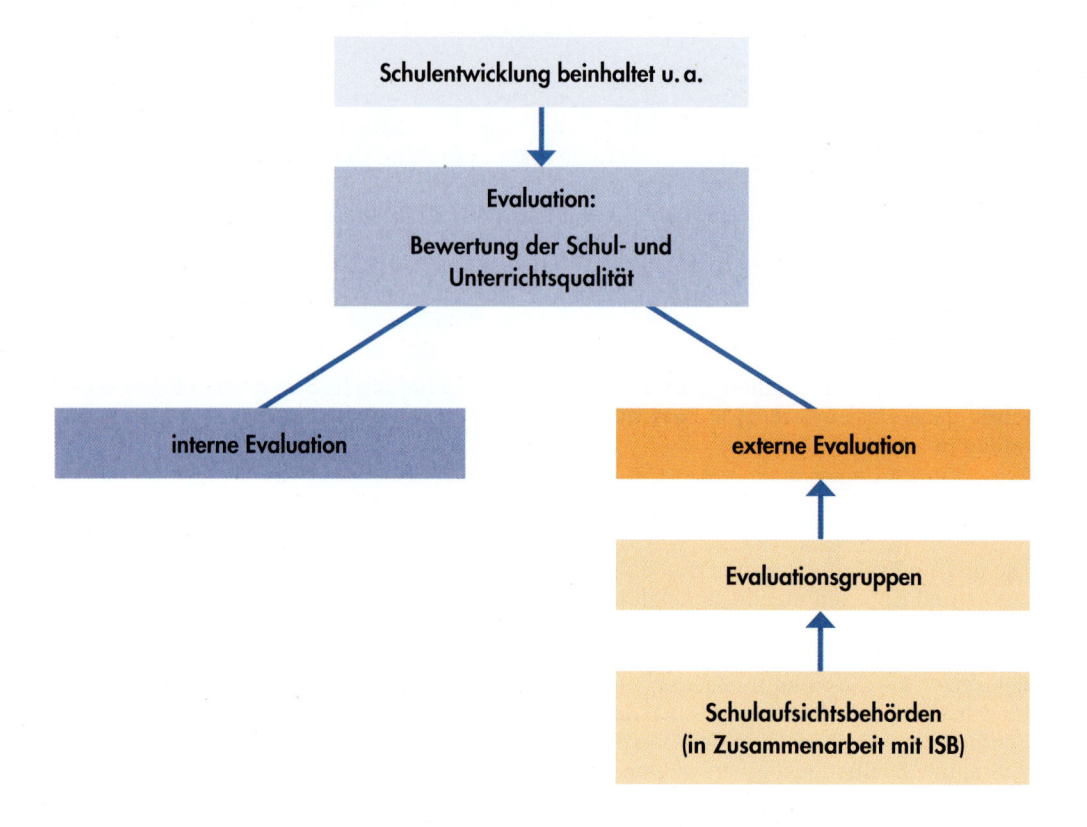

```
Schulentwicklung beinhaltet u. a.
              ↓
          Evaluation:
   Bewertung der Schul- und
       Unterrichtsqualität
        ↙            ↘
interne Evaluation    externe Evaluation
                           ↑
                   Evaluationsgruppen
                           ↑
                   Schulaufsichtsbehörden
                   (in Zusammenarbeit mit ISB)
```

Wiederholung – Vertiefung

1. Welchen Handlungsfeldern lassen sich die ausgewählten Programmpunkte aus dem Schulentwicklungsprozess zuordnen?
2. Worin sehen Sie die Begründung, dass in Evaluationsgruppen private Dritte beteiligt werden?
3. Worin sehen Sie die Begründung, dass die externe Evaluation die Mitwirkung des ISB vorsieht?
4. Welchen Status kann eine Schule über die externe Evaluation erlangen? (Hinweis: Art. 82 BayEUG)

25 Lernortkooperation

Das deutsche Berufsausbildungssystem unterhalb der Hochschulebene hat sich in drei große Sektoren mit jeweils eigenen institutionellen Ordnungen ausdifferenziert: das duale Ausbildungssystem aus betrieblicher und schulischer Unterweisung als quantitativ bedeutsamster Sektor, das Schulberufssystem mit seinem Schwerpunkt auf Ausbildung zu Dienstleistungsberufen und das Übergangssystem, das keine vollqualifizierende Ausbildung, sondern Kompetenzen unterschiedlicher Art vermittelt.

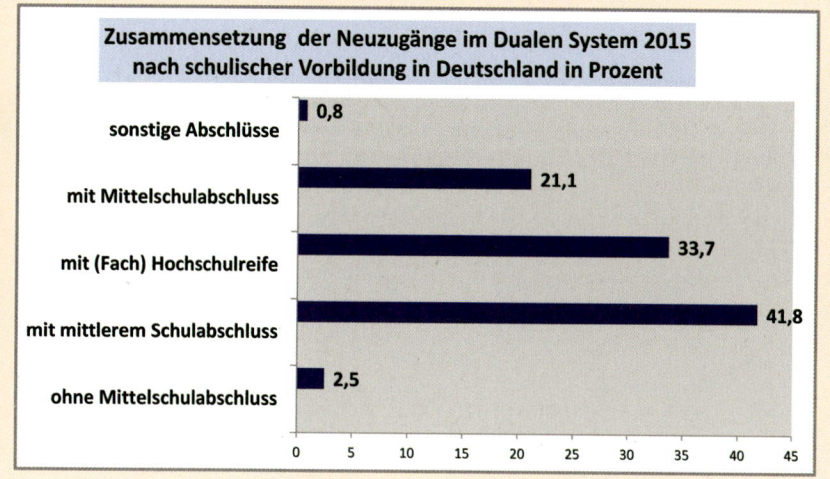

Zusammensetzung der Neuzugänge im Dualen System 2015 nach schulischer Vorbildung in Deutschland in Prozent

Schulische Vorbildung	Prozent
sonstige Abschlüsse	0,8
mit Mittelschulabschluss	21,1
mit (Fach) Hochschulreife	33,7
mit mittlerem Schulabschluss	41,8
ohne Mittelschulabschluss	2,5

Quelle: Deutscher Industrie- und Handelskammertag – http://www.dihk.de/themenfelder/aus-und-weiterbildung/ausbildung/ausbildungsstatistiken/zahlen-daten-fakten

25.1 Rechtsgrundlagen und Inhalte

Die Funktionsweise des dualen Ausbildungssystems ergibt zwangsläufig eine Kooperation zwischen den Lernorten Ausbildungsbetrieb und Berufsschule. Die Zusammenarbeit drückt sich auch in Vorschriften des Schulrechts und des Berufsbildungsrechts aus.

Art. 11 BayEUG

(1) Die Berufsschule ist eine Schule mit Teilzeit- und Vollzeitunterricht im Rahmen der beruflichen Ausbildung... Sie hat die Aufgabe, die Schülerinnen und Schüler in Abstimmung mit der betrieblichen Berufsausbildung oder unter Berücksichtigung ihrer beruflichen Tätigkeit beruflich zu bilden und zu erziehen und die allgemeine Bildung zu fördern.

> **§ 2 BBiG**
>
> (1) Berufsbildung wird durchgeführt
>
> 1. in Betrieben der Wirtschaft, in vergleichbaren Einrichtungen außerhalb der Wirtschaft, insbesondere des öffentlichen Dienstes, der Angehörigen freier Berufe und in Haushalten (betriebliche Berufsbildung),
> 2. in berufsbildenden Schulen (schulische Berufsbildung) und
> 3. in sonstigen Berufsbildungseinrichtungen außerhalb der schulischen und betrieblichen Berufsbildung (außerbetriebliche Berufsbildung).
>
> (2) Die Lernorte nach Absatz 1 wirken bei der Durchführung der Berufsbildung zusammen (Lernortkooperation)...

Die Unterrichtsinhalte der Schulen werden durch die Rahmenlehrpläne der Kultusministerkonferenz und den daraus abgeleiteten Lehrplanrichtlinien festgelegt. Die Ausbildungsinhalte der Betriebe legen die Ausbildungsordnungen fest. Sie ergeben sich aus § 5 BBiG und werden von der Bundesregierung[1] erlassen. Lehrplanrichtlinien[2] der Berufsschule entwickelt in Bayern das ISB als Institution des Staatsministeriums für Unterricht und Kultus.

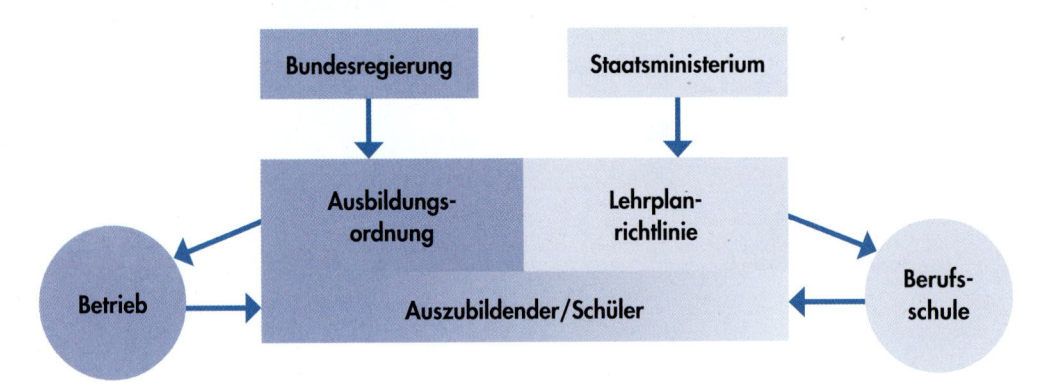

25.2 Kooperation durch den Ausbildenden

Der erste Schritt zu einer Kooperation mit der Berufsschule ergibt sich für den Ausbildenden mit der Verpflichtung den berufsschulpflichtigen Auszubildenden bei der zuständigen Berufsschule anzumelden (Art. 35 Abs. 4 Satz 2 BayEUG). Bei berufsschulberechtigten Auszubildenden muss der Ausbildungsbetrieb den Schulbesuch gestatten (Art. 40 Abs. 1 BayEUG). Die Bedeutung der Berufsschule unterstreichen § 14 Abs. 1 Nr. 4 BBiG und Art. 77 BayEUG: Der Ausbildungsbetrieb muss den Auszubildenden anhalten, die Berufsschule zu besuchen. Verstöße gegen diese Verpflichtungen können mit einer Geldbuße belegt werden (Art. 119 Abs. 1 Nr. 1, 3 BayEUG).

Ein gesetzlich nicht geregeltes Gebot zur Kooperation ergibt sich für den Ausbildenden dadurch, dass er die zeitliche Organisation des Berufsschulunterrichts akzeptieren muss. Er kann in gesetzlich festgelegten Fällen Anträge auf eine Beurlaubung des Auszubildenden vom Unterricht stellen (§ 34 Abs. 4 BSO).

---

1 Es handelt das jeweils zuständige Bundesministerium.
2 Im Gegensatz zu den Lehrplanrichtlinien mit Lernfeldern finden sich in der Berufsschule noch einige Lehrpläne mit Lerngebieten und Lernzielen.

Eine Kooperation indirekter Art bieten Ausbildungsbetriebe, indem sie Lehrkräften an Berufsschulen Betriebspraktika anbieten. Die gewonnenen Erkenntnisse können Lehrkräfte im Unterricht umsetzen.

25.3 Kooperation durch die Berufsschule

Das Schulrecht gebietet der Schule sowohl eine allgemeine als auch spezifische Verpflichtungen zur Zusammenarbeit mit den Ausbildungsbetrieben.

> **Art. 59 BayEUG**
>
> (3) Die Lehrkräfte erfüllen ihre Aufgaben im vertrauensvollen Zusammenwirken mit den Schülerinnen und Schülern und den Erziehungsberechtigten, bei den beruflichen Schulen außerdem mit den Ausbildenden, den Arbeitgebern und den Arbeitnehmervertretern und Arbeitnehmervertreterinnen der von ihnen unterrichteten Schülerinnen und Schüler.
>
> **§ 24 BSO**
>
> 1) Die Berufsschulen wirken im Rahmen ihrer Zuständigkeit mit den Ausbildenden, den Arbeitgeberinnen und Arbeitgebern und den Arbeitnehmervertreterinnen und Arbeitnehmervertretern der jeweiligen Ausbildungsbetriebe vertrauensvoll zusammen. Mindestens für jedes Schulhalbjahr werden den Ausbildungsbetrieben auf Antrag über die Schülerinnen oder Schüler die Themenbereiche für die einzelnen Fächer übermittelt. Auf Einladung soll die Berufsschule Vertreter zu Versammlungen der örtlichen oder regionalen Gremien der Ausbildungsbetriebe entsenden...

Das vertrauensvolle Zusammenwirken gewährleisten die Berufsschulen unter anderem mit dem Ausbildersprechtag und einer evtl. wöchentlichen Sprechstunde. Eine ausgeprägte inhaltliche Koordination wird durch die Vorschrift des § 24 Abs. 1 Satz 2 BSO ermöglicht.

Das Ausbildungsverhältnis zwischen Ausbildenden und Auszubildenden verpflichtet die Schule in ausgewählten Fällen zur Information über den Schüler, wie dies nur den Erziehungsberechtigten gegenüber besteht:

- Information über ein auffallendes Absinken der Leistungen und sonstige wesentliche den Schüler betreffenden Vorgänge (§ 6 Abs. 3 LDO)
- Mitteilung der Ordnungsmaßnahmen (25 Abs. 1 BSO)
- Mitteilungen über Befreiungen
- Überlassung von schriftlichen Leistungsnachweisen zur Kenntnisnahme, falls dies beantragt wird (§ 12 Abs. 5 BSO)

Diese Informationspflichten der Berufsschule gelten auch für volljährige Schüler. § 14 Abs. 4 LDO entbindet die Lehrkraft ausdrücklich von ihrer Verschwiegenheitspflicht, wenn sie ihrer Auskunftspflicht über den Berufsschüler gegenüber dessen Ausbildenden nachkommt. Zeugnisse der Berufsschule sehen eine Kenntnisnahme des Ausbildenden vor. Bei Regelungen von Gastschulverhältnissen werden Ausbildungsbetriebe **nicht** beteiligt (Art. 43 Abs. 5 BayEUG).

25.4 Weitere Kooperationsfelder

Für die Berufsbildung hat das BBiG »zuständige Stellen« festgelegt. Dies sind zum Beispiel die Handwerkskammern, die Industrie- und Handelskammern, die Ärztekammer. Sie errichten unter anderem zur Abnahme der Abschlussprüfungen Prüfungsausschüsse. Hier wirken

Lehrkräfte beruflicher Schulen, Arbeitgebervertreter und Arbeitnehmervertreter zusammen. Die zuständige Stelle bildet auch den Berufsbildungsausschuss, der über alle wichtigen Angelegenheiten der beruflichen Bildung zu unterrichten und anzuhören ist. In ihm sind Lehrkräfte beruflicher Schulen sowie Beauftragte der Arbeitgeber und Arbeitnehmer paritätisch vertreten.

Ein Zusammenwirken der Berufsschule und der zuständigen Stelle ist bei der Vergabe des Abschlusszeugnisses erkenntlich:

> **§ 18 BSO**
> (2) Schülerinnen und Schüler ... erhalten, sofern sie nicht bereits wenigstens einen mittleren Schulabschluss (Art. 25 BayEUG) besitzen, von Amts wegen folgende Eintragung in das Abschlusszeugnis: »Dieses Zeugnis verleiht in Verbindung mit dem Nachweis einer erfolgreich abgeschlossenen Berufsausbildung mit einer Regelausbildungsdauer von mindestens zwei Jahren den mittleren Schulabschluss« ...

Den geforderte Nachweis einer erfolgreich abgeschlossenen Berufsausbildung erteilt die zuständige Stelle mit dem Zeugnis der Abschlussprüfung. In ihm kann auf Antrag der Auszubildenden das Ergebnis berufsschulischer Leistungsfeststellungen ausgewiesen werden (§ 25 Abs. 1 Nr. 3 BSO).

Ein Kooperationsfeld zwischen Lehrkräften, Arbeitgebern, Arbeitnehmer und Vertretern der zuständigen Stellen kann sich im Berufsschulbeirat ergeben, in dem die Kooperationspartner vertreten sind.

Wiederholung – Vertiefung

1. Welche Lernorte nennt das Berufsbildungsgesetz?
2. Worin liegt der Zusammenhang zwischen der Beurlaubungspflicht gemäß § 11 Abs. 1 BSO und der Lernortkooperation?
3. Ein Ausbildungsbetrieb möchte von seinem Auszubildenden, der die Hochschulreife besitzt, dass er nicht am Berufsschulunterricht teilnimmt, sondern dafür im Betrieb arbeitet. Rechtslage?
4. Erkundigen Sie sich, wie der Dienstherr ein Betriebspraktikum einer Lehrkraft bewerten kann.
5. Recherchieren Sie die Ausbildungsordnung zu einem der Ausbildungsberufe Ihrer Schüler und vergleichen das Ausbildungsberufsbild mit der entsprechenden Lehrplanrichtlinie (bzw. Lehrplan).
6. Bewerten Sie die Mitteilungsregelung der Berufsschule über einen Verweis gegenüber einem 21-jährigen Auszubildenden.
7. Inwieweit ist eine Beteiligung der außerschulischen Kooperationspartner in der Berufsbildung bei der Errichtung oder Auflösung von öffentlichen Schulen vorgesehen (Hinweis BayEUG)?
8. Ein Ausbildungsbetrieb beantragt ein Gastschulverhältnis für seinen Auszubildenden? Rechtslage?
9. Sowohl das Zeugnis der zuständigen Stelle als auch das Abschlusszeugnis der Berufsschule kann sich im Zeugnistext auf weitere Leistungen beziehen. Worin liegen Unterschiede?
10. Welche Schularten des beruflichen Schulwesens lassen sich im Eingangstext den genannten Sektoren zuweisen?

Teil 2:
Beamten- und Tarifrecht

1 Beamtenrecht

Vereidigung von Studienreferendaren/innen

Fall 1

Die Lehrkräfte A, B und C werden zum Schulleiter einbestellt.

- A wird vereidigt.
- B wird in die Funktion eines Seminarlehrers eingewiesen.
- C wird zum Studiendirektor ernannt.

Beschreiben Sie, welche beamtenrechtlichen Konsequenzen jeweils mit dieser Maßnahme verbunden sind!

1.1 Grundsätze des Berufsbeamtentums

Durch das Grundgesetz ist festgelegt, dass die Ausübung hoheitsrechtlicher Befugnisse in der Regel den Angehörigen des öffentlichen Dienstes übertragen ist, die in einem öffentlich-rechtlichen Dienst- und Treueverhältnis stehen (Art. 33 Absatz 4 GG). Hiermit ist die Gruppe der Beamten gemeint. Daneben werden die Aufgaben des öffentlichen Dienstes auch durch Tarifbeschäftigte wahrgenommen.

Das Grundgesetz definiert nicht, was „hoheitsrechtliche Befugnisse" sind. Dieser sogenannte Funktionsvorbehalt des Artikel 33 Absatz 4 GG wird deshalb nicht als starre Abgrenzung für die Wahrnehmung hoheitlicher Befugnisse durch Beamte verstanden. Das Berufsbeamtentum soll, gegründet auf Sachwissen, fachliche Leistung und loyale Pflichterfüllung, eine stabile Verwaltung sichern und die kontinuierliche Erfüllung wesentlicher Aufgaben gewährleisten. Vor allem in den Kernbereichen der Verwaltung, insbesondere in Leitungsfunktionen sowie in Verwaltungsbereichen mit hoheitlichen Befugnissen (Polizei, Feuerwehr, Justizvollzug, Finanzverwaltung), aber auch in vielen Bereichen der Leistungsverwaltung sind Beamte eingesetzt. Im Gesundheitswesen, bei den Sozialdiensten und in den technischen Berufen sind überwiegend Tarifbeschäftigte zu finden.

Das von der Verfassung in Artikel 33 Absatz 4 GG vorgegebene Regel-Ausnahme-Verhältnis führt dazu, dass die funktionale Abgrenzung zwischen dem Beamtenstatus und dem Verhältnis der Tarifbeschäftigten in der Praxis fließend ist Jeder Dienstherr hat hier Gestaltungsspielraum und entscheidet selbstständig über den Einsatz von Beamten oder Tarifbeschäftigten.

Die Rechtsstellung der Beamten wird durch Rechtsnormen (Gesetze und Verordnungen) bestimmt. Es ist dem Deutschen Bundestag vorbehalten, die Pflichten und Rechte sowie die Besoldung und Versorgung durch Gesetz zu bestimmen.

Ebenso wie das Beamtenverhältnis ist das Richter- und Soldatenverhältnis ein durch Gesetz geregeltes öffentlich-rechtliches Dienstverhältnis. Für diese Rechtsverhältnisse finden eigenständige Gesetze (Deutsches Richtergesetz und Gesetz über die Rechtsstellung der Soldaten) Anwendung.

Art. 33 GG

(5) Das Recht des öffentlichen Dienstes ist unter Berücksichtigung der hergebrachten Grundsätze des Berufsbeamtentums zu regeln und fortzuentwickeln.

Lehrer wird nicht als Beamter eingestellt

Das Verwaltungsgericht hat nach gestriger Verhandlung die Klage des Bewerbers auf Einstellung in das Beamtenverhältnis auf Probe abgewiesen (Az. M 5 K 10.2856). Die mündliche Verhandlung hat gezeigt, dass der Kläger der Ideologie der Muslimbruderschaft und der Islamischen Gemeinde in Deutschland (IGD) nahesteht. Eine nach außen erkennbare Distanzierung von der gegen die freiheitlich-demokratische Grundordnung gerichteten Ideologie dieser Gruppierungen hat das Gericht durch den Kläger nicht erkennen können. Dieser Eindruck wird auch dadurch unterstrichen, dass der Kläger radikale Texte – wenn auch wenige – auf seinem Computer gespeichert und in ihrer Diktion radikal gefärbte Texte selbst entworfen hatte.

Bayerisches Verwaltungsgericht München, Pressemitteilung, 12.01.2011

Zu den hergebrachten Grundsätzen des Berufsbeamtentums zählen u.a.:
- die Ausgestaltung des Beamtenverhältnisses als öffentlich-rechtliches Dienst- und Treueverhältnis,
- die grundsätzliche Anstellung auf Lebenszeit,
- das Laufbahnprinzip,
- das Leistungsprinzip,
- das Alimentationsprinzip,
- der Grundsatz der funktionsgerechten Besoldung,
- das achtungs- und vertrauenswürdige Verhalten,
- die volle Hingabe an den Beruf,
- die Residenzpflicht,

- die Neutralitätspflicht der Beamten sowie die unparteiische Amtsführung,
- Eintreten für die freiheitliche demokratische Grundordnung,
- die Amtsverschwiegenheit,
- das Streikverbot,
- das Recht auf Beamtenvertretungen,
- das Recht auf Einsicht in die eigene Personalakte,
- der gerichtliche Rechtsschutz (Beamte sind über Beschwerden und Behauptungen tatsächlicher Art zu hören, es ist ihnen der Beschwerdeweg einzuräumen),
- die Fürsorgepflicht des Dienstherrn,
- der Anspruch auf eine amtsangemessene Amtsbezeichnung.

1.2 Gesetzliche Formvorgaben

Ein Kennzeichen für das Beamtenrecht ist die vom Beamtengesetz vorgegebene Formalisierung. In § 8 Beamtenstatusgesetz (BeamtStG) sind die Maßnahmen – für die dieser Formalakt zwingend erforderlich ist – abschließend festgelegt.

> **§ 8 BeamtStG**
>
> (1) Einer Ernennung bedarf es zur
>   1. Begründung des Beamtenverhältnisses,
>   2. Umwandlung des Beamtenverhältnisses in ein solches anderer Art (§ 4),
>   3. Verleihung eines anderen Amtes mit anderem Grundgehalt oder
>   4. Verleihung eines anderen Amtes mit anderer Amtsbezeichnung, soweit das Landesrecht dies bestimmt.
>
> (2) Die Ernennung erfolgt durch Aushändigung einer Ernennungsurkunde. In der Urkunde müssen enthalten sein
>   1. bei der Begründung des Beamtenverhältnisses die Wörter »unter Berufung in das Beamtenverhältnis« mit dem die Art des Beamtenverhältnisses bestimmenden Zusatz »auf Lebenszeit«, »auf Probe«, »auf Widerruf«, »als Ehrenbeamtin« oder »als Ehrenbeamter« oder »auf Zeit« mit der Angabe der Zeitdauer der Berufung,
>   2. bei der Umwandlung des Beamtenverhältnisses in ein solches anderer Art die diese Art bestimmenden Wörter nach Nummer 1 und
>   3. bei der Verleihung eines Amtes die Amtsbezeichnung.
>
> (3) Mit der Begründung eines Beamtenverhältnisses auf Probe, auf Lebenszeit und auf Zeit wird gleichzeitig ein Amt verliehen.
>
> (4) Eine Ernennung auf einen zurückliegenden Zeitpunkt ist unzulässig und insoweit unwirksam.

Zu **Fall 1**:

A: Durch die Vereidigung auf die Verfassung wird das Beamtenverhältnis begründet. Die Ernennung des Beamten ist nur förmlich in den gesetzlich vorgeschriebenen Verfahren und Formvorschriften durch Verwaltungsakt möglich.

B: Mit der Einweisung in die Funktion einer Seminarlehrerin werden die damit verbundenen dienstlichen Aufgaben zugewiesen und sie ist die Voraussetzung für eine spätere Übertragung des höherwertigen Amtes.

C: In der Ernennungsurkunde ist die Amtsbezeichnung des verliehenen Amts anzugeben. Die Amtsbezeichnung »Studiendirektor« ergibt sich aus den Besoldungsordnungen in der jeweils gültigen Fassung oder den Laufbahnverordnungen.

1.3 Treue und Fürsorge

> **§ 3 BeamtStG**
>
> (1) Beamtinnen und Beamte stehen zu ihrem Dienstherrn in einem öffentlich-rechtlichen Dienst- und Treueverhältnis (Beamtenverhältnis).
>
> **§ 45 BeamtStG**
>
> Der Dienstherr hat im Rahmen des Dienst- und Treueverhältnisses für das Wohl der Beamtinnen und Beamten und ihrer Familien, auch für die Zeit nach Beendigung des Beamtenverhältnisses, zu sorgen.
> Er schützt die Beamtinnen und Beamten bei ihrer amtlichen Tätigkeit und in ihrer Stellung.

Daraus ließen sich Ansprüche gegen den Dienstherrn theoretisch grenzenlos begründen.

Allerdings setzt der Gesetzgeber durch einzelne Leistungsgesetze enge Grenzen, da mit den Fürsorgeleistungen das Geld des Steuerzahlers ausgegeben wird und dieser mit Unverständnis reagieren würde, wenn Beamte gegenüber den anderen Arbeitnehmern zu sehr privilegiert würden.

Die Fürsorgepflicht beinhaltet insbesondere den Arbeits- und Gesundheitsschutz. Aus dem Grundsatz der Fürsorge insgesamt lassen sich keine unmittelbaren Ansprüche auf finanzielle Leistungen herleiten.

Beispiele für eine berechtigte Fürsorge des Dienstherrn:

- Lehrer U wird in einem Forum im Internet beschuldigt, Schülerinnen und Schüler körperlich zu züchtigen und beende den Unterricht regelmäßig verfrüht.

  U will daher straf- und zivilrechtlich (mit einer Verleumdungsklage und Entfernen der Inhalte aus dem Internet) gegen die Schüler bzw. die Erziehungsberechtigten vorgehen.

- Es ist auch fürsorglich, ältere Lehrkräfte mit einer geringeren Unterrichtspflichtzeit durch die Gewährung von »Altersermäßigungsstunden« zu entlasten.

1.4 Alimentationsprinzip

Das Alimentationsprinzip zählt zu den hergebrachten Grundsätzen des Berufsbeamtentums (vgl. Art. 33 Abs. 5 GG). Es bezeichnet die Verpflichtung des Dienstherren, Beamten während des aktiven Dienstes, bei Krankheit und Dienstunfähigkeit, sowie nach dem Ausscheiden aus dem aktiven Dienst wegen Erreichen der gesetzlichen Altersgrenze einen amtsangemessenen Lebensunterhalt zu gewähren.

Das Alimentationsprinzip umfasst auch den Anspruch auf Beihilfe im Krankheitsfall für den Beamten und seine Familienangehörigen.

Die Beamten sind keine Arbeitnehmer und erhalten daher kein Entgelt für geleistete Arbeit. So basiert die Tätigkeit des Beamten nicht auf einen Arbeitsvertrag, sondern auf einen Verwaltungsakt, der sog. »Ernennung«, in Verbindung mit dem öffentlich-rechtlichen

Dienstverhältnis. Die Alimentation begründet sich aus dem Treueverhältnis des Beamten gegenüber seinem Dienstherrn und soll ihm eine angemessene Amtsführung in wirtschaftlicher Unabhängigkeit ermöglichen. Der Lebensunterhalt des Beamten und seiner Familie soll dabei auf das Amt bezogen und angemessen sein.

Der Staat hat jedoch einen großen Spielraum bei der Beurteilung der Angemessenheit der Bezüge, sofern die erforderliche Ausbildung vorhanden ist. Außerdem muss nach der Rechtsprechung des Bundesverfassungsgerichts das Alimentationsprinzip die aktuellen Zeitverhältnisse berücksichtigen.

Zuletzt hat z. B. das BVerfG mit Urteil vom 20. März 2007 – 2 BvL 11/04 – den Dreijahreszeitraum nach einer Verleihung eines höheren Amtes (Beförderung etc.) mit Blick auf die Höhe der Bezüge im Ruhestand als Verstoß gegen den Alimentationsgrundsatz für verfassungswidrig erklärt. Es gilt weiterhin ein Mindestzeitraum von zwei Jahren als »Wartezeit«.

1.5 Das bayerische Dienstrecht

Die über Jahrzehnte geltenden – bundeseinheitlichen – dienstrechtlichen Vorgaben sind mit Wirkung vom 01.01.2011 durch das bayerische Dienstrecht abgelöst worden. Die wesentlichen Änderungen sind im Folgenden dargestellt.

Laufbahnrecht

Das Gesetz über die Leistungslaufbahn und die Fachlaufbahnen der bayerischen Beamten und Beamtinnen ist an die Stelle der bisherigen laufbahnrechtlichen Normen im BayBG und der Laufbahnverordnung getreten.

Die vier Laufbahngruppen des einfachen, mittleren, gehobenen und höheren Dienstes wurden durch eine durchgehende Leistungslaufbahn ersetzt, in die entsprechend dem Schul- und Hochschulrecht nach Vor- und Ausbildung sowie gegebenenfalls unter Berücksichtigung beruflicher Leistungen in vier Qualifikationsebenen eingestiegen wird. Der Gesetzgeber hat darüber hinaus durch modulare Qualifizierung die Möglichkeit einer »Aufstiegsqualifizierung« eröffnet.

seit 01.01.2011	bis 31.12.2010	Besoldung
4. QE	Höherer Dienst	A 13 bis A 16
3. QE	Gehobener Dienst	A 9 bis A 12
2. QE	Mittlerer Dienst	A 6 bis A 8
1. QE	Einfacher Dienst	A 3 bis A 5

Probezeit

Die Probezeit beträgt einheitlich zwei Jahre. Nach der Hälfte der regelmäßigen Probezeit erfolgt eine Einschätzung, ob die Probezeit voraussichtlich erfolgreich abgeschlossen werden kann.

Kann die Bewährung bis zum Ablauf der regelmäßigen Probezeit nicht festgestellt werden, so ist das Gesamturteil »noch nicht geeignet« zu erteilen und die Probezeit ist um 1 Jahr zu verlängern. Bei einer »im ersten Fünftel« des Prüfungsjahrgangs liegenden Platzziffer und einer erheblich über dem Durchschnitt liegenden Probezeitbeurteilung ist eine Abkürzung der Probezeit auf 18 Monate möglich.

Weitere wesentliche Änderungen

- Erhöhung des berücksichtigungsfähigen Umfangs von Kindererziehungszeiten von zwei auf drei Jahre pro Kind; bei Kindern, die vor dem 1. Januar 2011 geboren sind, bedarf es eines Antrags, der bei der jeweils zuständigen personalverwaltenden Dienststelle zu stellen ist.
- Vorverlegung des allgemeinen Dienstzeitbeginns um förderliche hauptberufliche Tätigkeiten im öffentlichen Dienst nach dem Erwerb der Qualifikation für eine Fachlaubahn.
- Vorverlegung des allgemeinen Dienstzeitbeginns um Zeiten des freiwilligen sozialen beziehungsweise ökologischen Jahres (im Umfang der Dauer des ersetzten Grundwehrdienstes).

Dienstliche Beurteilung und Leistungsfeststellung

Rechtsgrundlagen:
- Leistungslaufbahngesetz (LIBG) Art. 64 Satz 1 i. V. mit Art. 56 Abs. 3 Satz 2
- KMBek vom 07.09.2011, geändert durch KMBek vom 15.07.2015

- Für den Kultusbereich:
  Beurteilungssystem mit sieben Beurteilungsprädikaten („Schulbereich")
  (HQ – BG – UB – VE – HM – MA – IU)
- Erstmalig Regelung der Leistungsfeststellung für das Vorrücken in den Stufen des Grundgehalts und die Leistungsstufe
- Regelmäßige Kombination der Leistungsfeststellung mit periodischer Beurteilung; Leistungsfeststellung basiert ausschließlich auf Leistungsteil der periodischen Beurteilung
- Rechtzeitiger Hinweis auf Leistungsmängel vor »Stufenstopp« erforderlich
- Bei »Stufenstopp« jährliche Überprüfung

Wiederholung – Vertiefung

1. Aus welchem Grund gibt es gesetzliche Formenvorgaben im Beamtenrecht?
2. Begründen Sie, warum sich aus der Fürsorgepflicht (§ 45 BeamtStG) die Übernahme der Kosten für einen Rechtsanwalt herleiten lässt, wenn ein beamteter Lehrer auf einer Fahrt zu einer Fortbildungsveranstaltung in einen Unfall verwickelt wird?
3. Stellen Sie dar, welche Voraussetzungen vorliegen müssen, damit eine Kürzung der Probezeit in Frage kommt.
4. Stellen Sie dar, welche Folgen eine verspätete Übergabe der Ernennungsurkunde hat.
5. Recherchieren Sie im Internet zur Thematik »Mindestversorgung« nach den Vorgaben des Bayerischen Beamtenversorgungsgesetzes (BayBeamtVG).
   Ab welchem Zeitpunkt würden Sie bei Dienstunfähigkeit in Anwendung des Alimentationsprinzips eine »Mindestversorgung« erhalten?

2 Tarifrecht

2.1 Regelung durch Tarifvertrag

Das Beschäftigungsverhältnis der Tarifbeschäftigten im öffentlichen Dienst beruht auf einem privatrechtlichen Arbeitsvertrag. Hierfür gilt – wie für alle Arbeitnehmer in Deutschland – das allgemeine Arbeitsrecht. Die wesentlichen Arbeitsbedingungen sind jedoch in Tarifverträgen niedergelegt, die zwischen den öffentlichen Arbeitgebern (Bund/Länder/Gemeinden) und den zuständigen Gewerkschaften ausgehandelt werden.

Die Beschäftigung im privatrechtlichen Arbeitsverhältnis ist eine im Vergleich zum Beamtenverhältnis gleichwertige Position. Gleichwohl bestehen zwischen den beiden Statusgruppen neben dem durch Art. 33 Abs. 4 GG festgelegten Funktionsvorbehalt wesentliche Unterschiede. Hervorzuheben ist insbesondere, dass die Pflichten, die die Treuebindung der Beamten ausfüllen, nur für die Beamtenverhältnisse gelten. Im Gegensatz dazu gibt es funktionsbezogene Pflichten für Tarifbeschäftigte aus dem Arbeitsverhältnis und den Tarifverträgen. Nur für Beschäftigte im Beamtenverhältnis gilt das Streikverbot als Ausdruck der besonderen Treuepflicht. Damit wird sichergestellt, dass die Kernaufgaben der öffentlichen Verwaltung zu jeder Zeit und zuverlässig erfüllt werden. Wie in der Privatwirtschaft werden Tarifbeschäftigte des öffentlichen Dienstes auf der Grundlage eines privatrechtlichen Arbeitsvertrages beschäftigt. Dieser Arbeitsvertrag unterliegt den allgemeinen Regeln des deutschen Arbeitsrechts und den spezifischen Regelungen der einschlägigen Tarifverträge. Das Tarifrecht des öffentlichen Dienstes regelt nahezu alle wesentlichen Arbeitsbedingungen abschließend.

Über 40 Jahre war das Tarifrecht für den öffentlichen Dienst, also die Regelung der Einkommens- und Beschäftigungsbedingungen, hauptsächlich im Bundesangestellten-Tarifvertrag (BAT) festgelegt.

Die allgemeinen Regelungen des BAT wurden durch folgende allgemeine Tarifverträge ersetzt:

- TVöD (TVÜ-Bund): seit 01.10.2005 für Beschäftigte des Bundes und der kommunalen Arbeitgeber
- TV-L (TVÜ-Länder): seit 01.11.2006 für Beschäftigte der Länder

Für den öffentlichen Dienst werden die Tarifverträge zwischen den öffentlichen Arbeitgebern auf der einen Seite und den im öffentlichen Dienst vertretenen Gewerkschaften auf der anderen Seite ausgehandelt.

- Die Länder schließen als Arbeitgeber eigene Tarifverträge mit den Gewerkschaften. Sie werden dabei vertreten durch ihren Arbeitgeberverband, die Tarifgemeinschaft deutscher Länder (TdL), deren gewählter Vorsitz in der Regel der Finanzminister eines Landes ist. Lediglich Hessen ist derzeit nicht Mitglied dieses Verbandes.
- Der Kommunaldienst wird durch einen Arbeitgeberdachverband auf Bundesebene repräsentiert – Vereinigung der kommunalen Arbeitgeberverbände (VKA). Die Mitgliedsverbände sind auf Landesebene organisiert und setzen sich aus den kommunalen Gebietskörperschaften (Gemeinden, Städte, Kreise) sowie kommunalen beziehungsweise kommunal beeinflussten Unternehmen (zum Beispiel: Krankenhäusern, Flughäfen und Sparkassen) zusammen.

Zu den großen im öffentlichen Dienst vertretenen Gewerkschaften zählen:

- dbb beamtenbund und tarifunion

und

- ver.di – Vereinte Dienstleistungsgewerkschaft.

Unter den am 1. Oktober 2005 in Kraft getretenen Tarifvertrag für den öffentlichen Dienst (TVöD) fallen alle Tarifbeschäftigten des Bundes sowie der Kommunen und ihrer Einrichtungen, die einem Mitgliedsverband der VKA auf Landesebene angehören. Für die Tarifbeschäftigten der Länder – bis auf Hessen – gelten der am 1. November 2006 in Kraft getretene Tarifvertrag für den öffentlichen Dienst der Länder (TV-L).

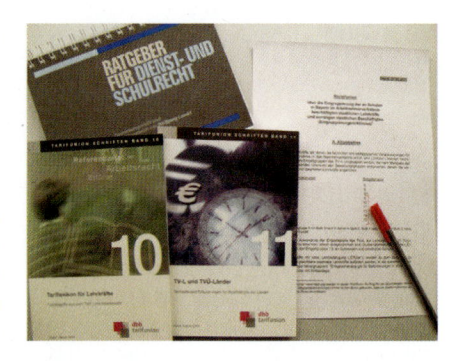

2.2 Pflichten und Rechte

Die Tarifbeschäftigten im öffentlichen Dienst haben grundsätzlich die gleichen Pflichten und Rechte im Rahmen ihres Arbeitsverhältnisses wie die Arbeitnehmer in der Privatwirtschaft.

Neben der Arbeitspflicht als Hauptpflicht gibt es eine Reihe von Nebenpflichten (zum Beispiel die Verschwiegenheitspflicht oder die Verpflichtung, Konkurrenz zu unterlassen). Darüber hinaus besteht für Tarifbeschäftigte des Bundes und anderer Arbeitgeber, in deren Aufgabenbereich auch hoheitliche Aufgaben wahrgenommen werden, eine politische Treuepflicht. Darunter versteht man ein durch das gesamte Verhalten dokumentiertes Bekenntnis zu den verfassungsmäßigen Grundprinzipien der Bundesrepublik Deutschland. Der Umfang dieser politischen Treuepflicht ist jedoch abhängig von der wahrgenommenen Funktion, sodass sich die Anforderungen im Einzelfall nach der ausgeübten Funktion richten.

Die Verletzung arbeitsvertraglicher Pflichten kann der öffentliche Arbeitgeber mit den gleichen Mitteln ahnden wie der private Arbeitgeber. Er kann den Tarifbeschäftigten ein bestimmtes Verhalten vorhalten, ein Verhalten missbilligen, sie ermahnen oder abmahnen. Von einer Abmahnung wird gesprochen, wenn der Arbeitgeber in einer für den Arbeitnehmer hinreichend deutlich erkennbaren Art und Weise Leistungsmängel beanstandet und damit den Hinweis verbindet, dass im Wiederholungsfall der Inhalt oder der Bestand des Arbeitsverhältnisses gefährdet ist.

Die schärfste Sanktion stellt die Beendigung des Arbeitsverhältnisses durch Kündigung dar. Eine dem Disziplinarrecht der Beamten vergleichbare Regelung existiert für die Tarifbeschäftigten des öffentlichen Dienstes nicht.

Da die Tarifbeschäftigten des öffentlichen Dienstes auf der Grundlage eines privatrechtlichen Arbeitsvertrages beschäftigt werden, sind für Rechtsstreitigkeiten die Arbeitsgerichte zuständig. Gegen eine Kündigung kann eine Kündigungsschutzklage vor dem Arbeitsgericht erhoben werden. Es können aber auch Ansprüche aus dem Arbeitsverhältnis – zum Beispiel auf eine höhere Entgeltgruppe wegen Erfüllung der tarifvertraglichen Eingruppierungsmerkmale – vor dem Arbeitsgericht verfolgt werden.

Zur Durchsetzung von Forderungen im Rahmen von Tarifverhandlungen steht den Tarifbeschäftigten des öffentlichen Dienstes ein Streikrecht zu. Streiks müssen von Gewerkschaften getragen sein und dürfen ausschließlich auf die Gestaltung von Arbeitsbedingungen gerichtet werden beziehungsweise den Abschluss von Tarifverträgen zum Ziel haben. Sie sind nur als letztes Mittel nach Ausschöpfung aller zur Verfügung stehenden Verständigungsmöglichkeiten zulässig. Politisch motivierte Streiks sind in Deutschland nicht zulässig.

Ein besonderer tariflicher Kündigungsschutz wurde für Beschäftigte, die das 40. Lebensjahr vollendet haben und mindestens 15 Jahre bei einem unter den Geltungsbereich des TVöD/ TV-L fallenden Arbeitgeber beschäftigt sind, vereinbart. In den neuen Bundesländern gilt dieser besondere Kündigungsschutz nicht.

Für Lehrkräfte im Beschäftigungsverhältnis an allgemeinbildenden und berufsbildenden Schulen gelten in den Punkten Arbeitszeit, Urlaub und Arbeitsbefreiung im Wesentlichen die Bestimmungen für die entsprechenden Beamten.

§ 44 TV-L (Sonderregelungen für Beschäftigte als Lehrkräfte)

Nr. 1: Zu § 1 – Geltungsbereich –

Diese Sonderregelungen gelten für Beschäftigte als Lehrkräfte an allgemeinbildenden Schulen und berufsbildenden Schulen (zum Beispiel Berufs-, Berufsfach- und Fachschulen). Sie gelten nicht für Lehrkräfte an Schulen und Einrichtungen der Verwaltung, die der Ausbildung oder Fortbildung von Angehörigen des öffentlichen Dienstes dienen, sowie an Krankenpflegeschulen und ähnlichen der Ausbildung dienenden Einrichtungen.

Protokollerklärung:
Lehrkräfte im Sinne dieser Sonderregelungen sind Personen, bei denen die Vermittlung von Kenntnissen und Fertigkeiten im Rahmen eines Schulbetriebes der Tätigkeit das Gepräge gibt.

Nr. 2: Zu Abschnitt II – Arbeitszeit –

Die §§ 6 bis 10 finden keine Anwendung. Es gelten die Bestimmungen für die entsprechenden Beamten in der jeweils geltenden Fassung. Sind entsprechende Beamte nicht vorhanden, so ist die Arbeitszeit im Arbeitsvertrag zu regeln.

Nr. 3: Zu Abschnitt IV – Urlaub und Arbeitsbefreiung –

(1) Der Urlaub ist in den Schulferien zu nehmen. Wird die Lehrkraft während der Schulferien durch Unfall oder Krankheit arbeitsunfähig, so hat sie dies unverzüglich anzuzeigen. Die Lehrkraft hat sich nach Ende der Schulferien oder, wenn die Krankheit länger dauert, nach Wiederherstellung der Arbeitsfähigkeit zur Arbeitsleistung zur Verfügung zu stellen.

(2) Für eine Inanspruchnahme der Lehrkraft während der den Urlaub in den Schulferien übersteigenden Zeit gelten die Bestimmungen für die entsprechenden Beamten. Sind entsprechende Beamte nicht vorhanden, regeln dies die Betriebsparteien.

Nr. 4: Zu Abschnitt V – Befristung und Beendigung des Arbeitsverhältnisses –

Das Arbeitsverhältnis endet, ohne dass es einer Kündigung bedarf, mit Ablauf des Schulhalbjahres (31. Januar beziehungsweise 31. Juli), in dem die Lehrkraft das gesetzlich festgelegte Alter zum Erreichen einer abschlagsfreien Regelaltersrente vollendet hat.

Urlaubs- und Arbeitsbefreiung

Nr. 3: Zu Abschnitt IV – Urlaub und Arbeitsbefreiung –

(1) Der Urlaub ist in den Schulferien zu nehmen. Wird die Lehrkraft während der Schulferien durch Unfall oder Krankheit arbeitsunfähig, so hat sie dies unverzüglich anzuzeigen. Die Lehrkraft hat sich nach Ende der Schulferien oder, wenn die Krankheit länger dauert, nach Wiederherstellung der Arbeitsfähigkeit zur Arbeitsleistung zur Verfügung zu stellen.

> (2) Für eine Inanspruchnahme der Lehrkraft während der den Urlaub in den Schulferien übersteigenden Zeit gelten die Bestimmungen für die entsprechenden Beamten. Sind entsprechende Beamte nicht vorhanden, regeln dies die Betriebsparteien.
>
> Nr. 4: Zu Abschnitt V – Befristung und Beendigung des Arbeitsverhältnisses –
>
> Das Arbeitsverhältnis endet, ohne dass es einer Kündigung bedarf, mit Ablauf des Schulhalbjahres (31. Januar beziehungsweise 31. Juli), in dem die Lehrkraft das gesetzlich festgelegte Alter zum Erreichen einer abschlagsfreien Regelaltersrente vollendet hat.

2.3 Aufstiegsmöglichkeiten

Tarifbeschäftigte werden – anders als Beamte – nicht in einer bestimmten Laufbahn eingestellt, sondern für eine konkrete Tätigkeit. Die Tätigkeit ist nach tarifvertraglich festgelegten Kriterien bewertet und die Grundlage für die Einstufung in eine bestimmte Entgeltgruppe. Der Aufstieg in eine höhere Entgeltgruppe setzt grundsätzlich voraus, dass eine höher bewertete Tätigkeit übertragen wird. In der Praxis besteht die Möglichkeit, eine höher bewertete Tätigkeit nicht sofort auf Dauer, sondern zunächst nur vorübergehend zu übertragen. Kurzfristige und lediglich vorübergehende Vertretungssituationen oder Stellenvakanzen können dadurch überbrückt werden. Daneben besteht die Gelegenheit, die Eignung für die höher bewertete Tätigkeit zu erproben. Bei der Übertragung von Führungspositionen eröffnet der TVöD darüber hinaus die Möglichkeit einer zunächst befristeten Übertragung der Tätigkeit zur Erprobung bis zu einer Dauer von zwei Jahren.

2.4 Änderung der Arbeitsbedingungen

Eine Änderung der vertraglich vereinbarten Arbeitsbedingungen zu Lasten der Tarifbeschäftigten, zum Beispiel Übertragung einer geringer vergüteten Tätigkeit, kann nicht einseitig vom Arbeitgeber verfügt werden. Hierfür bedarf es vielmehr einer Änderung des Arbeitsvertrages im gegenseitigen Einvernehmen oder einer sogenannten Änderungskündigung. Soweit die Arbeitsbedingungen durch Tarifvertrag geregelt sind, kann eine Änderung – grundsätzlich auch zu Ungunsten der Tarifbeschäftigten – durch die Tarifvertragsparteien erfolgen.

2.5 Soziale Sicherung

Die Tarifbeschäftigten des öffentlichen Dienstes sind kraft Gesetzes in der gesetzlichen Sozialversicherung pflichtversichert. Sie sind Mitglied der gesetzlichen Kranken-, Pflege-, Unfall-, Renten- und Arbeitslosenversicherung. Gemeinsam mit dem Arbeitgeber tragen sie die zur Finanzierung der Sozialversicherungen erforderlichen Beiträge entsprechend dem jeweils gültigen Beitragssatz – dies ist ein bestimmter Prozentsatz des Bruttoeinkommens – je zur Hälfte. Die Kosten der Unfallversicherung trägt der Arbeitgeber allein.

Die Höhe der Beiträge zur Sozialversicherung richtet sich nach dem Arbeitsentgelt Beiträge sind jedoch nur bis zu einem festgelegten Höchstbetrag vom Arbeitsentgelt, der sogenannten Beitragsbemessungsgrenze, zu entrichten. Liegt das Einkommen oberhalb dieser Grenze, findet der übersteigende Betrag bei der Berechnung des Sozialversicherungsbeitrags keine Berücksichtigung. Die Beitragssätze und die Beitragsbemessungsgrenzen werden grundsätzlich jedes Jahr neu festgesetzt.

Daneben gibt es für die Tarifbeschäftigten des öffentlichen Dienstes eine zusätzliche betriebliche Altersversorgung, die sogenannte Zusatzversorgung des öffentlichen Dienstes.

2.6 Beendigung des Arbeitsverhältnisses

Das Arbeitsverhältnis der Tarifbeschäftigten des öffentlichen Dienstes kann, wie jedes andere Arbeitsverhältnis auch, durch Kündigung beendet werden. Dabei ist die Personalvertretung zu beteiligen (siehe Seite 81). Eine Kündigung ohne diese Beteiligung ist unwirksam. Die Kündigung kann als ordentliche oder als außerordentliche Kündigung ausgesprochen werden. Der Unterschied liegt im Kündigungsgrund und in der Kündigungsfrist

Die ordentliche Kündigung ist an Fristen gebunden. Die Kündigungsfrist beträgt während der sechsmonatigen Probezeit zwei Wochen zum Monatsschluss. Nach Ablauf von sechs Monaten beträgt die Kündigungsfrist einen Monat zum Monatsschluss und verlängert sich – je nach Dauer der Beschäftigung – auf bis zu sechs Monate zum Schluss eines Kalendervierteljahres. Nach einer Beschäftigungszeit von 15 Jahren, jedoch frühestens nach Vollendung des 40. Lebensjahres, sind Arbeitsverhältnisse im Tarifgebiet West durch ordentliche Kündigung nicht mehr auflösbar. Die ordentliche Kündigung durch den Arbeitgeber bedarf einer Begründung, die sie sozial rechtfertigt. Eine Kündigung ist nur dann sozial gerechtfertigt, wenn sie durch Gründe, die in der Person oder in dem Verhalten des Tarifbeschäftigten liegen oder durch dringende betriebliche Erfordernisse, die einer Weiterbeschäftigung entgegenstehen, bedingt ist.

Die außerordentliche Kündigung ist aus wichtigem Grund ohne Einhaltung einer Kündigungsfrist zulässig. Es müssen Tatsachen vorliegen, aufgrund derer die Fortsetzung des Beschäftigungsverhältnisses bis zum Ablauf der Kündigungsfrist nicht zugemutet werden kann. Auch ordentlich nicht kündbaren Tarifbeschäftigten kann aus wichtigen Gründen außerordentlich – insbesondere verhaltensbedingt – gekündigt werden.

Besonderen gesetzlichen Kündigungsschutz genießen insbesondere Wehrdienstleistende, Schwangere, schwerbehinderte Beschäftigte und Mitglieder von Personalvertretungen sowie aufgrund tarifvertraglicher Regelung Tarifbeschäftigte des Bundes, die im Rahmen von Rationalisierungsmaßnahmen eine andere Tätigkeit übernommen haben.

Weitere Beendigungsgründe sind:

- Erreichen der Altersgrenze: Das Arbeitsverhältnis endet mit Ablauf des Monats, in dem das gesetzlich festgelegte Alter zum Erreichen der Regelaltersrente vollendet wird. Besteht der Wunsch nach einem vorzeitigen Ausscheiden, weil eine Rente schon früher aus der Rentenversicherung und Zusatzversorgung bezogen werden kann, muss ein Auflösungsvertrag geschlossen werden.
- Verminderte Erwerbsfähigkeit: Das Arbeitsverhältnis endet, wenn festgestellt ist, dass eine Erwerbsminderung vorliegt und eine unbefristete Rente gewährt wird. Bei teilweiser Erwerbsminderung besteht ein Anspruch auf Weiterbeschäftigung, sofern ein geeigneter Arbeitsplatz zur Verfügung steht.
- Zeitablauf: Ein befristetes Arbeitsverhältnis endet zu dem im Arbeitsvertrag festgelegten Zeitpunkt. Eine Befristung ist zulässig, wenn es dafür einen hinreichenden sachlichen Grund gibt. Lediglich bei erstmaliger Beschäftigung bei einem Arbeitgeber ist bis zur Dauer von zwei Jahren eine Befristung auch ohne sachlichen Grund zulässig.

Abkürzungsverzeichnis

BayBeamtVG	Bayerisches Beamtenversorgungsgesetzes
BayBG	Bayerisches Beamtengesetz
BayDSG	Bayerisches Datenschutzgesetz
BayEUG	Bayerisches Erziehungs- und Unterrichtsgesetz
BayGlG	Bayerisches Gleichstellungsgesetz
BayLBG	Bayerisches Lehrerbildungsgesetz
BaySchO	Bayerische Schulordnung
BaySchFG	Bayerisches Schulfinanzierungsgesetz
BayVwVfG	Bayerisches Verwaltungs- und Verfahrensgesetz
BBiG	Berufsbildungsgesetz
BeamtStG	Beamtenstatusgesetz
BeamtVG	Beamtenversorgungsgesetz
BGB	Bürgerliches Gesetzbuch
BSO	Berufsschulordnung
BV	Bayerische Verfassung
BVerfG	Bundesverfassungsgericht
BVerfGE	Entscheidung des Bundesverfassungsgerichts
BVerwG	Bundesverwaltungsgericht
BVerwGE	Entscheidung des Bundesverwaltungsgerichts
DSchV	Datenschutzverordnung
FOBOSO	Fachober- und Berufsoberschulordnung
GG	Grundgesetz
GrSchO	Grundschulordnung
GSG	Gesundheitsschutzgesetz
GSO	Gymnasialschulordnung
GVBl	Gesetz- und Verordnungsblatt
ISB	Staatsinstitut für Schulqualität und Bildungsforschung
KMBek	Kultusministerielle Bekanntmachung
KMK	Kultusministerkonferenz
KMS	Kultusministerielles Schreiben
KUVB	Kommunale Unfallversicherung Bayern
KWMBl	Amtsblatt der Bayerischen Staatsministerien für Unterricht und Kultus und für Wissenschaft, Forschung und Kunst
LDO	Lehrerdienstordnung
MSO	Mittelschulordnung
RSO	Realschulordnung
SchKFrG	Gesetz über die Kostenfreiheit des Schulweges
SGB VII	Sozialgesetzbuch Siebtes Buch
StGB	Strafgesetzbuch
TV-L	Tarifvertrag für den Öffentlichen Dienst der Länder
UrhG	Urheberrechtsgesetz
VERA	Flächendeckende Vergleichsarbeiten für den klassen- und schulübergreifenden Vergleich von Schülerleistungen
VSO[1]	Volksschulordnung
VwGO	Verwaltungsgerichtsordnung
WSO	Wirtschaftsschulordnung

---

1 Die VSO wird voraussichtlich ab 01.08.2013 durch die Grundschulordnung bzw. Mittelschulordnung ersetzt.

Stichwortverzeichnis

A

Abendgymnasium 36
Abendrealschule 36, 47
Abitur 38
Abmeldung vom Religionsunterricht 70
Abschlüsse 32
Abschlusszeugnis 49
Akademie für Lehrerfortbildung und Personalführung (ALP) 95
Aktives Wahlrecht 78
Alimentation 176
Alimentationsprinzip 176
Allgemeine Dienstpflichten 82
Allgemeine Hochschulreife 40
Amtliche Bekanntmachungen 72
Amtsblatt 25
Amtshaftung 114
Amtspflicht 112
Amtsverschwiegenheit 127
Anhörung 162
Arbeitgeber 66, 69
Arbeitsbefreiung 180
Arbeitsunfall 115
Arbeitsverhältnis 180
Arbeitszeit 179
Auf Antrag 55, 66
Aufgaben des Lehrers 81
Aufnahmebedingungen 41
Aufnahmekriterien 33
Aufnahmeprüfung 41, 50
Aufnahmevoraussetzungen 38
Aufsichtsbeschwerde 153
Aufsichtsführung 102, 105, 106
Aufsichtspflicht 72, 101, 104, 123, 124, 161
Aufsichtspflichtverletzung 110
Aufsichtsplan 103
Aufwandsträger 52
Ausbildersprechtag 171
Ausbildung 14
Ausbildungsbetriebe 69
Ausbildungsordnung 170
Ausbildungsstätten 95
Ausbildungsverhältnis 52, 61, 68

Auskunftspflicht 127
Äußerer Schulbereich 118
Außerunterrichtliche Dienstpflichten 87
Außerunterrichtliche Veranstaltungen 106

B

Bayerisches Datenschutzgesetz (BayDSG) 126
Bayerische Landesunfallkasse 109
Beamtenrecht 173
Beförderung 176
Befreiung 68, 171
Befristung 180
Begabtenprüfung 36
Begleitpersonen 123
Behördenvorstand 72
Beihilfe 176
Bekanntgabe von Noten 135
Benehmen 53
Berufliche Oberschule 40
Berufsabschlussprüfung 69, 70
Berufsausbildung 36
Berufsbeamtentum 174
Berufsbezeichnungen 82
Berufsbildungsausschuss 172
Berufseinstiegsjahr 37, 58
Berufsfachschule 33, 37, 49, 61, 62
Berufsfeld 58
Berufsgrundbildungsjahr 58
Berufsgrundschuljahr 58, 62
Berufsintegrationsjahr 37, 59
Berufsoberschule 33, 40, 57
Berufsschulbeirat 74, 77 ff., 172
Berufsschulberechtigte Personen 52
Berufsschule 33, 36, 52, 61, 79
Berufsschule Plus 37
Berufsschulpflicht 60 f.
Berufsvorbereitungsjahr 37, 58, 62
Beschäftigungsort 52
Beschäftigungsverhältnis 52, 179
Betriebspraktika 171
Beurlaubung 68
Beurteilung 177

Beurteilungssystem 177
Bewertungsmaßstäbe 155
Bildung 13
Bildungs- und Erziehungsauftrag 11, 159
Bildungs- und Erziehungsziele 17
Bildungsgang 30
Bildungspotentials 14
Bildungswege 30
Bildungswegentscheidung 14
Bildungsziele 13
Blockunterricht 53, 79, 123
Brückenangebote 41
Bundesfachsprengel 53
Bundesverfassungsgericht 154

D

Datenerhebung 129
Datennutzung 129
Datenschutz 126
Datenschutzbeauftragter 128
Datenschutzbestimmungen 135
Datenschutzfragen 131
Datenschutzstellen 128
Datenschutzverordnung (DSchV) 126
Datentransport 135
Datenverarbeitung 129
Datenverschlüsselung 136
Demokratie 13
Dienst- u. Amtshaftpflichtversicherung 114
Dienstbefreiung 72
Dienstliche Beurteilung 72
Dienstpflicht 12, 81
Dienstrecht 176
Dienstunfähigkeit 178
Dienstunfall 114
Dienstunfallschutz 82
Dienstvorgesetzer 11, 72
Dienstweg 99
Digitale Kopien 143
Direktionsrecht 87
Disziplinarausschuss 74, 165
Disziplinlosigkeit 124
Download 146
Duales Ausbildungssystem 57
Duales System 36
Durchlässigkeit 32, 33

E

Einfache Mehrheit 73
Einstweilige Anordnung 156
Einvernehmen 54
Einwilligungserklärung 134
Eltern 10, 77
Elternbeirat 73, 122
Elternvertretung 51
Englisch-Zertifikat 49
Ergänzungsprüfung 39
Ergänzungsschulen 44, 94
Erhebungen 132
Erholungsurlaub 83
Ermächtigungen 17
Ermessen 19, 20, 153
Ernennung 175
Ernennungsurkunde 175, 178
Ersatzschule 44, 45, 94
Erziehung 12
Erziehungsauftrag 91
Erziehungsberechtigte 51, 54, 92, 123, 140
Erziehungsmaßnahme 11, 153, 159
Erziehungsrecht 12
Ethik 70
Externe Evaluation 167

F

Fachabitur 40
Fachakademie 33, 41, 43
Fachberater für Verkehrs- und Sicherheitserziehung 120
Fachgebundene Fachhochschulreife 41
Fachgebundene Hochschulreife 40, 41
Fachhochschule 40
Fachhochschulreife 38
Fachhochschulreifeprüfung 37
Fachklassen 52, 58
Fachlehrer 96
Fachlehrerausbildungsstätte 96
Fachoberschule 33, 40, 47, 57
Fachschule 33, 48
Fachsprengel 52
Fachstufe 58
Fahrtenprogramm 122
Feststellungsprüfung 40
Feueralarm 121
Film- und Tonaufnahmen 134

Förderbedarf 30, 41
Förderschularten 42
Förderschule 30, 33, 41, 85
Fortbildung 39, 82
Fortbildungslehrgang 93
Fotokopieren 142
Funktionen 88
Fürsorge 175
Fürsorgepflicht 178

G

Gastschulverhältnis 54
Gebundene Entscheidung 20
Gebundene Ganztagsschulen 57
Gegenvorstellung 153, 163
Geldbuße 66
Gesetze 16, 26
Gesetzgebungskompetenz 23
Gesetzliche Unfallversicherung (GUV) 109, 121
Gesundheitliche Beeinträchtigungen 151
Gewaltakte Dritter 115
Gewohnheitsrecht 10
Gleichbehandlungsgrundsatz 149, 151
Gliederung des Schulwesens 17
Grobe Fahrlässigkeit 113
Grundgesetz 16
Grundrechte 16
Grundsatz der Verhältnismäßigkeit 163
Grundschule 30, 33, 52, 60, 61, 79, 91, 124
Grundsprengel 52
Grundstufe 58
Grundwerte 13
Gymnasium 32, 33, 47, 61

H

Haftung 112
Hamburger Abkommen 24
Handlungsmaßstäbe 9
Hausaufgaben 149
Hausmeister 103
Hausordnung 75, 79, 92
Hausrecht 72
Hausunterricht 84
Heranwachsende 165
Hinausweisen störender Schüler 161
Hochschule 35

Hochschulreife 35
Hochschulstudium 35
Hochschulzugangsberechtigung 40

I

Im Benehmen 78
Im Einvernehmen 78
Informationsveranstaltungen 30
Inklusion 84
Inklusiver Unterricht 84
Innerer Schulbereich 118
Institut für Schulpädagogik und Bildungsforschung (ISB) 95
Interne Evaluation 167
Internet 146
ISB 167

J

JoA-Klassen 37, 59

K

Kassenprüfungsausschuss 74
Klassenfotos 134
Klassenleiter 91
Klassenleitung 72
Klassensprecher/innen 76, 92
Klassensprecherversammlung 76
Klassentagebuch 92
KMBek 25
KMS 25
Kolleg 36
Kommunale Schulen 93, 167
Kommunale Unfallversicherung Bayern 109
Kommunalen Berufsschulen 53
Kompetenzzentren 53
Konferenzen 72, 88
Körperliche Züchtigung 162
Kostenersatz 55
Kostenfreiheit des Schulwegs 17
Kreisverwaltungsbehörde 65, 66
Kulturhoheit 23
Kultusministerielle Bekanntmachungen 27
Kultusministerielle Schreiben 27
Kultusministerium 32
Kündigungsschutz 179

L

Landesfachsprengel 53
Landesschülerkonferenz 77
Landesverfassung 16
Landratsamt 65
Laufbahnrecht 176
Lehr- und Lernmittelausschuss 74
Lehrer 10
Lehrerkonferenz 72, 73
Lehrernewsletter 29
Lehrmittel 138
Lehrplan 138
Lehrplanrichtlinien 170
Leichte Fahrlässigkeit 113
Leistungsbewertung 148
Leistungserhebung 74
Leistungsfeststellung 72, 177
Leistungslaufbahn 177
Lernmittel 74, 79, 138
Lernmittelfreiheit 17, 138
Lernorte 169

M

Meisterprüfung 39
Mindestversorgung 178
Ministerialbeauftragte 153
Ministerialbeauftragte (»MB«) 99
Mitteilungen 25
Mittelschulabschluss 34, 37
Mittelschule 32, 33, 47, 61
Mittlerer Schulabschluss 34, 61, 62
Mittlere Reife 47
Mittlere-Reife-Klassen 47
Mobilfunktelefone 161
Mündliche Leistungen 150
Muss-Vorschrift 153

N

Nacharbeit 160
Nachteilsausgleich 150
Notenausgleich 74
Notenbogen 92
Notendurchschnitt 48
Notenmanager 137

O

Oberste Dienstbehörde 94
Oberstufenreife 47
Obligatorische Ganztagsschule 56
Offene Ganztagsschule 57
Öffentliche Schule 44, 93, 138
Öffentliches Recht 17
Ordnungsmaßnahmen 17, 66, 72, 74, 123, 159, 171
Ordnungswidrigkeit 66

P

Pädagogik 9
Pädagogische Verantwortung 153
Pädagogischer Tag 83
Passives Wahlrecht 78
Pausenaufsicht 101, 104
Personalaufwand 53
Personalrat 72
Persönlichkeitsrecht 11
Pflichten des Lehrers 90
Pflichtgemäßes Ermessen 65, 68, 163
Pflichtschule 30, 61
Plusprogramm 68
Private Schulen 43, 94
Privatrechner 129
Probeunterricht 30, 33
Probezeit 74, 177
Prüfungsausschuss 72, 74

Q

Qualifizierter beruflicher Bildungsabschluss 47
Qualitätskontrolle 167
Qualitätssicherung 167

R

Rauchverbot 85
Realschule 32, 33, 47, 61, 124
Rechenschaftsablage 151
Recht 9
Rechtsbegriff 9
Rechtsbehelfsbelehrung 154
Rechtsfolge 19
Rechtsnormen 16
Rechtsordnung 9, 19
Rechtsquellen 16

Rechtsverordnungen 16, 26, 51
Regierung 51, 55, 98, 153
Regress 111
Rückgriff (Regress) 112

S

Sachaufwand 53
Sachaufwandsträger 113
Sachfremde Erwägungen 155
Sachschadenersatz 115
Sanktionsregelungen 9
Schadensersatz 112
Schriftlicher Hinweis 160
Schulamt 65, 98
Schulart 14, 33
Schulärztliches Zeugnis 67
Schulaufsicht 10, 12, 44, 94, 97
Schulaufsichtsbehörden 167
Schulbehörden 93
Schulberater 14
Schulen für Kranke 33, 42
Schulen in freier Trägerschaft 43
Schulentwicklung 166
Schüler 10
Schülerausschuss 76, 122
Schülerfahrten 60, 122
Schülerfotos 134
Schülermitverantwortung 75
Schülerunfallversicherung 114, 116. 123
Schülerzeitungen 73, 75
Schulforum 72, 74, 79
Schulgelände 76
Schulgeld 14
Schulgeldfreiheit 17
Schullandaufenthalte 122
Schullandheimaufenthalt 111
Schullaufbahnberatungen 30
Schullaufbahnempfehlung 30
Schulleiter 12, 68, 76, 150
Schulleitung 69, 71
Schulordnungen 17, 26
Schulpflicht 52, 60
Schulrecht 10
Schulschwänzer 66
Schulskikurse 122
Schulsprengel 51, 52
Schulsystem 14
Schulträger 10
Schulveranstaltung 124
Schulversäumnisse 92
Schulverwaltung 94
Schulzwang 65
Schwangerschaft 70
Schwarzes Brett 25
Seminarschulen 95
Sicherheitsbeauftragter 72, 118, 120
Sicherheitskonzept 121
Sicherungskopien 145
Smart Board 133
Softwarenutzung 145
Speicherungsdauer 130
Staatlich genehmigte private Grundschule 51
Staatliche anerkannte Ersatzschule 45
Staatliche Schulen 93
Staatliche Studienseminare 95
Staatsinstituts in Bayern für die Ausbildung von Fachlehrerinnen und Fachlehrern 96
Ständige Konferenz der Kultusminister (KMK) 23
Stegreifaufgaben 150
Stellung 81
Studienfahrten 111, 122
Studium 40

T

Tarifrecht 179
Tarifvertrag 179
Tatbestand 19
Teilzeit 89
Teilzeitunterricht 77
Telekolleg 36
Treue 175
Tugenden 13
TV-L 179
TVöD 179

U

Übertrittsbedingungen 32
Umschulung 39
Unfallschutz 116
Unfallursachen 117
Unfallverhütung 119
Unfallverhütungsvorschriften 116

Universität 40
Unterrichtsbeiträge 151
Unterrichtspflichtzeit 87
Unterrichtszeiten 83
Unterschleif 153
Urheber 141
Urheberrecht 141
Urlaub 180
Urlaubsanspruch 180
USB-Stick 135

V

Verbindungslehrkraft 76
Vereidigung 173
Verfahrensfehler 155
Verfassungen 16
Verfassungsgericht 16
Verhältnismäßigkeit 11, 22
Verhältnismäßigkeitsgrundsatz 161
Verhinderung 67
Verkehrssicherungspflicht 108
Veröffentlichungen 25, 28
Verschwiegenheitspflicht 126 f., 171
Vertretungen 83
Vervielfältigung 142
Verwaltungsakt 17, 156, 163, 164
Verwaltungsvorschriften 16, 17, 73

Videoüberwachung 131
Virenschutz 136
Völkerverständigung 13
Vollkaskoversicherung 115
Vollzeitlehrgang 62
Vollzeitschulpflicht 60
Vollzeitunterricht 56 ff.
Von Amts wegen 49, 55
Vorklasse 50, 57
Vorrücken 74
Vorsatz 113

W

Wahl des Bildungsganges 30
Wahlschulen 32
Waldorf- und Montessori-Schulen 44
Weiterführende Schulen 54
Werke 142
Wesentlichkeitstheorie 16
Whiteboard 133
Wirtschaftsschule 33, 38, 48, 61

Z

Zeugnisse 74, 92, 156
Zulassungspflicht 138
Zuständige Stelle 68
Zweiter Bildungsweg 36